# 近代中國知識分子在臺灣

# 1

林慶彰、陳仕華◎主編
何淑蘋、鄭誼慧◎編輯

# 目　次

# 序

1994 年底，臺北市長選舉進入高潮，統獨爭論甚囂塵上。當時，幾位在大學教書的朋友心中頗有感慨。大家提議可以騰出一點時間來作本土關懷的事。我從 1995 年初開始蒐集日治時期臺灣儒家的資料，歷經五年多的時間，編成《日據時期臺灣儒學參考文獻》，全書收吳德功、洪棄生、胡南溟、章太炎、連橫、張純甫、周定山、林履信、郭明昆、廖文奎、黃得時、江文也等十二位學者有關儒學的著作。部分日文論著為方便閱讀，也請學者譯為中文。現在這套書已成為研究日據時期臺灣儒學最基本的文獻。

在編輯《日據時期臺灣儒學參考文獻》的過程中，我發覺從清代開始有不少學者來臺擔任要職，且留下不少事蹟，如：清領時期有姚瑩、劉家謀、劉銘傳等人，日治時期來臺的有辜鴻銘、章太炎、梁啟超、孫中山、郁達夫等人，他們的目的不一，雖以觀光訪問居多，但仍造成一定的影響，光復初期來臺宣導文化的學者也不少，但以錢鍾書最受矚目。至於國民政府遷臺前後，來臺長期定居，從事研究或教學的學人更多，他們在臺的種種事蹟，和對學術的貢獻，也應加以表彰。

我在授課之餘，常常問學生辜鴻銘、章太炎、梁啟超、孫中山、郁達夫、錢鍾書都來過臺灣，你們知道嗎？學生不是茫然無所知，就是一副很驚訝的樣子，這不是學生的迷失，而是偏差教育政策所造成的無知。為了略盡一位臺灣知識人的責任，我想將上述十位來過臺灣的中國知識分子各邀請一位學者以兩萬字的篇幅來陳述他們在臺的事蹟和影響。1996年我開始邀集以東吳大學和淡江大學為主的年輕學者和研究生擔任撰稿工作，一年間已完成姚瑩、劉家謀、劉銘傳、唐景崧、章太炎、梁啟超、孫中山、郁達夫等八篇，再加上林耀椿先生所撰寫的〈錢鍾書在臺灣〉，已有九篇，足夠輯成一部二十餘萬字的大書。1997年9月起我接受行政院國家科學委員會補助，赴日本九州大學研究一年，編輯工作也停頓下來。次年回國後，開始執行「清乾嘉經學研究計畫」、「清乾嘉揚州學派研究計畫」等兩大計畫，此一編輯工作根本無法進行。2000年初，我想到辜鴻銘既然來過臺灣，且留下許多相關材料，何不將所有材料彙為一編。2001年7月此一工作編輯完成。文稿名為〈辜鴻銘來臺相關報導彙編〉，刊於《中國文哲研究通訊》十一卷三期（2001年9月）中，我再以這篇相關報導彙編為基礎，參考其他資料，寫成〈辜鴻銘在臺灣〉一文，連錢鍾書和這篇辜鴻銘合計十篇。這十篇論文，就分兩冊出書。自1996年下半年開始籌劃，直到今年（2002年）7月編輯工作才全部完成，經歷近六年之久。至於國民政府來臺後，在臺工作的學者，我們也計劃編輯兩冊，這部分就等下階段再出版。

各篇論文大抵論述各學者來臺動機、經過和影響等基本事實外，也依各學者學術特質的不同，作特別的論述。如辜鴻銘因在臺發表〈東西教育的異同〉和〈綱常名教定國論〉，所以

〈辜鴻銘在臺灣〉一文，也討論到辜氏這兩方面的論點。此外，為讓讀者對這些學者來臺的情形有更全面的了解，在論文的論述之外，我們作了三項加工：㈠在書中加相關圖片：包括學者的圖像、手跡、著作書影、當時新聞報導等。㈡在各篇論文之後附相關文獻：有些學者來臺的情形，已有不少學者作過相關論述，如：孫中山、章太炎、梁啟超等都是，為了方便讀者查尋相關資料，我們將相關條目，附於各篇論文之後，從相關條目的多寡，也可以反映該論題受注意的程度。㈢用附錄收錄部分學者來臺相關資料：辜鴻銘來臺期間，各新聞媒體有許多報導，我將所編〈辜鴻銘來臺相關報導彙編〉收入本書附錄一。章太炎、梁啟超在臺期間，有大量的詩文留傳，由歐修梅撰寫〈章太炎在臺灣〉、邱白麗撰寫〈梁啟超在臺灣〉時，也將這些資料加以收集，編入附錄中。

本書編輯期間，曾與《書目季刊》主編陳仕華教授約定一起主編，我們曾共同討論全書體例。陳教授並將大部分之論文逐篇修改，並提出意見。編輯工作非常繁瑣，相關文獻部分，除我檢索部分資料外，大部分條目都由何淑蘋、鄭誼慧學弟增補，兩學弟也擔任全書圖片的蒐集和校對工作，謝謝他們的辛勞。

除這書外，我也另外策劃了一套《近代中國知識分子在日本》，作為這書的姊妹書。我們雖很努力工作，但囿於時間，必有許多不夠完備的地方，懇請先進同好賜予指教。

二〇〇二年九月

林慶彰誌於中央研究院中國文哲研究所

# 姚瑩與臺灣的淵源

丁亞傑 *

## 一、前言

姚瑩（1785-1852），字石甫，號明叔，晚號展和，安徽桐城人，被稱為姚門（姚鼐）四大弟子之一。但有關其事功、文學，少被注意，而其在臺灣任知縣、兵備道的成就，更少為人知。研究本題，可知清代中末葉學者兼中級官員所承受的學術傳統與其思想的關係；中級官員所須面對的政府問題；在其所處時代開始漸漸發生變化之時，有無察覺此一局勢。本文即大致順此架構敘述分析。歷史是重建過去，但在重建過去時，也重新理解過去，沒有重新理解，根本無法重建，在此一過程中，主體與客體交融互攝，藉著歷史建構本身的價值意識。因此本文在敘述事件時，會著重事件的意義，亦即嘗試發現事件背後的思想，進而探索其中得失。①這不就是閱讀歷史的價值！本文既以姚瑩在臺灣為一主題，所以析敘的範圍也以此為

---

* 丁亞傑，元培科技學院國文組副教授。

① 參考柯靈烏（R. C. Collingwood，1898-1943）著，陳明福譯：《歷史的理念》（臺北：桂冠出版社，1987 年 10 月 4 版），頁 285-288。

限，其餘部分略微交代，並採傳記體方式敘述。前人研究姚瑩成果，以筆者所知有：

1. 姚瑩與桐城派　黃霖　江淮論壇　1982年5月
2. 姚瑩交遊述略　龔書鐸　北京師範大學學報　1982年第5期　1982年8月
3. 姚瑩與《康輶紀行》　陳進忠　四川師範大學學報　第1期　1986年

均為大陸學者撰述。姚瑩詩、文集，有不少詩文評論；姚瑩固以散文知名，也有大量詩作；桐城派學術不只散文，重經學、尚宋學，姚瑩自受影響，平生即嚮往賈誼（前200-前168）、王陽明（1472-1528），在臺灣鴉片戰爭期間以抗英著名，又是著名的邊疆地理學者；但這些範圍，均乏專題研究。所以類似姚瑩文學理論、姚瑩文學成就、姚瑩學術思想、姚瑩與清代地理學、姚瑩與鴉片戰爭、姚瑩在臺灣史的地位等題目，研究成果甚少。可知姚瑩在文學、思想、歷史各層面，均有待廣泛且深入的了解，本文之作，或可稍補姚瑩研究領域的不足。

## 二、古文、宋詩與經學：桐城姚氏學術傳統

以文章為桐城專擅，始於程晉芳（1718-1784）、周永年（1730-1791），二人嘗語姚鼐：桐城從前有方苞，現在又有劉大櫆，天下的文章，大概在桐城。②方苞（1668-1749）、劉大

櫆（1698-1779）、姚鼐（1732-1815）確被推為桐城三祖。其後曾國藩（1811-1872）更以派名桐城，曾說：姚鼐效法方苞，並親承劉大櫆、姚範之學，文章為世所重，遂有桐城派之稱。③姚範（1702-1771）為姚鼐伯父，姚鼐為姚瑩叔祖，姚範為姚瑩曾祖。桐城姚氏，不僅有親族關係，更有師承關係。④桐城以方苞開其端，姚氏衍其緒，蔚為近代著名文派。

然而細考桐城諸人議論，文章又不僅是單獨孤立的存在，作為純粹審美的對象。方苞就說：古文原本於經術，依據事理而來，無法作偽。⑤這一論斷，自是有其問題，原於經術、依據事理與作偽與否，沒有任何關連，亦即作者本經義為文，即使辨析毫芒，仍有可能作偽。議論雖有瑕疵，但可見出方氏欲將文章與人格結合的用意，以使文不虛作，不是為文而文。所以劉大櫆用大力氣分析文章作法與美感，姚鼐卻分學問為義理、考證、文章⑥，根據人的才性作選擇，並無高下之別。這

② 姚鼐：〈劉海峰先生八十壽序〉，《惜抱軒全集．文集》（臺北：世界書局，1984年7月），卷8，頁87。

③ 曾國藩：〈歐陽生文集序〉，《曾文正公全集》（臺北：世界書局，1985年5月），卷1，頁14。該文為考察晚清桐城派於安徽、江西、廣西、湖南流衍的重要文獻，嚴格而言，「桐城派」之稱，始於曾國藩。

④ 清代「地方學術宗族」，尚有蘇州惠周惕、惠士奇、惠棟；揚州王念孫、王引之；劉文淇、劉毓崧、劉師培；常州莊存與、莊述祖等。此一專題研究，可參考艾爾曼（Benjamin A. Elman）著，趙剛譯：《經學、政治和宗教——中華帝國晚期常州今文學派研究》（南京：江蘇人民出版社，1998年3月），頁1-9。

⑤ 方苞：〈答申居謙書〉，《方望溪全集》（臺北：世界書局，1965年3月），卷6，頁81。

⑥ 姚鼐：〈述菴文鈔序〉、〈復秦小峴書〉，《惜抱軒全集．文集》，卷4、7，頁46、80。

在漢學大盛的時代，自可提高義理與文章的地位，但也說明文章只是學問一途，而不是全部。議論通達，無怪學問三分為後人所取法。姚瑩在這一傳統下，又加入新的見解，認為學問有四端：義理、經濟、文章、多聞⑦，較姚鼐多出經濟，將考證易為多聞。姚瑩更明確的說：古人文章，為世所重，就在明道與言事⑧，明道與言事，是指文章的內容，以此為文章最高標準，他皆不與；且所明之道、所議之事，目的是要傳達予讀者，讓讀者理解道與事。這一理論側重文章功能。桐城派發展到姚瑩，幾以文章功能論來指涉文章本身，忽略文章即使沒有議論事件、說明義理，也未必降低其價值，更何況是取消其價值。亦即文章或文學存在與否，並不取決於其功能，正好相反，是取決於是否合乎文章或文學的規範。這就涉及對文學功能的認知：何謂功能？在何種功能定義下，文學才有其價值？甚至我們必須要質疑，功能論或實用論是否足以衡定一切事物？與桐城三祖時代差近的袁枚（1716-1797）就認為：文章的優劣，並不繫於有用與否，否則逐條記事、逐日記帳，其用處百倍於古文，但文人卻不屑為之。⑨但姚瑩並不從此討論，反而一再強調事功：人生在世，第一等事是君臣父子、天地萬

⑺ 姚瑩：〈與吳岳卿書〉，《東溟文外集》，卷 2，收入《中復堂全集》（臺北：文海出版社影印同治六年刊本，1981 年9 月，《近代中國史料叢刊續編》第6 輯）。

⑻ 姚瑩：〈重刻山木居士集序〉，《東溟文後集》，卷9，收入《中復堂全集》。

⑼ 袁枚：〈答友人論文第二書〉，《小倉山房詩文集．文集》（上海：上海古籍出版社，1988 年3 月），卷19，頁1548。

物，其次才是文章，最後是詩歌⑩，本欲推尊文章地位，竟至貶抑文學如此。

其實桐城派甚重詩歌，且學有本源，方苞雖不以詩名，但劉大櫆則詩名甚盛，姚鼐且稱其文與詩可以並行⑪，只是劉大櫆並未標舉門派。姚範則稱美黃庭堅詩作：風格高傲雄奇，讀黃詩久，不欲讀其餘詩作⑫，開啟推崇宋詩的風氣。至姚鼐又不限囿於門戶，李白（701-762）、杜甫（712-770）、韓愈（768-824）、蘇軾（1037-1101）、黃庭堅（1045-1105），俱為姚鼐所重。⑬姚瑩也承姚鼐重視蘇、黃。⑭從姚範到姚瑩，雖不會貶抑唐詩，但確實強調宋詩，宋詩隱隱然復興，其流裔影響及於晚清詩學。至於唐詩、宋詩之異，龔師鵬程指出：唐詩以情感為主線，重視意象，宋詩主意志，以文合道；唐詩以音節色相取勝，宋詩用意尋理；唐詩表出自然物象，宋詩藉詩詮道。⑮姚鼐正是如此，詩文是藝，唯有藝與道合，才是詩文的極境。⑯我們可以發現，桐城派文論、詩論實與宋詩相通，強調作者的人格特質，作品必須載道言事；知識道德，經世濟民

---

⑩ 姚瑩：〈黃香石詩序〉，《東溟文外集》，卷1，收入《中復堂全集》。

⑪ 姚鼐：〈劉海峰先生傳〉，《惜抱軒全集．文集》，卷5，頁237。

⑫ 姚範：《援鶉堂筆記》（臺北：廣文書局，1971年8月），卷40，頁22。

⑬ 姚鼐：〈荷塘詩集序〉，《惜抱軒文集．文集》，卷4，頁37。

⑭ 姚瑩：〈論詩絕句六十首〉，《後湘詩集》，卷9，收入《中復堂全集》。

⑮ 龔鵬程：〈知性的反省——宋詩的基本風貌〉，《文學與美學》（臺北：業強出版社，1986年4月），頁153-203。

⑯ 姚鼐：〈敦拙堂詩集序〉，《惜抱軒全集．文集》，卷4，頁36。

則為作品主軸；至於作品本身，則有義法；整體目的，則是外向探索世界，內向反省人生。宇宙人生，一如文學作品，秩序於其間流布。

安排詩文秩序，呈現詩文美感，突顯詩文功能，可以藉著義法或文法討論；而貞定社會人生，則須另尋根源，桐城派諸家選擇經學以為根據，並且以道名之，道的具體內容就在經學，借由經典，尋求重定社會秩序的理論根據。是以桐城派又長於經學。我們可以從治經對象與解經方法，說明桐城經學特色。方苞經學著作甚多，劉聲木（1878-1959）稱其治經每於字裏行間尋得古人微言大義，且曾刪節《通志堂經解》⑰，張舜徽（1911-1992）也稱贊其浸淫宋元經說，每多自得之言。⑱治經長於《禮》、《春秋》。禮，規範個人情志，亦即情志表出是否得當，須有一形式規定，一方面限制情志噴薄而出，無徑可從，一方面引出情志，不使澆薄；其功能又不止此，國家制度也在規範之內，讓國家與人民、人民與人民之間，不僅只有權利義務的關係，更有禮樂情義的連結。《春秋》則依據禮法，褒貶國家興亡、政府政策、國君與士大夫的行為等，以為後世之戒。儒家經世濟民的理想，其實就在《禮》與《春秋》，方苞究心於此，良有以也。嘗言：禮重人道之大防，後人卻計較服物采色，是捨本逐末⑲，可以見出方苞治經，與後

⑰ 劉聲木著，徐天祥點校：《桐城文學淵源考／撰述考》（合肥：黃山書社，1989 年 12 月），頁 103。

⑱ 張舜徽：《清人文集別錄》（臺北：明文書局，1982 年 2 月），卷 4，頁 106。

⑲ 方苞：〈讀儀禮〉，《方望溪全集》，卷 1，頁 12。

來乾嘉考證學有異。姚範治學，致力校勘，頗近於乾嘉學風，但其考校，精簡有理，絕無冗雜拖沓，且考定範圍，遍及四部，學問精博，《援鶉堂筆記》即姚瑩從其群籍批語中輯出刊刻，張舜徽甚至稱美《援鶉堂筆記》在清人筆記中為最精。⑳姚鼐則有《九經說》，治經不分門戶㉑，以闡明大義為主，與乾嘉經師異趣。㉒姚鼐指責其時學者：專求古人名物制度訓詁書數，盡捨程朱之學，是得其枝而棄其根㉓，並推尊鄭玄總集漢代經說，通貫群經㉔，姚鼐撰《九經說》，而不以一經自限，實欲步武鄭玄，綜理群經。㉕

姚鼐門下四傑：梅曾亮（1786-1856）、管同（1780-1831）、方東樹（1772-1851）、姚瑩（1785-1852）。㉖姚瑩學術路向，即承姚氏先賢而來，敘述姚範家學：缺乏考證，固然不能稱多聞，捨棄身心，也不能稱為學問㉗，姚瑩即以此為準

⑳ 張舜徽：《清人文集別錄》，卷6，頁158。
㉑ 中國科學院圖書館：《續修四庫全書總目提要・經部・群經總義》（北京：中華書局，1993年7月），頁1345。
㉒ 張舜徽：《清人文集別錄》，卷7，頁206。
㉓ 姚鼐：〈贈錢獻之序〉，《惜抱軒全集・文集》，卷7，頁85。
㉔ 姚鼐：〈儀鄭堂記〉，《惜抱軒全集・文集》，卷14，頁165。
㉕ 此即方東樹作《漢學商兌》，嚴厲抨擊乾嘉漢學重訓詁、小學、名物、制度為棄本貴末，名為治經，實足亂經之故，方苞、姚鼐的見解，實為桐城派學術淵源所在，見《漢學商兌・序例》（臺北：廣文書局，1977年7月）。又桐城派著作，劉聲木訪察最全，見其《桐城文學淵源考／撰述考》。
㉖ 一說姚門四傑是去姚瑩而入劉開（1784-1824），無論如何去取，姚瑩在姚門仍有相當地位。
㉗ 姚瑩：〈與張阮林論家學書〉，《東溟文集》，卷3，收入《中復堂全集》。

的。方東樹指出姚瑩平日慕賈誼、王陽明為人㉘，賈誼長於文章，其策論言不空發，不僅針對時弊，且目光遠大，超越時代，《新書》更有構建治國理想的雄心；王陽明的文治武功，則一掃理學家空談心性之譏。心儀賈、王，即可見出姚瑩心力所在。又講究經濟，重視事功，因而也重視史學，欲作《南北史注》未成，而有《噶瑪蘭廳志》八卷、《英俄構兵記》一卷、《島夷圖志》一卷、《海運紀略後編》二卷、《俄羅斯方域》一卷等㉙，都是其遊歷廣東，任職福建、臺灣、江蘇親身聞見或相關職掌，文章確是不虛作，而與一般文士異途。

## 三、姚瑩著作中的臺灣文獻

姚瑩雖一生仕宦，足跡遍臺灣、江蘇、四川、青藏、湖南，但著述不輟，全部著作經其子姚濬昌於清同治六年（1867）編輯為《中復堂全集》，卷首列有總目：㈠《東溟文集》6卷、《外集》4卷，㈡《東溟文後集》14卷、《外集》2卷，㈢《後湘詩集》9卷，㈣《後湘二集》5卷，㈤《後湘續集》7卷，㈥《東溟奏稿》4卷，㈦《識小錄》8卷，㈧《東槎紀略》5卷，㈨《寸陰叢錄》4卷，㈩《康輶紀行》16卷，⑾《姚氏先德傳》6卷，⑿《中復堂遺稿》5卷，⒀《中復堂遺稿續編》3卷，⒁附錄：傳、墓志銘、墓表、年譜。原藏臺灣大學圖書館，沈雲龍主編《近代中國史料叢刊續編》第6輯將之影印出版。其中

㉘ 方東樹：〈中復堂全集序〉，《中復堂全集》，卷首。
㉙ 劉聲木：《桐城文學淵源考／撰述考》，頁434。

《康輶紀行》、《東槎紀略》、《寸陰叢錄》、《識小錄》復經大陸學者施培毅、徐壽凱、黃季耕點校出版。

姚瑩曾任職臺灣，部分作品涉及臺灣史事，周憲文已整理出相關文獻，以為研究臺灣歷史參考，計有《東槎紀略》五卷，收入《臺灣文獻叢刊》第7種，《東溟奏稿》四卷，收入《臺灣文獻叢刊》第49種；曹永和復輯出《中復堂全集》與臺灣有關文獻，並以傳、墓志銘、墓表、年譜作為附錄，定名為《中復堂選集》，收入《臺灣文獻叢刊》第83種。至此姚氏著作大抵完備，無論研究姚瑩抑或研究姚瑩與臺灣關係，基礎文獻已無缺乏，所缺者是進一步整理點校。

東槎紀畧目錄
桐城姚瑩
第一卷
平定許楊二逆
復建鳳山縣城
改設臺北營制
改配臺北班兵
籌給艋舺營兵米
籌議商運臺穀
籌議臺穀留餘
三

姚瑩所撰《東槎紀略》

## 四、經世之學與邊疆地理

而在姚瑩作品中，完全以臺灣為記載對象者，是其名著《東槎紀略》五卷。嘉慶二十四年（1819）至道光元年（1821），姚瑩任臺灣知縣，因得罪上官，刑部議革職，次年內渡。不久，舊識方傳穟（？-？）調任臺灣知府，邀姚瑩到臺灣協助幕僚事務。遂於道光三年（1823）再到臺灣，公餘之暇，寫作該書，約作於道光四年（1824）前後。該書內容大要是：平定道光三年（1823）許尚、楊良斌亂事經過；臺灣營防制度；噶瑪蘭（宜蘭）開發史；臺灣關隘、道里；治理臺灣意見；平定乾隆六十年（1795）陳周全亂事經過。姚瑩另一邊防名著《康輶紀行》16 卷，則是任職四川，道光二十四、二十五年（1844 、 1845）兩次入使西藏所寫日記，於道光二十六年（1866）成書。內容大要是：出使乍雅（西藏乍丫）始末；喇嘛教源流；西藏山川風土；入藏道路遠近；泛論古今學術；沿途感觸。㉚一論東南，一論西南，是姚瑩邊疆地理學雙璧。而道光十三年（1833）成書的《識小錄》，其中卷 4 多論蒙古事，較完整的構成了姚瑩的邊疆地理學。

清代地理學有兩種傳統，一是清初胡渭（1633-1714）《禹貢錐指》、閻若璩（1636-1704）《四書釋地》以降的歷史地理學，與時局無關。另一是官員貶謫流寓而記載邊事，或是因職務所需而親身經歷，與朝政有關。㉛姚瑩兩部邊疆地理作品，顯係後者，迥異於清初地理學。前者可稱為地理學考古傳統，後者則可稱為地理學經世傳統。吳德旋（1767-1840）序《東槎紀略》即指出姚瑩夙重經世之學，姚瑩〈自序〉也自負的說《東槎紀略》明切事情，洞中機要。如果不從經世傳統分析，就很難得知吳、姚二氏如此評價《東槎紀略》的原因。而《康

---

㉚ 姚瑩著，施培毅、徐壽凱點校：〈康輶紀行自敘〉，《康輶紀行／東槎紀略》（合肥：黃山書社， 1990 年 1 月）。

㉛ 梁啟超：《中國近三百年學術史．清代學者整理舊學之總成績㈢》，頁 448 ；《清代學術概論》，頁 49 。皆見《中國近三百年學術史／清代學術概論》（臺北：里仁書局， 1995 年 2 月）。

輶紀行》的序文，姚瑩更清楚的說明地理學今古有異，當代地理學應隨時察訪，以求駕馭之道，並不只是增廣見聞。

道光中葉，經世地理學大盛，固然導源於祁韻士（1751-1815）《蒙古王公表》（書成於乾隆末年）、徐松（1781-1848）《新疆事略》（書成於嘉慶中後期）等，而姚瑩在道光初年完成的《東槎紀略》也功不可沒。

桐城派經世文論，散文、詩歌、經學而外，地理學也感染此風。或者說桐城派是以經世文論為核心，向外擴散至各個學術部門。

## 五、姚瑩與臺灣

### ㈠任臺灣縣知縣

嘉慶二十三年（1817），姚瑩由福建省龍溪縣知縣調臺灣縣知縣，縣民紛紛上書懇請留任，上官也建議留任，直至嘉慶二十四年（1818）春季，才到臺灣任，並兼理海防同知。㉜其時臺灣建置，臺灣府（康熙二十三年〔1684〕設置）下轄臺灣縣（康熙二十三年〔1684〕設置）、鳳山縣（康熙二十三年〔1684〕設置）、嘉義縣（康熙二十三年〔1684〕設置諸羅縣，乾隆五十二年〔1787〕改稱嘉義縣）、彰化縣（雍正一年〔1723〕分諸羅縣地設置）、淡水廳（雍正一年〔1723〕設

㉜ 姚濬昌：《姚瑩年譜・嘉慶23年、24年條》，《中復堂選集》（臺北：臺灣銀行經濟研究室，1960年6月，《臺灣文獻叢刊》第83種），頁240。

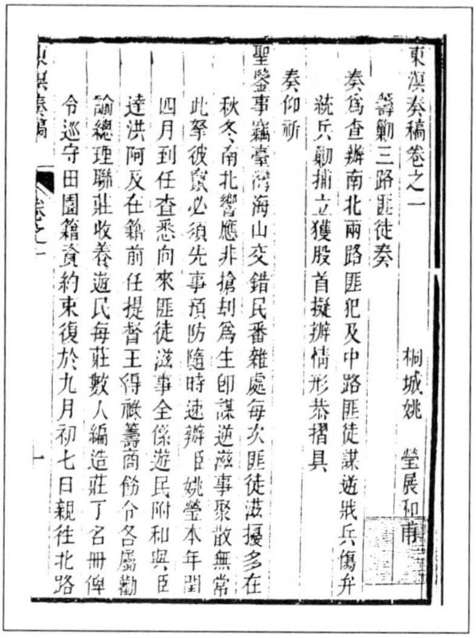
東溟奏稿卷之一　桐城姚　瑩展和甫
籌勦三路匪徒奏
奏為查辦南北兩路匪犯及中路匪徒謀逆戕兵傷弁
統兵勦捕立獲股首擬辦情形恭摺具
奏仰祈
聖鑒事竊臺灣海山交錯民番雜處每次匪徒滋擾多在
秋冬南北響應非搶劫為生即謀逆滋事聚散無常
此拏彼竄必須先事預防隨時速辦臣姚瑩本年閏
四月到任查悉向來匪徒滋事全係遊民附和與臣
達洪阿及在籍前任提督王得祿籌商飭令各屬勸
諭總理聯莊收養遊民每莊數人編造莊丁名冊俾
令巡守田園籍資約束復於九月初七日親往北路
東溟奏稿　卷之一　一

姚瑩的《東溟奏稿》

置）、澎湖廳（雍正五年〔1727〕設置）、噶瑪蘭廳（嘉慶十六年〔1811〕設置）㉝，計一府四縣三廳。臺灣縣為臺灣府首縣，府縣同城（臺南），海防同知衙門也在縣治內。

在臺灣縣任內，勤於任事，值得稱述之事有三：一是建立軍紀。嘉慶二十五年（1819）姚瑩出巡，臺灣府郡兵群聚賭博，姚瑩出言指責，郡兵不聽，反與縣役爭執，當時郡兵數十人持械圍困縣官，姚瑩不為所懼，親自訊問鬧事士兵，並嚴戒其餘士兵不得抗拒，否則以軍法處置，押解相關人等至總兵官署，依法懲處。㉞在此之前，縣令幾無法管束士兵，姚瑩舉措，有效樹立官威與軍紀，這一經驗，使姚瑩深信馭兵之道，惟有簡單、嚴格，確實執行法律，才不會反為士兵脅迫，日後寫《東槎紀略》時，還提及此一往事。㉟二是教化民眾。臺灣舊有五妖信仰，重病不癒，則須以盛大祭

㉝《同治福建通志臺灣府．沿革》（臺北：臺灣銀行經濟研究室，1962年5月，《臺灣文獻叢刊》第84種），頁45。
㉞ 姚濬昌：《姚瑩年譜．嘉慶25年條》，《中復堂選集》，頁240。
㉟ 姚瑩：〈覆笛樓師言臺灣兵事書〉，《東槎紀略》，卷4，頁105。

禮祭祀，否則禍延全家，致令百姓舉債行祭禮，人即使不亡，家卻已破。姚瑩令民眾抬五妖神像至官署，先鞭打，後焚毀，並作〈焚五祆神像判〉，以為人死生有命，不是鬼魅所能決定，今代天子守土，豈能容魍魎為禍百姓，五妖如不服，可降災縣令，縣令將報聞上帝以求曲直。㊱行文語氣結構，頗類韓愈〈祭鱷魚文〉，效果亦同，其得民心亦同。道光元年（1821）兼噶瑪蘭（宜蘭）通判，噶瑪蘭連年受颱風之苦，民眾以為鬼神不悅，將行禳祭，去災求福，姚瑩以為不可，令人民崇尚節儉、修講和睦、力戒佚遊、嚴防盜賊，即可長治久安㊲，析理淺明，民眾也頗樂從。又噶瑪蘭於嘉慶十六年（1811）始入版圖，姚瑩兼噶瑪蘭通判在道光元年（1821），相距不過十年，漢人與原住民有極大隔閡，姚瑩為設神位祭祀開闢噶瑪蘭以來漢人、原住民死難者，並以漢文化倫常關係教導原住民，稍撫平兩族人民距離。㊳三是平撫亂事。同年有淡水人朱蔚，自稱明後，準備作亂，事為姚瑩查獲，力主嚴辦，即使有人關說，指稱朱氏有狂疾，姚瑩亦不為所動。幸賴姚瑩之父姚騤，不希望姚瑩多殺人民，於是姚瑩焚毀證物，以狂疾抵罪，大案消弭於無形。㊴從姚瑩作為分析，執法森嚴，不稍寬貸，頗有法家

---

㊱ 事見姚濬昌：《姚瑩年譜・慶嘉25年條》，《中復堂選集》，頁241；原文在《東溟外集》卷4，今見《中復堂選集》，頁29。

㊲ 姚瑩；〈噶瑪蘭颱異記〉，原文在《東溟文集》，卷5，今見《中復堂選集》，頁23。

㊳ 姚濬昌：《姚瑩年譜・道光元年條》，《中復堂選集》，頁241。姚瑩：〈噶瑪蘭原始〉，《東槎紀略》，卷3，頁87。

㊴ 這一事件及姚騤性格的描述，又見《臺灣通志・列傳・文學・姚騤》（臺北：臺灣銀行經濟研究室，1962年5月，臺灣省文獻委員會1993年6月重刊），頁508。

氣象⑽；但教化人民，不問鬼神，則是儒門遺風。

勤於任事之外，也勇於建言：清廷得到臺灣後，臺灣兵制，例由福建省各營駐防士兵派出，三年一換，稱為「班兵」，意即輪班更換。⑾到雍正年間，福建各營以素質不佳的士兵輪派臺灣，暮氣沈沈，紀律甚差，且因鄉里不同（漳州、泉州），分散各處，甚有械鬥情事，一如臺灣人民。乾隆五十一年（1786）彰化林爽文起事，是福康安（？-1796）以大將軍名義，率湖南、四川、廣東、貴州士兵，戰鬥數月才平定，乾隆六十年（1795）彰化陳周全起事，則是藉著義勇方能抵抗。班兵無用之說甚囂塵上，到嘉慶年間，終於有撤除班兵，就地徵募臺籍士兵之議⑿，當時臺灣道葉世倬（1752-1823）也贊成此議。⒀但姚瑩堅持異議，指出正因士兵由福建輪調，

---

⑽ 姚瑩後任臺灣道，禁止人民吸食鴉片不遺餘力，初次查獲者處刑，再次查獲者處死，見連橫：《臺灣通史》（臺北：臺灣銀行經濟研究室，1962年2月，《臺灣文獻叢刊》第28種），卷3，頁81，〈經營紀·道光十九年條〉。

⑾ 清代兵制有八旗，軍事之外，兼有行政、生產功能，最初僅有滿州八旗，後又有蒙古、漢軍八旗，合計二十四旗，見《清朝文獻通考》（杭州：浙江古籍出版社，1988年11月），卷179，頁6391-6395，〈兵一〉。次則是綠營，是各省漢兵，所用旗幟是綠色，故稱綠營，受總督、巡撫、提督、總兵及各省駐防將軍指揮，見《清史稿》（臺北：鼎文書局，1981年9月），頁3913，〈兵志二〉。派駐臺灣士兵，屬福建綠營。

⑿ 連橫：《臺灣通史·軍備志》，卷13，頁293-296。

⒀ 清代臺灣兵制，以《同治福建通志臺灣府·兵制》（臺北：臺灣銀行經濟研究室，1960年8月，臺灣省文獻委員會1993年9月重刊）、《臺灣通史·軍備志》最詳，《清史稿》甚略，見《清史稿臺灣資料集輯·兵制》（臺北：臺灣銀行經濟研究室，1968年3月）。

父母妻子均在內地，所以不敢有異心；如果改為召募，不再更換，習於安閑，有兵等於無兵；臺灣四面環海，更調之中，可熟習海事，一有危急，不致茫無頭緒。㊹姚瑩所論，其實頗值商榷，軍隊時時操練，這是基本準則，與士兵來源無關；三年一調，或可認識波濤之苦，但要習於水戰，則言之尚早；所以能振動人心者是第一點，就地召募士兵，家人均在臺灣，恐無可制。這與姚瑩所說以嚴格、簡單軍令治軍，則軍紀可立，似又不合。姚瑩別有考慮，著眼於臺灣歷年亂事不斷，均藉軍隊平亂，有亂民而無亂兵，如果在臺召募，民與兵合，這才真正難以處理。積極做法是平時收藏器械、定期點驗裝備、勤加操練。㊺此議一上，臺灣鎮總兵音登額（？-？）亦以為然，形成鎮道不和。㊻這一爭議，至同治八年（1869）裁汰士兵，漸用鄉勇，才告結束。㊼其次是討論商運臺穀事，臺灣盛產米穀，而福建部分地區軍糧不足，於是在臺灣徵收錢糧內，撥出部分米穀，以船隻大小，分配運量，給予運費，運抵福建，以充軍糧，稱為「臺運」。㊽但從乾隆末年以來，臺灣本島屢遭

---

㊹ 姚瑩：〈臺灣班兵議〉，《東槎紀略》，卷4，頁93-95；連橫：《臺灣通史》，卷13，頁296-298，〈軍備志〉。

㊺ 姚瑩：〈臺灣班兵議〉，《東槎紀略》，卷4，頁98；連橫：《臺灣通史》，卷13，頁301，〈軍備志〉。

㊻ 臺灣道雖為文官，但向例臺灣鎮權位在道之上，與清代中葉後文官在武官之上不同，葉世倬即欲爭權，而與音登額不和，見《識小錄．音都統》，收入黃季耕點校：《識小錄／寸陰叢錄》（合肥：黃山書社，1991年10月），卷7；又見《中復堂選集》，頁215。

㊼ 連橫：《臺灣通史》，卷13，頁307，〈軍備志〉。

㊽ 連橫：《臺灣通史》，卷20，頁539，〈糧運志〉。

風災㊾，海上又有海盜蔡牽從嘉慶八年（1803）為患，至十四年（1809）始平㊿，前者影響生產，後者影響運輸，但軍糧不得遲運，官員借倉儲以充軍糧，倉庫固然為之一空，而軍糧又乏船隻運輸，以致積滯。此時有人建議造官船以運軍糧，臺灣道葉世倬亦以為可。姚瑩又持異議，詳細計算經費，以為建造官船所費不貲，請停此議。(51)其實官穀民運的癥結在於運費過低，官民較力也在於此。只是官方不肯增加運費，民間自欲取消官穀民運。至道光七年（1827），將所撥米穀折算銀兩，由士兵自行購糧，才解決官商爭議。(52)只是以此兩事，葉世倬牽怒姚瑩，調其兼任噶瑪蘭通判，遠離臺灣縣。(53)

姚瑩受困，又不止此。先前在福建省龍溪縣知縣，長於治事，為閩浙總督董教增（1750-1822）稱許為閩省縣吏第一，為人所忌，藉口其在任內處理民眾爭產事，以盜為民，這一罪名頗重，姚瑩又不肯行賄刑部胥吏，竟至革職。(54)道光二年（1822），姚瑩準備內渡，其父不幸於此時病逝鹿耳門，次年抵達福州，鄉試座師趙慎畛（1762-1826）適於此時任閩浙總督，邀請姚瑩協助幕僚工作，於是由其兄姚朔（？-？）扶櫬歸桐城，姚瑩留福州。

---

㊾ 連橫：《臺灣通史》，卷3，頁72-74，〈經營紀〉。
㊿ 連橫：《臺灣通史》，卷32，頁841-847，〈海寇列傳〉
(51) 連橫：《臺灣通史》，卷20，頁539-540，〈糧運志〉；姚瑩：〈籌議商運臺穀〉，《東槎紀略》，卷1，頁23-24。
(52) 連橫：《臺灣通史》，卷20，頁546，〈糧運志〉。
(53) 姚濬昌：《姚瑩年譜．道光元年條》，《中復堂選集》，頁242。
(54) 同前註。

### ㈡任臺灣府知府幕僚

在福州期間，趙慎畛信任有加，以此再遭人忌，此時在龍溪縣知縣任內舊識兼同鄉方傳穟由漳州府調臺灣府知府，邀其同往臺灣擔任幕僚工作，於是在睽違臺灣十個月之後，姚瑩於道光三年（1823）十月再度回到臺灣。前此是任臺灣縣縣令，於今則任臺灣府幕僚。

由於身分改變，姚瑩整理任縣令期間的意見、書信，寫下噶瑪蘭的沿革，記載乾隆六十年（1795）陳周全之亂、道光三年（1823）許尚、楊良斌之亂的平定經過，將之結集成書，此即《東槎紀略》，於道光九年（1829）出版。該書有關兵制、糧運的問題，已於前節敘述，值得注意者，是其對臺灣兵事、民事的看法，可以得知清代地方官對治臺的建議。

姚瑩說設置軍隊目的是治理民眾，而治理民眾必須了解情勢，情勢了解後才能制定策略(55)，所以《東槎紀略》置於卷首的作品是平定許尚、楊良斌之亂，卷末文章是平定陳周全之亂，全書主要架構是先兵事而後民事。在姚瑩心目中，軍隊目的是保境守土，而與近代軍隊純粹是防衛國家的觀念不同。保境守土，意謂內部叛亂也由軍隊負責剿平；防衛國家，則是面對國家外部的敵人。這自不能責怪姚瑩，臺灣亂事不斷，雖未必全為叛亂，但除藉軍隊剿平外，又有何恃？姚瑩在中英鴉片戰爭中也指揮軍隊防衛臺灣。而日後太平天國、捻、回諸亂，無不藉由軍隊平定，差別只是在正規軍抑或團練，而團練也是

(55) 姚瑩：《東槎紀略・自序》。

變相的正規軍。或者可說，姚瑩以為軍隊肩負防衛與治安的責任，是以如此重視軍隊。

姚瑩也深知治兵與治民異，所以不至於以治兵之法治民，但也絕不能以治民之法治兵。姚瑩以為兵者凶器，將領大多出身微賤，不知細行；士兵大率粗魯橫暴，強悍勇敢，所以才能克敵致勝。不能要求其一如文人學士，溫文雅馴，如此反而斫喪軍隊的精銳之氣，一旦馴化，何能面對敵人？[56]雖然如此，又不能坐視軍紀廢弛，不予聞問，所以又須講求駕馭之道。駕馭之道，惟有簡與嚴，簡是執持大端，嚴是賞罰必信。小事是指宿娼、聚賭、載運禁運貨物、欺虐平民；大事是指械鬥致人傷亡、不服長官管束、不服官府審判，後者不能原諒，前者則可視情況從輕處理。而軍事官員懦弱無能，兼以文武不合，才會軍令不行。將不畏兵，文武協合，分別輕重，軍紀自不廢弛，進而聽從指揮，保境安民。[57]軍隊的確不能一如民間，武人也不能類同文人，武官效法文官，就是軍隊弱化的開始，證諸中英鴉片戰爭後期，奕經（？-？）到浙江杭州指揮清軍對抗英軍，居然在前線品茶賦詩，預擬勝利檄文，品評優劣的事跡。[58]姚瑩所論，確實道中清代軍隊少為人知的弊端。臺灣的軍制，又與他省不同，均由福建派出，有漳、泉之異，因而一

---

[56] 姚瑩：〈覆笛樓師言臺灣兵事第二書〉，《東槎紀略》，卷4，頁107。

[57] 姚瑩：〈覆笛樓師言臺灣兵事書〉，《東槎紀略》，卷4，頁103-104。

[58] 費正清編：《劍橋中國史．晚清篇（1800-1911）》（臺北：南天書局，1987年9月），第4章，〈廣州貿易與鴉片戰爭〉，頁245。

如民間，分類械鬥甚為普遍(59)，上官每難處理，姚瑩卻能因地制宜，指出正因彰、泉不能相容，彼此顧忌，長官才易於統禦；且父母妻兒在內地，士卒更不會叛亂潰散，以免禍延家族。(60)也因為姚瑩有如此見解，所以支持班兵輪調制度，堅決反對更易舊章。所論雖不免權謀，但治悍勇士卒，焉能全以儒道為之。吳德旋說姚瑩論兵事諸篇文章，皆切實可行(61)，嚴格而言，應是理論上可行，但還要視為將之人如何。

姚瑩很敏銳的指出，臺灣人民結構，不同於內地，有漢人（泉州、漳州、潮州、廣東）、原住民之別；軍隊也有府籍之異；形成漢人與漢人不能相容：泉州人、漳州人、廣東人自成一黨，而潮州人偏向漳州人；軍隊亦如之；軍與民也不能協和；漢人與原住民又不能和睦相處。治臺首要困難即在調和各方。臺灣港汊紛岐，在在可以偷渡，內地罪犯、無賴，渡海來臺，又不能提供充分就業機會，於是群聚為盜。治臺第二項困難即是追緝群盜。臺灣歷年亂事不斷，官吏既需有治民的能力，又需有平亂的本事，這是治臺的第三項困難。解決困難之道，姚瑩提出與民同好惡這一觀念，具體內容是民眾厭惡盜賊，官吏則嚴加緝捕，民眾厭惡判案不公，官吏則切勿株連無辜，民眾安居樂業，官吏則不騷擾民間，民眾重視身分，官吏

---

(59) 所謂分類械鬥，是指臺灣人民，以省籍為分（福建、廣東），群聚械鬥，或以府籍為分（漳州、泉州），群聚械鬥。分類即指分省籍或分府籍。此風由民間而延至軍隊，軍隊鎮壓時，不論如何處理，均會被指為袒護另一方。

(60) 姚瑩：〈覆笛樓師言臺灣兵事書〉，《東槎紀略》，卷4，頁104。

(61) 姚瑩：《東槎紀略・序》。

待之以禮。62姚瑩所提出的方法，介乎抽象與具體之間，重點可能不是他提出何種策略，而是他看到問題所在，亦即不是提出答案，而是指出問題。姚瑩此封書信，約作於道光四年（1824），上距康熙二十二年（1683）清廷得臺有一百四十年，已很清楚的看到臺灣特殊的社會結構，問題看得真確，答案才有意義，否則不知問題所在，盡有各種答案，也未見真切。利之所在，各種衝突在所難免，何況臺灣是一移民社會，大傳統容或相同，小傳統必然有異，現實利益夾雜價值觀念，衝突更加嚴重。姚瑩能在五年前指出社會衝突根源，確實是目光銳利。

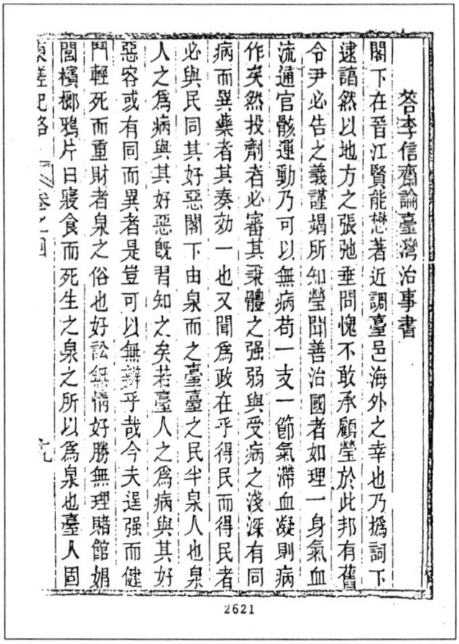
答李信齋論臺灣治事書
閣下在晉江賢能懋著近調臺邑海外之幸也乃撝詞下逮諮然以地方之張弛垂問愧不敢承顧瑩於此邦有舊令尹必告之義謹竭所知瑩聞善治國者如理一身氣血流通官骸運動乃可以無病茍一支一節氣滯血凝則病作矣然投劑者必審其稟體之強弱與受病之淺深有同病而異藥者其奏劾一也又聞為政在乎得民而得民者必與民同其好惡閣下由泉而之臺臺之民半泉人也泉人之為病與其好惡既習知之矣若臺人之為病與其好惡容或有同而異者是豈可以無辨乎哉今夫逞強而健鬥輕死而重財者泉之俗也好訟紛憤好勝無理賭館娼閭檳榔鴉片日寢食而死生之泉之所以為泉也臺人固
東槎紀略
2621

〈答李信齋論臺灣治事書〉

任職幕僚年餘，完成《東槎紀略》，作為任臺灣縣令的回顧與治理臺灣的參考。姚瑩於道光五年（1825）四十一歲時，再度離開臺灣。返回內地，歷經皇帝召見、降級調用、母親逝世、貧病難支、周遊四方、應邀入幕，於道光十二年（1832）至十六年（1836）四十八歲至五十二歲時，任江蘇省武進縣知

62 姚瑩：〈答李信齋論臺灣治事書〉，《東槎紀略》，卷4，頁110-112。

縣、元和縣知縣、淮南同知，在道光十七年（1837）五十三歲，升臺灣道，道光十八年（1838）三度抵達臺灣。

**㈢任臺灣兵備道**

「道」轄州府，並兼兵備銜——即整頓兵備——以文官協調軍事。63所以臺灣兵備道是臺灣最高長官，只有臺灣鎮總兵地位與之相當。64在臺灣未設行省前，臺灣兵備道肩負治理臺灣的全部責任。其上則是福建按察使、福建布政使、福建巡撫、閩浙總督。在臺灣道任內（1838-1843），姚瑩內要平定亂事，外要防備英國入侵，甚為艱苦。

甫抵臺灣，姚瑩鑑於臺灣游民眾多，平日滋事不斷，一有亂事則與匪徒勾結，所以實施「聯莊養民」之法，即游民除曾為盜首、大盜、殺人正凶外，依年籍造冊，由各莊出資，雇其巡守田園，逐捕盜賊，一年之內，人數由八千增至四萬，並以

---

63 明代每一省設布政使掌行政，按察使掌司法，由於幅員廣大，布政使下設左右參政、參議，派駐一定地區，稱分守道，主管徵收錢糧；按察使下設副使、僉事，巡察某一地區，稱分巡道，主管司法審判；另有專業道，如水利道管水利、鹽茶道管鹽茶貿易等。清代沿襲明代。乾隆十八年（1753）正式設官，由任務編組成為編制職官，多加兵備銜，協管軍事，見《明史》（臺北：鼎文書局，1981年9月），卷75，頁1838-1842，〈職官志四〉；《清史稿》，卷116，頁3353-3355，〈職官志三〉。

64 明代總兵官是遇征伐時差遣，至明代末年，成為正式職官。清沿明制，總兵是各省綠營高級武官，上有提督、巡撫、總督。總兵所轄軍事組織稱為鎮，又稱總鎮，地位與道員相當，合稱鎮道，見《明史》，卷76，頁1866，〈職官志五〉；《清史稿》，卷117，頁3389，〈職官志四〉。

兵法部勒，在平定內亂時，有相當貢獻。⑮以此方法，變相增加就業機會，隔絕匪徒與游民聯繫的管道，彌補軍力不足的困境。

聯莊養民的方法，雖然有成效，但並未能遏止臺灣連續不絕的亂事。道光十八年（1838）臺灣北（彰化、嘉義）、中（臺灣）、南（鳳山）三路⑯，均有匪徒起事，歷經半年才告平定。至道光二十一年（1841）北路嘉義、南路鳳山再度有匪徒生事，這一次亂事，不同以往，是亂民趁英軍窺臺之際，乘機起事，所以姚瑩以漢奸稱之。⑰最後竟至與英軍連合，窺探軍情，騷擾海岸。⑱姚瑩會同臺灣鎮總兵達洪阿（？-1854），屢有斬獲，臺灣成為中英鴉片戰爭期間惟一有捷報的地區。

十八世紀中葉起，英國遠洋商船在世界各地經營商業，致使英國商人累積大量資本；擁有領地的貴族，將消費作物，轉為資本農業，農產品可向全國各地市場銷售，貴族也累積大量資本。商人與貴族的利益一致。新技術不斷發明，改變紡織、

---

⑮ 姚瑩：〈籌剿三路匪徒奏〉，《東溟奏稿》（臺北：臺灣銀行經濟研究室，1959年6月，《臺灣文獻叢刊》第49種），卷1，頁1；姚濬昌：《姚瑩年譜．道光十八年條》，《中復堂選集》，頁249。

⑯ 清康熙時期，臺灣建置諸羅縣稱北路，轄今嘉義以北、宜蘭、花蓮；臺灣縣稱中路，轄今臺南；鳳山縣稱南路，轄今高雄、屏東、臺東。

⑰ 姚瑩：〈出剿嘉義逆匪部署郡城奏〉、〈南路匪徒響應遣員擊破奏〉，《東溟奏稿》，卷2，頁43-49。

⑱ 姚瑩：〈擊破通夷匪船拏獲奸民逆夷大幫潛遁奏〉、〈擊捕草鳥匪船多起奏〉、〈剿平彰化縣逆匪奏〉，《東溟奏稿》，卷3、4，頁103-107、149-152、158-159。

鋼鐵生產方式，提高產量，並帶動交通運輸、動力機器的變化。資本累積，產生銀行制度，並以集股的方式組織資金；技術更新，其背後是科學知識的發展。科學、技術、產業三者結合，整個產業形成與傳統完全不同的面貌，這就是後來所稱的「產業革命」。⑲十九世紀初期，產業革命在歐陸擴展，最後形成歐洲向全世界的擴張。所累積的資本，所增加的產品，均須有市場容納，一旦某一地區的市場封閉，極易形成貿易衝突。

乾隆二十五年（1760）至道光十四年（1834）在廣州的中國與歐洲貿易制度是清廷官員——中國商人——歐洲商人（主要是英國商人），官員透過中國商人組成的公行，間接與英商接觸，傳達清政府的各種命令，英商也須透過中國商人銷售貨物，並繳納一定的貨物稅。這一結構本來相安無事，但官員須將一定額度稅收送往中央政府，如果額度不足，則責成行商補足，成為變相索賄，行商則將此成本轉嫁予英商，而官員也普遍貪污，變成一雙重剝削的情況。英商利潤降低、英國無法輸出中國會大量消費的產品，產業革命所增加的資本與產品又急需市場，於是自由且直接的貿易呼聲，在英國國內日益高張。不幸的是鴉片消費在偶然的機會大量增加，中國終於有一種大量消費的產品。鴉片貿易的爭論是商業抑或道德。就貿易

---

⑲ 產業革命一詞頗有爭議，反對者以為經濟過程中並不存在突然發生鉅變的現象，贊成者以為以機械代替人工或獸力，就是傳統經濟的突破，不論如何，正反雙方均承認18、19世紀是歐洲經濟改變的關鍵時代，有關討論，見鄧元忠：《西洋近代文化史》（臺北：五南圖書公司，1990年7月），第16章，〈化學革命與產業革命〉，頁335-338。本節所論產業革命也參考該書。

行為而言，屬於商業無庸置疑；但就貿易的對象而言，顯然有道德上的強烈爭議。最後是商業論獲勝。清廷派林則徐查收鴉片，在中國自是執行道德律令，對英國則是挑戰其貿易制度。鴉片戰爭就在此一大背景下發生。⑩

道光二十年（1840）姚瑩即奉清廷命令，嚴加防衛臺灣，清廷所定的戰略是英軍船堅砲利，不宜決戰海上，應嚴守港口，防止內奸。姚瑩奉行這一命令，尤其加強後者的戒備，認為攘外必先靖內。⑪道光二十一年（1841）八月初，據各處稟報，雞籠（基隆）、中港（苗栗後龍）、小琉球均有英艦游弋，八月十六日，雞籠英艦攻擊港口，守軍即予回擊，此役計擊沈英船1艘、舢板2艘、生擒英軍133人、斬首32人，道光帝聞奏，以「喜悅之至」說明其心情。⑫九月十三日，英艦再度侵犯雞籠，攻破守軍砲臺，燒毀營房兩處，隨即退出。⑬此役不能稱為勝利，但姚瑩仍以擊退來犯敵人入奏。道光二十二年（1842）三月初，英艦三犯臺灣，姚瑩令守軍不與海上爭鋒，以計誘敵，至三十日守軍果計誘英艦入大安港（苗栗苑裏）擱淺，雙方交戰，生擒英軍49人、漢奸5人。道光帝以「大快

---

⑩ 鴉片戰爭過程的詳細敘述與分析，見《劍橋中國史·晚清篇（1800-1911）》，第4章，〈廣州貿易與鴉片戰爭〉。至於鴉片戰爭與臺灣的關係，目前僅有郭廷以：《臺灣史事概說》（臺北：正中書局，1954年3月），第6章，〈列強侵擾與臺灣之危機〉，第1節，〈鴉片戰爭〉，頁138-143，有一精簡敘述。

⑪ 姚瑩：〈會商臺灣夷務奏〉，《東溟奏稿》，卷2，頁30。

⑫ 姚瑩：〈雞籠破獲夷舟奏〉，《東溟奏稿》，卷2，頁32-33。

⑬ 姚瑩：〈夷船再犯雞籠官兵擊退奏〉，《東溟奏稿》，卷2，頁41-42。

人心」嘉許臺灣鎮道。⑭姚瑩從俘虜口中，首次得知西方情勢，但從姚瑩的奏摺看，以為英國係以鴉片為稅收、不知檳榔嶼在何處等，姚瑩對西方、東南亞等地均異常陌生⑮，相較於英軍熟悉中國地理，連克要地，可以察知中國中級官員對世界視野的限囿。其後姚瑩又奉命作更嚴格的審訊，且附上圖說，上奏清廷。可以推測，此次經驗，足以開啟姚瑩新的視野。⑯

而在大陸沿海地區，則可用勢如破竹形容英軍攻勢：道光二十年（1840）六月英軍陷浙江定海，七月進逼天津大沽口，十二月陷廣東虎門，欽差大臣琦善與英軍定「穿鼻草約」；道光二十一年（1841）四月英軍攻佔廣州，七月陷廈門，全臺震動，八月再陷定海、寧波，十一月陷餘姚；道光二十二年（1842）四月陷乍浦（上海附近），五月陷吳淞，六月陷鎮江，至江寧（南京），七月中英江寧條約簽字。戰爭期間，長江流域下游均在英軍控制之下。中英交戰模式，大致是「準備作戰—戰事失利—談判議和—和約無效—戰事再起—戰敗議和」，第二次議和的條件，必然比第一次嚴苛。和戰不定，在臺灣的姚瑩也說大局一誤再誤，只能盡力守土，不敢言及他事。⑰觀察江寧條約的主要內容：五口通商、廢除公行、割讓香港，顯

---

⑭ 姚瑩：〈逆夷復犯大安破舟擒俘奏〉，《東溟奏稿》，卷2，頁77。

⑮ 姚瑩：〈遵旨嚴訊夷供覆奏〉，《東溟奏稿》，卷2，頁65-66。

⑯ 姚瑩：〈覆訊夷供分別斬決留禁繪呈圖說奏〉，《東溟奏稿》，卷3，頁123。

⑰ 姚瑩：〈復梅伯言書〉，原文在《東溟文後集》，卷7，《中復堂全集》，今見《中復堂選集》，頁132。

現出英方志在通商，所以臺灣戰事的勝利，並不能改變大局。

戰爭結束後，英方要求釋還在臺被俘英軍，但姚瑩於道光二十一年、二十二年兩次入奏建議就地正法⑱，並經道光帝核准在案，且以「均著即行正法，以紓積忿」指示臺灣鎮道⑲，除軍官 9 人外，於道光二十二年五月處決。⑳姚瑩認為雙方交戰，斬殺敵人，理所當然㉑，完全沒有敵人與俘虜有異的觀念㉒，這或許可以中西戰爭觀念不同解釋，但英軍指揮官樸鼎查極度不滿。雙方交涉之際，適於道光二十二年九月中旬，有英國商船遭遇颱風，在金包里（臺北金山）海面遇難，由臺灣官兵救起，並呈奏清廷解交福州㉓，樸鼎查即以此為藉口，指稱臺灣兩次戰勝（指第一次雞籠之役、大安港之役）均係英艦遭颱風吹襲，不戰而敗，臺灣鎮道冒為己功，有欺騙朝廷之嫌，

---

⑱ 姚瑩：〈雞籠破獲夷舟奏〉、〈遵旨嚴訊夷供覆奏〉，《東溟奏稿》，卷2，頁35、66。

⑲ 姚瑩：〈逆夷復犯大安破舟擒俘奏〉，《東溟奏稿》，卷2，頁81。

⑳ 姚瑩：〈夷船兩次來臺釋還遭風夷人奏〉，《東溟奏稿》，卷4，頁166。

㉑ 姚瑩：〈奉逮入都別劉中丞〉，原文見《東溟文後集》，卷7，收入《中復堂全集》，今見《中復堂選集》，頁147。

㉒ 該封書信作於道光二十三年（1843），透露第一次雞籠、大安勝利，前者是英艦觸礁、後者是英艦擱淺。由此可以推論，兩次戰勝，雖云官軍奮戰，其實有若干運氣在內，加上第二次雞籠之役，英軍小勝主動退兵，郭廷以以「三戰三捷」形容，稍嫌誇大。

㉓ 姚瑩：〈夷船兩次來臺釋還遭風夷人奏〉，《東溟奏稿》，卷4，頁165。

要求清廷將姚瑩、達洪阿革職正法，並將財產全數充公，以其中一部分補償被殺戰俘家屬。㉞樸鼎查所控罪名極重，所擬處分亦極重。但殺俘是經清廷核准在案，清帝也有硃批（以紅筆在奏摺上表示意見），何能深究，又戰敗之餘，也無力維護部屬，遂派閩浙總督怡良（？-？）查辦，道光二十三年（1843）一月到臺後，竟即革職拿問姚、達二人。姚瑩不作辯解，於同年三月內渡，五月從福州北上，八月十三日入刑部獄，二十五日隨即獲道光帝親令釋放。㉟並以同知的官銜，分發四川任職。

姚瑩不作任何辯解的表面理由是天朝大臣不應與「夷人」對質，且在爭論戰功時，也會傷害勇敢作戰的官兵。歷經此一戰事，姚瑩未必一如迂腐朝士，以上國自居，第二項理由較可信。但在姚瑩寫給友朋的書信中，則可見到更真實的情境。奉派查案的閩浙總督怡良，因為姚瑩俘獲英俘時，未聽怡良之命，解送戰俘至福州，用來交換失陷的廈門，所以懷恨在心；㊱加以妒嫉姚瑩等戰功，訊問相關證人，百般恐嚇，致使定案。㊲更深一層看法，則如前述，殺俘既經核准，皇帝豈能免責，姚瑩是以身抵皇帝之罪。所以罷官之後，英方即未再追

---

㉞ 姚瑩：〈夷酋強貼偽示請旨查辦奏〉，《東溟奏稿》，卷4，頁179。

㉟ 姚濬昌：《姚瑩年譜．道光二十三年條》，《中復堂選集》，頁253-254。

㊱ 姚瑩：〈奉逮入都別劉中丞〉，原文見《東溟文後集》，卷7，收入《中復堂全集》，今見《中復堂選集》，頁149。

㊲ 姚瑩：〈再與方植之書〉，原文見《東溟文後集》，卷8，收入《中復堂全集》，今見《中復堂選集》，頁151-152。

究。

## 六、結語

姚瑩以作戰有功，卻無端受罰，從道員降官為同知⑱，不升反降，但姚瑩卻未心懷怨懟，仍以國事為重，這是姚瑩的性格使然，也是桐城派經世思想自我要求。以六十歲之齡，遠赴四川，無異於貶謫。道光二十四年（1844）三月十五日從桐城出發，六月抵達成都，十月一日即奉派至乍雅（西藏乍丫）處理當地轉世活佛爭權事，十一月十三日至乍雅，未有結果，十二月二十二日返抵成都；復於次年二月二十五日出使察木多（西藏昌都）以解決紛爭，六月三日抵達，於道光二十六年（1846）三月二十六日返成都。姚瑩將這兩次出使的經歷，以日記體形式，編成《康輶紀行》，為西南地理的名作，與《東槎紀略》可稱姚瑩東南、西南地理學雙璧。

道光二十八年（1848）辭官歸里，時年六十四歲。至咸豐元年（1851）太平天國起事，奉派前往廣西協助軍事，這自是看中姚瑩在臺灣屢平亂事的成效，五號月抵桂林，授廣西按察使（主管一省司法工作），這是姚瑩一生最高官職，此時姚瑩已六十七歲。但欽差大臣賽尚阿（？-？）、提督向榮（1799-1856）意見不合，拒不採納姚瑩策略，且官兵意存觀望，致使被圍在廣西永安（蒙山）的太平軍突圍，進入湖南、湖北。咸

⑱ 同知為知府下屬，並無特定職務與員額，全視知府指派任務，此所以姚瑩在此職時，奉派出使西藏。

豐元年姚瑩（1852）轉入湖南剿太平軍，水土不服，於十二月十六日在湖南永州（零陵）病逝，享年六十八歲。姚瑩的事業，始於東南，終於西南，與其兩部地理名著相終始，可謂巧合。

姚瑩在臺灣前後總計約十二年，半生事業，盡在於斯，並不誇張。從其力主維持班兵原制、商運軍糧二事，可以說是原有制度下的支持者；從其創始「聯莊養民」，又可知是制度的修正者，而非墨守成規者比，但並非制度的革新者。用法嚴厲，不稍寬貸；教化人民，講究倫常，則是儒家與法家的混合型人物。以桐城弟子，居然擅長軍事，經世致用，在姚瑩身上，確非虛語。而在百餘年前，即已看出臺灣社會的特殊結構，也令人佩服其眼光。長於平亂，卻少分析亂事的根源，是其短處。至於昧於世局，其時皆然；而以漢人文化教化「番民」，至今猶如此，不足為姚瑩病。評價姚瑩在臺灣的事業，既適合擔任主官，也適合擔任幕僚；既長於理民，也長於治兵。

## 附錄：姚瑩簡表

**乾隆50年　1785**

・生於桐城。

**嘉慶11年　1806　22歲**

・從姚鼐讀書，與方東樹、劉開等交遊，並以文章知名。

**嘉慶13年　1808　24歲**

· 中進士。

嘉慶14年　1809　25歲

· 至廣東，任兩廣總督百齡幕僚。其時廣東海盜為患，姚瑩由此熟知海事。

嘉慶17年　1812　28歲

· 編輯姚鼐《援鶉堂筆記》，本年6月刊行。

嘉慶19年　1814　30歲

· 作〈與張阮林論家學書〉，敘述桐城姚氏學術傳統。

嘉慶20年　1815　31歲

· 姚鼐逝世，姚瑩痛哭，為之作行狀。

嘉慶21年　1816　32歲

· 任福建平和縣知縣。平和人民喜好爭鬥訴訟，姚瑩接事後，逮捕悍民，安撫百姓，平和縣風俗為之一變。

嘉慶22年　1817　33歲

· 調福建龍溪縣知縣。龍溪民風強悍，械鬥仇殺，盜賊四出，姚瑩以重典治亂民，又招徠壯丁，編為鄉勇，擊捕盜賊，且興辦文教，獎勵農業。漳州知府方傳穟也向其請教治理縣政之法。閩浙總督董教增稱為福建省第一縣官。

嘉慶23年　1818　34歲

· 調臺灣知縣。

嘉慶24年　1819　35歲

· 本年春季，到臺灣，兼任海防同知。

嘉慶25年　1820　36歲

· 在臺灣任。

道光1年　1821　37歲

· 因臺灣道葉世倬欲召募臺籍士兵，代替內地更調制，又欲改民船運官穀為官船運官穀，姚瑩均以為不可，與葉世倬意見不合，於是葉世倬調姚瑩兼任噶瑪蘭通判，到噶瑪蘭不久，即捕獲海盜林牛等十餘人。但因在福建龍溪縣處理縣民爭產事件，為人毀謗，以革職論罪。因在臺捕獲海盜有功，特旨送部引見。

道光2年　1822　38歲

· 在臺灣。臺灣人聞說姚瑩罷職，一起至道府衙門要求留任姚瑩。姚瑩準備內渡時，父姚騤在鹿耳門逝世。

道光3年　1823　39歲

· 本年春季到達福州。方傳穟調臺灣知府，邀姚瑩一同前往，10月再到臺灣。

道光4年　1824　40歲

· 在臺灣，任方傳穟幕僚。《東槎紀略》5卷約作於本年前後，道光9年刊行。

道光5年　1825　41歲

· 辭方傳穟內渡。4月到福州，7月抵達桐城。次年1月到京城。

道光12年　1832　48歲

· 任江蘇省武進縣知縣。臺灣有張丙亂事。

道光13年　1833　49歲

· 重刊《東溟文集》、《後湘詩集》。調江蘇省元和縣知縣。重編姚範《援鶉堂筆記》，並請方東樹校勘。

道光17年　1837　53歲

・升署臺灣道。

道光18年　1838　54歲

・本年閏四月至臺灣道任。道光12年張丙之亂雖平，但徒眾散在各地，隨時可以為亂，姚瑩施行聯莊養民之法，編練無業游民，使巡守田園、逐捕盜賊，所需經費，由各莊出資，散在各地的亂黨餘眾，為官方收編。彰化、嘉義、臺灣、鳳山諸縣亂事紛起，但無人接應，姚瑩會同總兵達洪阿圍剿，於道光19年1月全臺大定。

道光19年　1839　55歲

・在臺灣道任。中英鴉片戰爭發生。

道光20年　1840　56歲

・在臺灣道任。英國軍艦進軍廣東、浙江。分赴各處海口，令官兵仕紳防備英人。

道光21年　1841　58歲

・7月英軍攻佔廈門，全臺震動。8月、9月英軍兩犯雞籠，均為臺灣官軍擊退，並俘獲英軍百餘名。嘉義匪徒江見作亂，鳳山匪徒聞風響應，姚瑩會同總兵達洪阿剿平。

道光22年　1842　58歲

・在臺灣道任。3月英人進攻大安港（苗栗苑裏），為地方文武用計破敵，俘獲英軍近50名。連同去年俘獲英軍計160餘名，除9人外，建議在臺正法，奉旨准如所請。匪船會同英軍窺臺，守軍擊沉匪船多隻。彰化匪徒陳勇、黃馬聚眾作亂，姚瑩率軍攻破賊巢。7月中英議和，英方要求釋還被俘英軍。9 月一英船在滬尾（臺北淡水）遇風颱，經地方官救回25 人，英人請准領回，姚瑩均答應英人請求。

道光23 年　1843　59 歲

· 在臺灣道任。英人毀謗姚瑩，以為英艦係遭颱風吹襲觸礁，方為姚瑩所敗，姚瑩有冒功之嫌。朝命閩浙總督怡良查辦，1 月怡良到臺灣，即傳旨革職拿問。3 月內渡，5 月自福州北上就逮，8 月入獄，25 日奉旨出獄。以同知分發四川任用。

道光24 年　1844　60 歲

· 處理西藏僧人爭權事，第一次入藏，10 月從成都出發，11 月到乍雅（西藏乍丫），12 月返回成都。

在安徽桐城的姚瑩墓

道光 25 年　1845　61 歲。

· 再次出使西藏，2 月從成都出發，6 月抵達察木多（西藏昌都），12 月東返。

道光 26 年　1846　62 歲

· 3 月到成都。《康輶紀行》16 卷於本年完成，道光 29 年刊行。任四川省順慶府蓬州（蓬安）知州。

道光 27 年　1847　63 歲

· 在蓬州任。成《寸陰叢錄》4 卷。

道光 28 年　1848　64 歲

· 辭官歸里。

道光 29 年　1849　65 歲

· 到金陵，兩江總督陸建瀛延請姚瑩編《海運紀略後編》，成 2 卷。刊行《中復堂全集》。

道光 30 年　1850　66 歲

· 授湖北鹽法道。

咸豐 1 年　1851　67 歲

· 太平天國事起，奉旨前往廣西，會辦軍務，任廣西按察使。

咸豐 2 年　1852　68 歲

· 任湖南按察使，逝於湖南永州（零陵）。

同治 1 年　1862

· 靈櫬始返回桐城。

同治 6 年　1867

· 子姚濬昌重刻《中復堂全集》計 98 卷。

## 參考書目

明史　張廷玉等著　臺北　鼎文書局　1981年9月

清史稿　趙爾巽等著　臺北　鼎文書局　1981月9月

清朝文獻通考　清高宗敕撰　杭州　浙江古籍出版社　1988年11月

同治福建通志臺灣府　不著撰人　臺北　臺灣銀行經濟研究室　1960年8月　臺灣文獻叢刊第84種

臺灣通志　不著撰人　臺北　臺灣銀行經濟研究室　1962年5月　臺灣文獻叢刊第130種

臺灣通史　連橫著　臺北　臺灣銀行經濟研究室　1962年2月　臺灣文獻叢刊第128種

清史稿臺灣資料集輯　不著撰人　臺北　臺灣銀行經濟研究室　1968年3月　臺灣文獻叢刊第243種

臺灣史事概說　郭廷以著　臺北　正中書局　1954年3月

臺灣通史辨誤　鄧孔昭著　臺北　自立晚報出版部　1991年7月

清代臺灣史研究　陳在正、孔立、鄧孔昭等著　廈門　廈門大學出版社　1986年4月

劍橋中國史．晚清篇（1800-1911）　費正清（John K. Fairbank）編，張玉法主譯　臺北　南天書局　1987年9月

歷史的理念　柯靈烏（R. G. Collingwood）著，陳明福譯　臺北　桂冠圖書公司　1987年10月

西洋近代文化史　鄧元忠著　臺北　五南圖書公司　1990年1月

中國近三百年學術史、清代學術概論（合刊本）　梁啟超著，徐少知、李鳳珠、黃昱凌、鄭慧卿點校　臺北　里仁書局　1995年2月

經學、政治和宗教——中華帝國晚期常州今文學派研究　艾爾曼（B. A. Elman）著，趙剛譯　南京　江蘇人民出版社　1998年3月

漢學商兌　方東樹著　臺北　廣文書局　1977年7月

方望溪全集　方苞著　臺北　世界書局　1965年3月

援鶉堂筆記　姚範著　臺北　廣文書局　1971年8月

惜抱軒全集　姚鼐著　臺北　世界書局　1984年7月

小倉山房詩文集　袁枚著　上海　上海古籍出版社　1988年3月

中復堂全集　姚瑩著　臺北　文海出版社影印同治六年刊本　1981年9月　近代中國史料叢刊續編第6輯

東槎紀略　姚瑩著　臺北　臺灣銀行經濟研究室　1957年11月　臺灣文獻叢刊第7種

東溟奏稿　姚瑩著　臺北　臺灣銀行經濟研究室　1959年6月　臺灣文獻叢刊第49種

中復堂選集　姚瑩著，曹永和輯　臺北　臺灣銀行經濟研究室　1960年9月　臺灣文獻叢刊第83種

康輶紀行、東槎紀略（合刊本）　姚瑩著，施培毅、徐壽凱點校　合肥　黃山書社　1990年1月

識小錄、寸陰叢錄（合刊本）　姚瑩著，黃季耕點校　合肥　黃山書社　1991年10月

曾文正公全集　曾國藩著　臺北　世界書局　1985年5月

桐城文學淵源考／撰述考　劉聲木著，徐天祥點校　合肥　黃山書社　1989年12月

文學與美學　龔師鵬程著　臺北　業強出版社　1986年4月

桐城派　王鎮遠著　臺北　群玉堂出版公司（國文天地）　1991年12月

## 相關文獻

王春美　姚瑩的生平與思想
臺北　臺灣師範大學歷史研究所碩士論文　247面　1976年6月　李國祁指導

龔書鐸　姚瑩交遊述略
北京師範大學學報　1982年第5期　頁80-88　1982年8月
中國近代文化探索（增訂本）　頁111-127　北京　北京師範大學出版社　1997年10月

熊復光　清代學人姚瑩的治臺策
建設　第2卷第5期　頁33　1953年10月

張雄潮　清循吏姚瑩治臺事蹟及其經世文章
臺灣文獻　第15卷第1期　頁197－214　1964年3月

羅運治　鴉片戰爭時姚瑩防臺措施的探討
中國歷史學會史學集刊　第23期　頁93-120　1991年7月

龔書鐸　姚瑩與臺灣
中國近代文化探索（增訂本）　頁128-133　北京　北京師範大學出版社　1997年10月

丁亞傑　從桐城到臺灣——姚瑩與臺灣的淵源
元培學報　第8期　頁83-103　2001年6月

# 論劉家謀《海音詩》

黃淑華 *

## 一、前言

《海音詩》屬於百首七絕聯詠，創作於咸豐二年夏秋之間，是劉家謀在臺灣精心構思的創作，家謀將所蒐羅之文獻，結合所見聞之時事，效仿杜甫、白居易社會寫實之風格，以淺顯之筆調，對清中葉臺灣社會現象進行批判與諷喻，而且每首詩皆加以自註，更有助於吾人瞭解當時臺灣社會之民生、教育、治安及族群結構。

吾人閱讀《海音詩》時，首先為其所記之節令民俗活動及族群互動關係所吸引，繼而反覆吟誦，欣見《海音詩》富藏清中葉臺灣社會之歷史文化，激發吾人參佐史乘、方志、文學書籍等其他文獻，期望能藉此深入認識臺灣舊有的社會現象，以及特殊習俗與民風。故本文採取「以詩證事」、「以文證詩」的方式①，嘗試將《海音詩》的創作特色、內容及其價值，更

* 黃淑華，東吳大學中國文學系碩士。

① 薛順雄於〈從清代臺灣漢語舊詩看本島漢人的社會及習俗〉一文，曾採用「以詩證事」、「以文證詩」的方法來看本島漢人的社會及習俗。詳見於東海大學中國文學系，：《臺灣古典文學與文獻》（臺北：文津出版社，1999 年1 月），頁121-145。

明白清楚的呈現於讀者面前。

## 二、劉家謀生平略述

劉家謀，字仲為，一字芑川，福建侯官人。生於清嘉慶十九年（1814），卒於咸豐三年（1853），享年四十歲。年少遊藝於陳恭甫侍御所掌教的鼇峰書院，清道光十二年（1832）中鄉試為舉人，道光二十九年（1849）任臺灣府學訓導。家謀為人敢言直諫，為政盡忠職守，能憐恤貧民疾苦，是清廉之官員。

家謀特別留意蒐集地方的文獻，在寧德著有《鶴場漫志》二卷；在臺灣則著有《海音詩》。於地方利弊上，尤其勞心費力，任臺灣訓導的第四年，正值海寇黃位②在臺灣海域作亂，臺灣路上的盜匪亦相互應和；家謀當時已病重，仍耗費心神，力守府城，如此累積疲病三月後逝世。僕人在護送其棺柩渡海而歸時，不幸遭遇賊寇；家謀的遺書叢稿盡覆於海水。將拋棄棺木時，僕人感嘆的說：「噫！是好官也！是臺灣府學劉老師也！」賊寇曰：「信乎？是臺灣府學劉老師也，好官也！吾舍是船。」於是揮趕其黨，迅速遁逃。同船一百八十餘人皆嘖嘖

⑵ 據張菼〈臺灣反清事件的不同性質及其分類問題〉一文，知黃位是廈門「大昌國天德殿前元帥」黃得美的部屬，屬於「廈門小刀會」。於黃得美攻略事敗後，約在咸豐四年左右，率領餘眾在雞籠（今基隆）海域作亂。見《臺灣文獻》第 26 卷第 2 期(1975 年 6 月)。

稱家謀為好官。③

## 三、《海音詩》創作動機與特色

### (一)創作動機

謝章鋌於〈芑川觀海集序〉云：「天生人與，以才不使展，展其才不使盡，若有意、若無意如芑川者，天下諒不一二，而猶使其奔走微祿，孤寄萬里，兄弟、妻子、朋友之屬生不得見，死不得訣。」又〈祭芑川文〉：「念君孤身懸海外，不欲以無聊耗君心。」由章鋌文中可知，家謀具有才華卻不得伸展，又與妻友兄弟分別，飄洋過海，來到尚未開發完全的臺灣，應可想見其孤寂、百無聊賴的心情。然而「四年炎海寄微官，虛喫天朝苜蓿餐」，家謀雖身居末官，卻不願尸位素餐，故奮發跳脫其不平之心，將其見聞結合所蒐羅之文獻，創作出不凡的《海音詩》。

家謀於《海音詩》④第一首即交代其創作之緣由：

秋齋臥病謝朋徒，欹枕狂吟且自娛。
絕竃西來聲不斷，可知歌答有天吳。⑤

---

③ 詳見〔清〕謝章鋌：《賭棋山莊全集・文集》（臺北：文海出版社，1974 年），卷2，頁99-101，〈教諭劉君小傳〉。

④ 本文所引《海音詩》，係根據近人吳守禮之校註本(臺北：臺灣省文獻委員會，1953 年 7 月)，收入《臺灣叢書・學藝門》第二種。此校註本乃吳氏據家藏《海音》刻本，即清咸豐五年乙卯(1855)一經堂刻本校註印行。

⑤ 見《海音詩》正文，頁2。

自註：「壬子⑥夏秋之間，臥病連月不出戶庭。海吼時來，助以颱颶；鬱勃號怒，壹似有不得已者。伏枕狂吟，尋聲響答韻之；曰『海音』。」

家謀最後一首詩亦說明其創作《海音詩》之動機，詩云：

四年炎海寄微官，
虛喫天朝苜蓿餐；
留得秦中新樂府，議婚傷宅總憂歎。⑦

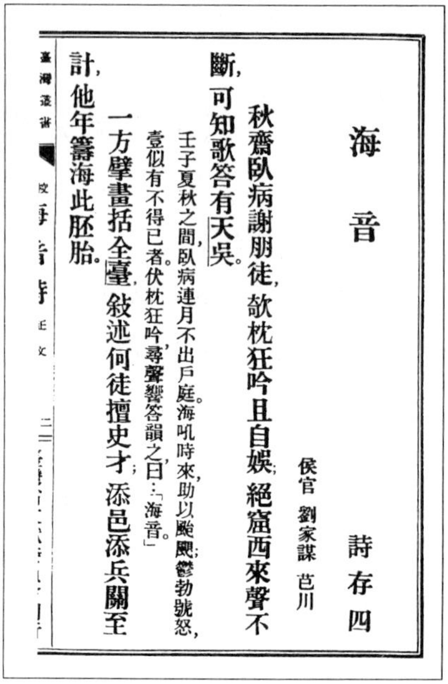
海音　詩存四

侯官　劉家謀　芑川

秋齋臥病謝朋徒，欹枕狂吟且自娛；絕竇西來聲不斷，可知歌答有天吳。

壬子夏秋之間，臥病連月不出戶庭。海吼時來，助以颱颶；鬱勃號怒，壹似有不得已者。伏枕狂吟，尋聲響答韻之；曰：「海音。」

一方壁畫括全臺，敘述何徒擅史才；添邑添兵關至計，他年籌海此胚胎。

臺灣叢書　海音詩　正文

海音詩

自「留得秦中新樂府，議婚傷宅總憂歎」二句，可以看出家謀憂心感歎，當時臺灣的婚喪習俗弊病，以及社會治安亂象，故效法白居易作〈新樂府〉、〈秦中吟〉之精神，創作了《海音詩》，以社會寫實詩歌來諷喻朝廷，並且吟謳人民生活中的疾苦。

---

⑹ 壬子為咸豐二年(1852)。
⑺《海音詩》正文，頁29 。

韋廷芳〈海音詩序〉⑧以為家謀詩乃「採風問俗，顯微闡幽」之作，所探討關乎臺灣的事情，深入而全面，並非一些細微末節。而取名為《海音》，也隱含著深意，當時家謀任官於臺南府城，而府城又濱海，一望即是汪洋萬頃、碧浪迷天，然而潮汐海浪翻騰震撼，激撞所發之聲，隱隱轟轟如雷如鼓。如遇颶風時起，海吼怒號更甚，令人感到淒涼惶恐。家謀將宦臺時的所見所聞，輾轉吟謳於病榻間；耳中所聽盡是洶湧澎湃、鬱勃怒號之聲，與其胸中嶔奇磊落、牢騷不平之音，正可互相遙答。家謀於《海音詩》完成後，身體亦康復，似乎是以詩歌的創作來治癒自己的疾病。家謀的創作「有時大其聲疾其呼，一若分玉振金聲餘韻，發人之聾於鯤身、鹿耳間」⑨，可謂「海音偕鐸音俱長矣」⑩，故韋廷芳序云：「其以《海音》名篇也固宜。」

### (二)創作特色

1.一詩一註之形式

陳香在所編《臺灣十二家詩鈔・劉家謀詩鈔》一文云：「家謀善詞賦，早有《外丁卯橋居士初稿》行世。居臺灣四載，又著《海音詩》一卷，體例獨創，引註翔實。或笑啼月旦，或憤慨褒貶，揭瘡撫痍，發人警惕。」⑪《海音詩》百首

---

⑧ 吳守禮之《海音詩》校註本，前有韋廷芳及周維新兩篇序文。
⑨ 見韋廷芳〈海音詩序〉。
⑩ 同前註。
⑪ 見陳香：《臺灣十二家詩鈔》(臺北：臺灣商務印書館，1980年)，頁54。

七絕「體例獨創」，在於每首各賦一事，並詳註於後，多反映臺灣風土民情，是難得的臺灣典故史料。翁聖峰於〈劉家謀的《觀海集》〉一文中亦說明《海音詩》自註之特色云：

> 詩歌的「自註」形式，在向來注重典雅特色的傳統詩歌裡較少被列為論述重點，不過，就風土詩（或竹枝詞）而言，「自註」常佔有很重要的地位，而與詩歌本文有相輔相成的作用。《海音詩》百首，首首有自註，七言絕句本文形式統一，能較簡潔掌握描寫對象，而「自註」部份不拘格律形式，可靈活記敘鄉土民風。⑫

家謀《海音詩》百首為七絕形式，句法簡短，形象鮮明；而輔以「自註」形式記敘鄉土民風，用來彌補七絕文字的不足，敘述難盡的問題。故陳香亦言：「讀其詩未及其註，味同嚼蠟；夾讀其註，則亦明亦誚亦風、或褒或貶，事象歷歷，妙趣覃覃，且堪當作臺灣之斷代史吟味。」陳香對家謀的「註」做了極高之評價。家謀詩：

> 張蓋途行禮自持，文公巾帽意猶遺；
> 一開一闔尋常事，不覺民風已暗移。⑬

自註云：「婦女出行，以傘自遮，曰：『含蘂傘』，即漳州

⑫ 見《臺灣文獻》第47卷第4期（1996年12月），頁181-189。
⑬《海音詩》，頁14。

『文公兜』遺意也。今則闔之如拄杖，然觚不觚，觚哉觚哉！」此詩寫婦女出行時，撐傘遮臉以維持端莊之禮儀，《諸羅縣志．風俗志．漢俗雜俗》云：「婦女過從無肩輿，則以傘蒙其首。」而臺灣婦女卻將傘當作柱杖，已失去矜持的禮儀。詩中云：「一開一闔尋常事，不覺民風已暗移。」在一開一闔的細節中，家謀已察覺民風漸漸的開放改變，可說是見微知著，真實而深刻。

又如詩：

送終爭欲飾奇珍，不智誰料啟不仁；
君看漢朝陵墓古，竟教玉盌落烽塵。⑭

自註：「吾郡送終之禮，衣衾以外無他飾。片金寸玉不以附身，故棺無劫者。臺地飾皆從厚，被劫所以多也。議者徒求禦盜之法，而不知致盜之源。晝夜巡防，轉招覬覦。仁人孝子，尚其慎厥初。」詩中以漢朝陵墓為戒，而註中更教化百姓不以厚飾送終，以斷盜賊之覬覦。

2.撫時感事之情懷

家謀特別重視一切地方因革利弊，以其撫時感事、清奇磊落之胸襟，往往能言人所不敢言、所不能言，故韋廷芳序中稱讚家謀詩「此誠黃鐘、大呂之音，不作錚錚細響者」，家謀詩作與其為人之風格亦由此可見。

⑭《海音詩》正文，頁9。

因清初臺灣屬於未開發的土地，移民多來此地討生活，根本不重視教育，臺灣人不知問學，更不知教化，口不道忠信之言，耳不聞孝悌之行，因此教育也就成為臺灣的問題之一。教育是一個地方進步的根源，而家謀身為府學訓導，眼見臺灣教育不受重視，故為詩揭露：

少時了了大時差，游戲徒教誤歲華；
莫惜十年遲樹木，飄零容易是唐花。⑮

自註：「臺童多早慧，父師教之為應制之文，一學而就；書法皆圓整光潤，不難造成大器。第入學之後，束之高閣矣。大抵八、九歲後，智識便開，二十歲外漸塞。說者謂：『臺地諸山，早晨極開朗秀發，午後即多蒙翳』。」家謀認為村民以臺灣地形氣候為理由推託，實不合理，故云：「雖地氣使然，亦馳逐紛華有以錮之歟？」認為追逐名利與浮華才應是真正原因！又感慨臺地不重視教育，而造成社會風俗敗壞等問題，其為詩云：

千金送女亦尋常，翠繞珠圍各鬥強；
底事一經思教子，翻愁破費束修羊。⑯

自註：「千金嫁女，猶嫌其薄，而百金延師，轉以為厚。富家

⑮《海音詩》正文，頁10 。
⑯《海音詩》正文，頁9-10 。

子，多附學。來往道塗，荒廢時日，有潛逃而為非者。」從此亦知臺灣教育文化之創辦時日不長，而發展過程又緩慢而不易。

3.規諫諷喻之精神

韋廷芳序云，家謀：「為人慷慨豪俠，絕少頭巾氣。故其為詩風流跌宕，而嬉笑怒罵，欲歌欲泣，亦復激昂悲壯。」家謀詩多具諷喻，臺灣當時窮民賦重稅，卻無田地可耕；而富民有田有錢，卻能逃漏稅金，對於這樣不公平的現象，為詩大聲疾呼：

> 有田翻得免催科，納賦人無半畝禾；
> 鳧鴈秋糧自狼藉，南山烏墮北山羅。⑰

這首詩以鳧鴈食得秋糧，而烏鳥卻陷入網羅為喻。不僅生動的表達貧富間令人嘆嗟之差異，也藉此諷喻朝廷未能體恤貧民百姓之生活，反而對貧民課以重稅，使百姓生活更加艱辛。

4.淺白活潑之筆觸

家謀初到臺灣新的天地，所接觸的是不同於中原本土的海島文化，以及各樣新事物與風土民情，而以客觀的筆法描寫臺灣之社會時，因需顧及新事物、新名詞，因此語言也較不精美，且時而夾雜著方言，故《海音詩》所呈現的風貌，就較為

---

⑰《海音詩》正文，頁 5。吳守禮《海音詩》注云：「〈烏鵲歌〉曰：『南山有烏，北山張羅，烏自高飛，羅當奈何。』以喻富民逃賦，而窮民反遭重課也。」

淺白而活潑。如：

> 浩浩飛颱競捲沙，秋棚何處覓新瓜？
>
> 烏魚歲晚無消息，累得鹽官仰屋嗟。⑱

家謀註云，新瓜（即醃瓜）、烏魚，皆為臺灣的物產，且需以鹽醃漬，當時此兩種物產皆不豐收，導致海鹽滯銷，鹽官只有仰屋興嘆。此首即以新事物入詩，雖然淺顯，卻深刻記載當時民生的蕭條。

## 四、《海音詩》之內容——清中葉臺灣社會狀況的反映

家謀任臺灣府學訓導四年期間，跳脫其孤寂陌生的心緒，轉而積極蒐羅文獻，並結合其見聞，創作《海音詩》。家謀以描寫清代中葉臺灣風土、反映當時的社會實況作為創作主題。因為對寫作材料有所選擇，所以在百首詩作中能涵攝不同層面的風土民情，以作為朝廷日後改善對臺灣統治政策的參考。家謀就如社會的採訪工作者，以翔實客觀之筆，對清代中葉之臺灣社會做深入而廣泛的報導，如農業、經濟、教育、戰亂、不良民風等等，希望能喚起地方官員、文人紳士對臺灣社會文化、風土民情之檢討與省思。

---

⑱《海音詩》正文，頁7。

明末清初時，福建與粵北本多山地丘陵，可耕地稀少，加上天災、人禍綿延，造成百姓生活困苦。而十七世紀時的臺灣，山高土肥，尚未開發，不但利於墾闢耕種，且生產力高，在清初獎勵移民渡臺之下，臺地農業日漸豐饒，貿易興盛，使得臺地人民生活富庶，也因此形成豪奢的風氣，更驅使福建省中漳州、泉州內地無籍之民，在無田可耕、無工可傭、無食可覓的情況下，簇擁進臺地，上者可致富，下者可求溫飽，皆較內地謀生容易。

隨著來臺人口急增，甚至偷渡者益眾，使得臺地有人滿之患，家謀撫時感事為詩道：

懷中剌滅少遭逢，回首家山路萬重；
典盡征衫歸未得，幾人涤水傍芙蓉。⑲

自註：「臺幕脩脯豐於內地，遊客爭趨焉。然人浮於幕，強半賦閒；羈留海外不得歸，因而凍餓者有之；胡輕去其鄉耶？」因為渡臺人口激增，及天災人禍頻仍，造成了臺灣民生經濟的問題與衝擊。以下即是《海音詩》所反映出的清代中葉臺灣的社會狀況。

### （一）民生經濟

1.道咸年間米穀賤價、賦稅煩重

⑲《海音詩》正文，頁11。

道光年間，臺灣常有暴風驟雨與海浪大漲，使得安平與鹿耳門沿海一帶海沙急速增長，港口逐漸淤塞而形成陸地，成為臺灣、廈門兩港口間直通的一大障礙，使得臺灣糧運顯著頓挫。

迨至道光末年，中國大陸與南洋間的貿易關係急速發展，廈門頓時成為通商中心，南洋、呂宋、暹邏米大量傾銷至中國大陸沿海各地，因而臺米之糶運顯著減少，臺米於是滯銷，以致米穀囤積，價格低落。⑳道光二十八年（1848）四月起至咸豐四年（1854）正月，任福建分巡臺灣兵備道徐宗幹在其所著之《斯未信齋文稿．請籌議積儲》一文云：

> 臺地居海中，既無去路，亦無來路，夫生財之道，不外開其源，節其流。臺地無源可開，但通其流而源自裕。米穀不流通，日積日多。望豐年乎？賤更甚矣。抑待歉年乎？賤如故也。蓋由內地食洋米而不食臺米也。不食臺米則臺米無去處，而無內渡之米船；無內地之米船，即無外來之貨船。往來春夏外來洋元數十萬，今則來者寥寥，已數月無廈口商船矣。㉑

徐宗幹於文中說明臺米慘跌之情形，而《海音詩》及註中亦詳

⑳ 王世慶：〈十九世紀中葉臺灣北部農村金融之研究〉，《清代臺灣社會經濟》（臺北：聯經出版事業公司，1994年8月），頁1-71。

㉑〔清〕徐宗幹：《斯未信齋文編》（臺北：臺灣銀行經濟研究室，1960年10月，《臺灣文獻叢刊》第93種），頁66-70。

細描寫當時臺糖與臺米減售之情形：

蜀糖利市勝閩糖，出峽長年價倍償；

輓粟更教資鬼國，三杯誰覓海東糧？㉒

自註云：「臺地糖米之利，近濟東南，遠資西；乃四川新產之糖，價廉而貨美，諸省爭趨之，臺糖因而減市。唊咭唎販呂宋諸夷米入於中國，臺米亦多賤售。商為虧本而歇業，農為虧本而賣田，民愈無聊賴矣。三杯，臺穀名。」

道光末年至咸豐四、五年間，臺米滯銷穀賤傷農，影響臺地經濟，加上清廷徵收臺地賦稅甚於內地十數倍，當時可謂民不聊生。家謀詩云：

一甲徵租近一車，賦浮那得復言加；

多田翁比無田苦，怕見當門虎老爹。㉓

自註言及臺邑土地峽窄，而所徵收之賦稅，較大陸內地多上十數倍，農田無法休耕，久耕之後，土壤亦漸磽瘠，米又賤價無法供納重稅，百姓生活「追呼之慘，稱貸之艱，有不忍言者」，若欲賣其田地只能折半價出售，存留田地卻受重稅拖累，故曰「民亦何樂求田耶？」而班役之家皆似虎，不體恤人民，拘押遲繳賦稅者，並荼毒萬狀，遇此苛政，家謀遂道出人

㉒《海音詩》正文，頁7。

㉓《海音詩》正文，頁5。

民之心聲「多田翁比無田苦，怕見當門虎老爹」。又有詩云：

負郭曾無一稜田，兒孫猶納賦租錢；
飛來何計還飛去，李代桃殭不記年。㉔

家謀這一首詩是針對無田產階級仍需繳納租賦的不合理現象，所提出的控訴，其註云：「先時崩陷之田，戶逃人絕，無從追索；吏役常浼上戶代完。上戶亦以所費無多，慨然代之，謂之『飛租』。數傳以後，田產斥賣無遺，而所謂飛租者，依然在也。」此筆天外飛來之租稅，想必是上戶「慨然代之」時所未能預卜的。而家謀引註翔實，與詩作不可分割，如陳香所言：「夾讀其註，則亦明亦誚亦風、或褒或貶，事象歷歷，且堪當作臺灣之斷代史吟味。」

2.農村之高利借貸

清代臺灣在開港以前，還未出現今日的金融機關，民間借資大多依賴富戶豪紳之高利貸，當時主要金融借貸方式有：典、胎借、信借、賣青苗、質當、五虎利、搖會、標會、輪會等。㉕所謂「質當」係告貸無門者，急需銀款時，將衣物拿至當鋪質當，當鋪卻以高利剝削借銀人，家謀對此剝削行為，抒發其牢騷不平之音：

九抽敢把禁條違，飛去青蚨忽自歸；

㉔《海音詩》正文，頁5。
㉕ 同註⑳。

寄語杜陵頭白叟，可堪日日典春衣。㉖

註中亦說明質當之細節：私典有「小押」者，皆兵卒為之。每質物一百文，只給九十一文，謂之「九抽」；贖回時仍滿其數一百文。每十日，一百文計討利息六文。其期限之緩急，以物之高下為差；然絕無超過一年者。由此亦知，這是借貸者為短期週轉，不得已而付高利之借貸方式。

另有所謂的「五虎利」，家謀詩云：

五虎長牙舞爪來，秋風避債竟無臺；
驚心昨夜西鄰哭，掌上明珠去不回。㉗

註云：「每百錢，按日繳息五文。停繳一日，即將前繳抹銷，謂之『五虎利』，亦營卒所為。窮民不得已貸之，無力償者，或擄其妻女而去。」可見當時營卒多從事私典及放高利貸之不法行為，魚肉鄉民，而貧民無法償還高利時，只能睜眼見其妻女為營卒所奪去，然而申訴無門，亦莫可奈何，家謀目睹官場中不公義之怪現象，難忍心中鬱勃之氣，發而為詩，可謂「言人所不敢言，所不能言。此誠黃鐘、大呂之音，不作錚錚細響者」。㉘

3.澎湖地瘠民貧

㉖《海音詩》正文，頁20-21。
㉗《海音詩》正文，頁21。
㉘ 韋廷芳之〈海音詩序〉。

處於外島的澎湖，家謀也用詩記錄了當地居民的民生問題。澎湖土地貧瘠，無法耕種五穀，直到有人抵臺，才知有稻粱的存在。當時鄭成功設臺灣府曰「承天府」，外人來臺稱往「承天府」訛音為「神仙府」。家謀詩云：

一盌糊塗粥共嘗，地瓜土豆且充腸；
萍飄幸到神仙府，始識人間有稻粱。㉙

自註：「澎地不生五穀，惟高粱、小米、地瓜、土豆而已。「地瓜」，蕃薯也，「土豆」，落花生也。以海藻魚蝦雜薯米為糜，曰「糊塗粥」。草地人謂府城曰「神仙府」。韋澤芬明經云：『鄭氏有臺時，置府曰承天，今外邑人來郡者猶曰：『往承天府』。神仙，承天，殆音訛也。」

《澎湖紀略．風俗紀》卷七〈習尚條〉中亦記載澎湖人民的生活情況：「澎地皆赤鹵，可耕者甚少，俱以海為田。男子日則乘潮掀網，夜則駕舟往海捕釣；女人亦終日隨潮漲落。赴海取蝦蟹螺蛤之屬，名曰『討海』。」㉚而澎湖一地遍植蕃薯，收穫後切片曬乾，名為「薯米」。海防通判陳廷憲（嘉慶八年七月任）所寫〈澎湖雜詠〉中第十首云：「天生乾薯海中餐，細切銀絲日炙乾。萬廪千箱居積滿，不勞引領望臺灣。（澎無稻粱，居人以薯乾供食，名曰薯米。）」故臺灣被稱為

㉙《海音詩》正文，頁6。
㉚〔清〕胡建偉：《澎湖紀略》（臺北：臺灣銀行經濟研究室，1961年7月，《臺灣文獻叢刊》第109種），頁149。

「神仙府」，除家謀以為音訛之外，竊以為或澎湖外島人民內心，對臺灣的富裕所持神仙島般的嚮往。

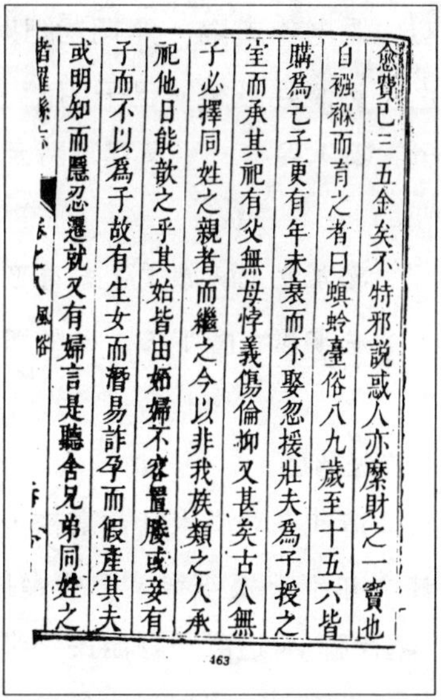
愈費已三五金矣不特邪說惑人亦糜財之一竇也
自襁褓而育之者曰螟蛉臺俗八九歲至十五六皆
購為己子更有年未衰而不娶忽援壯夫為子授之
室而承其祀有父無母悖義傷倫抑又甚矣古人無
子必擇同姓之親者而繼之今以非我族類之人承
祀他日能歆之乎其始皆由妬婦不容置媵或妾有
子而不以為子故有生女而潛易詐孕而假產其夫
或明知而隱忍遷就又有婦言是聽舍兄弟同姓之
463

《諸羅縣志．風俗志．漢俗》記螟蛉子事

## (二)社會問題

1. 螟蛉風盛

清初赴臺之漢移民，必須與波濤洶湧之海洋搏鬥，抵臺後，又須胼手胝足、披荊斬棘，從事拓殖墾荒的工作，備嘗艱辛，其中又要冒被原住民襲殺之險，過程可說是艱苦危險，故當時的移民，自然以單身青壯男性為多㉛，造成臺地兩性比例懸殊的問題，因此漸漸形成了收養子女之風。

《諸羅縣志．風俗志．漢俗雜俗》：「自襁褓而育之者，曰螟蛉。臺俗八、九歲至十五、六，皆購為己子。更有未衰而不娶，忽援壯夫為子，授之室而承其祀。」㉜因為當時社會男性多於女性，有村莊數百人而無一眷口，所以娶妻動輒花費百金，要建立家室不容易，因此缺乏子嗣繼承香火。家謀註中說

㉛ 戚嘉林：《臺灣史》（臺北：自立晚報社，1986 年9月再版），上冊，頁155。

㉜〔清〕周鍾瑄：《諸羅縣志》（臺北：成文出版社，1983 年3月，《中國方志叢書》臺灣地區第7 號），第2 冊，頁463。

明：「老年乏嗣，無期功緦麻之親，不得已而抱育異姓者有之；然瀆姓亂宗，已干明禁。今則富家有數子者，亦蓄他人子，噫！異矣。」家謀為詩云：

暮年曾未賦添丁，乞得男青復女青；
底事森森階下玉，也隨螺蠃負螟蛉。㉝

2.游民為患

清代臺灣漢人社會富裕，雖然吸引不少良民東渡臺地；但其中亦不乏張空拳、思攫金以西之無業游民，臺地漢人稱為「羅漢腳」。這群單身游民多半窮困潦倒，無法購置產業，也無錢成立家室，所以常聚集肆虐為盜賊。家謀詩云：

派飯曾無十日期，闖兄幾輩似兒嬉；
股頭旗腳雄豪甚，釜底游魚尚未知。㉞

自註云：「匪徒滋事，傳食諸村莊，謂之『派飯』，領隊者曰『股頭』，餘黨曰『旗腳』；『闖兄』，羅漢腳之別名。近日樹旗聚眾，多以械鬥開端，非真有大志也。逞一朝之忿，冒不韙之名，身膏蕭斧，懵然未悟，可哀也哉。」

樣仔林邊徑路分，中藏羅漢腳紛紛；

㉝《海音詩》正文，頁8。
㉞《海音詩》正文，頁19。

寄言玉局休相笑，擔糞年來亦不群。㉟

樣仔林在臺南寧南坊，因地曠徑多，羅漢腳多聚於此。註云當時臺兵雖蠻横，殃及平民，然所懼有四：「輿夫也，羅漢腳也，大西門外蔡、郭五大姓也，大南門邊擔糞人也。」此四者多半為孤身無賴，好勇輕生；其黨多至千百人，愈集愈多，拚命死鬥，臺兵對這些游民也莫可奈何。然家謀卻對為官者提出個人的見識：「抑此四者，遇地方有事，收之則為用，散之則為非，當事者尤為加意也。」可見其對地方利弊之重視。翔實的記錄，亦使吾人了解當時游民在臺，製造社會暴戾，嚴重破壞社會治安等問題。

3.民風不良

(1)婚姻觀薄弱

家謀對當時漢人男女間輕薄的婚姻觀甚是憂嘆，故作詩大聲疾呼：

夜合花開香滿庭，鴛鴦待闕社猶停；

怪來百兩盈門日，三五微芒見小星。㊱

又於自註中評議：「男女嫁娶，遲至二、三十歲，晚近風氣不古，每有冶遊之男、懷春之女，毋亦愆期之所致耶。未娶而先納婢，既育男女，娶後有嫡不相容而復離異者。」

㉟《海音詩》正文，頁21-22。

㊱《海音詩》正文，頁13。

何必明珠十斛償，一家八口託檀郎；

唐山縱有西歸日，不肯雙飛過墨洋。㊲

自註云：「內地人多娶臺女，以索聘廉也。然娶後而父母兄弟咸仰食焉。久羈海外，欲挈以歸，不可；或舍之自歸，隔數年則琵琶別抱矣。」因一洋之隔，夫妻情份就此輕易斷絕。家謀對此現象不免感嘆夫妻間輕薄之情份。

針對漢人輕拋夫妻情份及納妾出妻的風氣，家謀諷其不如原住民：

愛戀曾無出里閭，同行更喜賦同車；

手牽何事輕相放，黑齒雕題恐不如。㊳

臺灣平埔族俗稱夫婦曰「牽手」㊴，離婚曰「放手」。《諸羅縣志．風俗志．漢俗雜俗》：「夫婦自相親暱，雖富無婢妾、僮僕。終身不出里閈，行攜手、坐同車，不知有生人離別之

㊲《海音詩》正文，頁 16 。

㊳《海音詩》正文，頁 14 。

㊴「牽手」一詞，是來自平埔族的部族語言，就文獻記載最先出現牽手的記述是《諸羅縣志．風俗志．番俗雜俗》頁 523：「女將及笄，父母任其婆娑無拘束，番雛雜遝相要，彈嘴琴挑之，唯意所適。男親送檳榔，女受之，即私焉，謂之牽手，自相配，乃聞於父母，置酒飲同社之人，自稱其妻曰牽手，漢人對其夫而稱其妻亦曰牽手。」參閱連溫卿：〈牽手考〉，《民俗臺灣》（臺北：武陵出版社， 1990 年 2 月），頁 168-176 。

苦。」⑩而臺俗卻是：「夫婦雖相得極歡，鮮不廣置妾媵，甚且出為冶遊；反目，輒輕棄之。婦被棄於夫，亦無顧戀；馬頭覆水，視為故常。」家謀遂感慨：「何乃少結髮情耶？內地來臺者，每娶臺婦，久亦忘歸；及歸，則未作飛蓬之嗟，已違就木之誓！地氣之薄也？抑人心之澆歟？番俗可以風矣。」平埔族人的婚姻不需要任何聘金儀式，但卻具有強烈的一夫一妻制觀念，終身親膩；反觀漢人社會中，男女間的情義竟是如此澆薄而短暫。家謀的詩既凸顯平埔族民的婚姻特色，亦對自己族群有所反省，在當時可說是難得一見的擺脫漢族本位，尊重甚且欣賞異族文化的詩作。

(2)沈迷賭博妓館

清初在臺灣的兵丁，都調自於大陸內地，以漳、泉兵數為最多，也最難管治。漳、泉之兵，身為百姓時已是勇健而好鬥，當兵時更加倍為患。如械鬥、娼賭、私載違禁貨品等不法行徑，甚至不受當時地方官員約束與申理。家謀於自註云：「班兵各據一隅，私立媽宮曰『公廳』，為聚議之所。……賭場、煙館、娼寮、私典皆其所為。白晝劫奪財物、擄掠婦女，守土官不敢治，將弁亦隱忍聽之，懼其變也。」⑪軍人如此肆無忌憚，民間百姓的風氣也深受影響，故娼賭之風日熾。家謀為詩譏斥云：

虎鬚手捋自棼迷，那更圍魚一網提；

⑩〔清〕周鍾瑄：《諸羅縣志》，第2冊，頁509。
⑪《海音詩》正文，頁25。

布袴不辭都脫卻，春風處處勃鳩嘑。㊷

當時有所謂「虎鬚」賭博方式，註中介紹：「手握三籤，藏其根，露其梢，一根繫紅繩，垂於外；若可辨，若不可辨。猜者置錢其梢，以得紅繩為勝；勝則三倍償之。然隨手抽換，罕能中者，輒罄資以歸。」此種詐騙的方式，就如羊群流連在老虎面前，將入虎口而不自知，亦見民風的貪婪與愚頑。

註又云：「屋前為博場，後為妓館，或被誘入其中，必傾請其囊橐，褫其衣服，乃得出，謂之『圍魚』。」家謀詩云：「布袴不辭都脫卻，春風處處勃鳩嘑」，描寫事象歷歷，生動的寫出落網之魚窘困急欲脫逃的畫面，兼有諷刺的趣味。

(3)吸食鴉片

藍鼎元於其《平臺紀略》記載，當時臺灣多有無賴惡少，群聚夜食鴉片，成為風俗。家謀註云：「煙渣館多營卒所開，收集鴉片煙之灰熬而賣之。地狹不足庋床，每隔為兩、三層，以待來者。」家謀將這群鴉片癮者，形容為雞犬般之可憐不堪：

舐罷餘丹尚共爭，淮南雞犬可憐生；
漫將上下床分別，如豆燈光數不清。㊸

而無賴之輩，囊中又無一錢，只有淪為小偷，覓數十文以求度

㊷《海音詩》正文，頁12。
㊸《海音詩》正文，頁12。

癮，鴉片戕害心靈之深，由此可見。故徐宗幹於其〈全臺紳民公約〉一文云：「外洋煙土，傷害中國生靈，稍有人心者，無不切齒痛恨。……今百姓窮者窮、死者死，而夷人發財得意，是吸煙、販煙皆助夷以害人且自害。」㊹

雖然道光、咸豐年間，糧運與貿易不如以往，但臺郡傭工所得常倍於內地，且當時臺灣地暖，冬天不需棉裘，所以雖然身為勞工階級，卻能免於饑寒。然而卻有因吸食鴉片而自斷前程者，家謀為詩云：

勞身猶足博饔餐，歲暮無衣意亦寬；
不怕飢寒甯怕死，自家斷送入三棺。㊺

家謀自註所謂「三棺」者：猜寶，「銅棺」也；吃鴉片，「竹棺」也；狎妓，「肉棺」也。

(4)偷盜頻繁

因著賭博、吸生煙、狎妓之風盛行，為此而傾家蕩產，甚至淪為盜匪者，可謂多有；另前曾述及臺灣俗稱「羅漢腳」之游民，亦因無田宅無妻兒、不士不農、不工不賈，嫖賭摸竊、械鬥樹旗，無所不為。在城中不僅有無賴偷盜，且有守門者作引導，家謀詩末句引「雞鳴狗盜」之典故，可謂恰當至極。詩云：

---

㊹ 同註㉑，頁31-32。
㊺《海音詩》正文，頁11。

草間狐兔每縱橫，潛入崔嵬百雉城；

夜半女墻斜月影，出關無事斅雞鳴。㊻

註云：「鄉村盜賊，入城竊劫，旋踰城而出，皆守門者為之導。迨禽（擒）獲至官，輒以瞻徇營員，久難定讞。」盜賊官員間相互徇私，可見當時社會治安之腐化。

曾門溪畔少行人，草地常愁劫奪頻；

何似春風香腳好，去來無恙總依神。㊼

曾文溪為臺、嘉二邑交界處，近溪多盜匪藏匿，專門劫奪村中隻身渡溪的「草地人」；而進香北港天后者，往來此處不下數千人，謂之「香腳」，盜匪因懼神譴，不敢劫奪。盜匪欺負弱勢、迷信懼神之行徑，不禁令人莞爾且無奈。

當時臺郡不僅陸地有盜匪，連海上亦多強盜為亂，家謀詩云：

戈船如霧集滄溟，破浪乘風是幾時？

無數估帆愁海暴，千金枉聘碧眸夷。㊽

自註云，洋商畏盜，除駕駛已裝置武器之「戈船」外，還僱用

㊻《海音詩》正文，頁20。

㊼《海音詩》正文，頁19。

㊽《海音詩》正文，頁8。

高準碧眸之夷人，駕駛夷船護送。但艇匪凶暴非常，夷船亦無能反擊制止。

(5)豪強橫行

當時在臺南府大西門外有五大姓，蔡姓最多，郭姓次之，黃、盧、許三姓又次之。強悍不馴，各據一街，自為雄長，凌虐鄉民，以臺兵之橫亦懼其三分。

蔡郭黃盧大姓分，豪強往往虐榆枌；
那知拔戟能成隊，五色旌旗照海濆。㊾

但在乾隆五十一年林爽文之亂時，五大姓皆充義民，爾後郡城守禦，亦屢資其力。故家謀詩末云：「那知拔戟能成隊，五色旌旗照海濆。」

五大姓中，蔡姓多開妓院，妓女多為淫嫗、逃婢，或負債家婦女，蔡氏又對妓女們多所壓榨，家謀詩及註中即加以譴責云：

睥睨東邊列屋居，冶遊只費杖頭儲；
那知切里徵村外，別有催科到女閭。㊿

自註：「大西門內，右旋而北，面城居者，皆狹邪家。肩挑負販之人，百錢即可一度。主者多蔡姓，收淫嫗逃婢實之。日斂

㊾《海音詩》正文，頁21。
㊿《海音詩》正文，頁17。

其買笑之資，斂資未盈，輒遭苛責。或勒負債家婦女為之，以償所負，尤為不法。」

豪強之惡行除以上所述之外，另常蓄養爪牙數百輩，橫行鄉曲；並敢於藏匿奸匪，官欲逮捕，非屈意相求不可得也；如遇有爭訟之事者，須其一言而審定，不必控訴於官員。

空把強弓毒矢施，藏山猛虎穴難窺；

笑他北海孫賓石，複壁惟容一趙岐。51

由以上所述可知，當時豪強公然挑釁官員，法紀與規範已經蕩然無存，不知人民如何自保。

(6)奢侈暴殄

A.祭品

臺俗每遇吉凶事，皆用「紅龜粿」，臺語「龜」若「居」，取居財之意也。每用則數百箇，而棄之如泥沙。家謀對此奢侈暴殄之行為大感不解，雖欲透過祭物求得錢財，然而祭祀中更浪費人力、物力與資源。故為詩云：

耗費饔飧百口糧，如山狼籍不堪償；

傷財翻被居財誤，浪說紅龜是吉祥。52

B.筵席

51《海音詩》正文，頁19。

52《海音詩》正文，頁13。

臺俗豪奢，每逢辦理宴會酒席，必須花費當時的二兩五六錢以上，或三兩、四兩不等；每次設置十筵、八筵，費用在中產階級一、二家的所得之上。[53]家謀註亦云：「尋常筵席，每費三四金，鬥靡誇多，至十餘金不止。」可見為相互爭勝，不惜拋擲萬錢，換得一席山珍海味。家謀感嘆為詩：

一席珍肴費數金，萬錢日食更難禁；

不如真率溫公會，嘉話流傳直到今。[54]

家謀詩末兩句「不如真率溫公會，嘉話流傳直到今」，旨在規勸百姓崇尚節儉，轉移風俗之陋習。現今臺灣宴請時，仍存有豪奢之陋習，如流水席的鋪張浪費，亦是應檢討改進之處。

C. 服飾

藍鼎元記述當時臺地不養蠶桑，不種綿苧，故人民多游手好閒，婦女綺羅粧珠翠，喜好出遊，家謀註中亦云：「女不知蠶織，以刺繡為能。三十年前，婦女出門者，雖內著美衣，必襲以布，猶詩人尚絅之遺也，今則綺羅照聯矣。」可見當時婦女愛美的天性，逐漸展露，並不加以遮掩，可能是民風漸漸開放的結果，然而在當時卻不被知識分子或保守人士所接受，如家謀即為詩云：

---

[53]〔清〕藍鼎元：《平臺紀略》（臺北：臺灣銀行經濟研究室，1958年4月，《臺灣文獻叢刊》第14種），頁50。

[54]《海音詩》正文，頁13。

居然不績市婆娑，華麗猶將競綺羅，

大甲溪頭機軋軋，至今婦苦有人歌。(55)

家謀詩末以大甲婦人勤於蠶織為對比，亦可知其責難華麗婦女的心態。

### (三)亂事紛擾

1.械鬥與民變

由於臺灣地理位置特殊，來臺先民份子複雜，為爭奪土地，日常有械鬥之事發生，其間又以省與省之間的閩、粵械鬥，及府與府之間的漳、泉械鬥為主。(56)陳肇興〈械鬥竹枝詞〉四首(57)中對於械鬥深入刻劃，其二、三首云：「淡水環垣病最多，漳泉棍棒粵閩戈。因牛為水芝麻釁，一鬥經年血漲河。」「災及後龍彰化間，禍延錫口至宜蘭。羅東亦效相殘殺，人命如絲似草菅。」當時來臺墾荒者，為爭水灌溉田地，視人命如游絲互相殘殺，不顧性命，陷於流血爭鬥中，而且從臺灣的南部禍及臺灣北部，可見利益衝突之嚴重性。

家謀云：「臺郡械鬥，始於乾隆四十六年；後則七、八年一小鬥，十餘年一大鬥。」原本積年一鬥，稍加懲戒即可弭

(55)《海音詩》正文，頁6。

(56) 戚嘉林：《臺灣史》，上冊。頁167-178。

(57) 陳肇興，字伯康，臺灣彰化人。少入邑庠，涉獵文史。咸豐戊午舉於鄉，額所居曰「古香樓」，日以讀書詠歌自娛，竟絕意仕途。參考陳香：《臺灣竹枝詞選集》（臺北：臺灣商務印書館，1983年4月），頁154-155。

平，然而「今乃無年不鬥，無月不鬥矣」[58]，彼此攻殺無休止，且禍連子孫，鄉民亦遭池魚之殃，事近於《公羊春秋》之百世復仇，逾百年而不能解，但卻是誤用《公羊春秋》之義。故家謀詩云：

同是萍浮傍海濱，此疆彼界辨何真；
誰云百世讎當復，賣餅公羊始誤人。[59]

康熙六十年（1721）當時因太平日久，文武官員多流於荒誕嬉戲，故藍鼎元云：「文恬武嬉，兵有名而無人，民逸居而無教，官吏孳孳以為利藪，沈緬樗蒲，連宵達曙，本實先撥，賊未至而眾心已離，雖欲無敗，弗可得也。」[60]加上臺灣中部高山峻嶺，地形複雜，亂民易於藏匿組織團體，如朱一貴起事前即藏於深山中，祕密結社而清軍渾然不覺，當朱一貴以打倒腐敗官吏為名義，揭竿而起時，即釀成社會大亂，並延續半年之久，無怪乎家謀於註中語重心長道：「臺地自入版圖，奸民十數作，然多赤子弄兵耳。其釀釁也有由，其燭幾也不早；蔓延日久，致動大軍，可勝浩歎！」其詩云：

草雞長耳亂經年，飼鴨[61]狂徒更可憐；

[58]《海音詩》正文，頁 18-19。
[59]《海音詩》正文，頁 18。
[60]〔清〕藍鼎元：《平臺紀略》，頁 29。
[61] 朱一貴居母頂草地，因為以飼養鴨為生，人稱為鴨母王。

君看紛紛群蟻鬥，槐安一郡已騷然。[62]

由此詩見家謀以古鑑今的心意，及對歷史史料的重視。

家謀亦於《海音詩》中記載藍鼎元在軍中運籌帷幄，而其兄廷珍登陸鹿耳門，圍剿朱一貴於臺南府城之事蹟。[63]家謀詩云：

戎馬書生氣浩然，軍中草檄筆如椽；
功成不復論封賞，大海歸來月滿船。[64]

自註云：「藍鹿洲鼎元以諸生佐從兄廷珍平朱逆之亂，軍中籌策，悉藉贊襄。平臺後歸，不言功績也。其自序有『事定歸來，滿船明月』之語。」

2.沿海盜匪騷亂

嘉慶十年至嘉慶十四年（1805-1809），海盜蔡騫集結夷艇夷砲，猖獗為寇於臺灣沿海，如鹿耳門、淡水，並與臺地眾匪寇劫擄滋事，故清廷派強大武力以治叛亂，家謀詩云：

楊僕樓船自列營，孫盧島上尚縱橫；
薛文吉武威名往，如鐵依然舊土城。[65]

---

[62]《海音詩》正文，頁18。

[63] 陳浩洋著，江秋玲譯：《臺灣四百年庶民史》（臺北：自立晚報社文化出版部，1992年5月），頁105-107。

[64]《海音詩》正文，頁25。

[65]《海音詩》正文，頁26。

註中贊許楠梓坑之游擊吉凌阿用兵得法，於蔡騫之亂中力戰有功。當時臺灣令薛志亮號愛民，雖身為文官亦參與平亂，百姓作謠歌：「武官有一吉，文官有一薛；任是蔡騫來，土城變成鐵。」另外尚記錄李長庚、王得祿、邱良功等平亂功臣，詩云：

忠毅勳猷勒鼎鐘，王邱英勇繼前蹤；
手殲狂寇鯨波裏，不愧天朝五等封。㊿

嘉慶十二年（1807）李長庚剿蔡騫於黑水洋，不幸被砲擊中而陣亡，最後於嘉慶十四年（1809），由福建提督王得祿、浙江提督邱良功，擊沈蔡騫船於台州魚山外洋。兩人因功論賞賜封，王得祿晉封子爵、邱良功晉封男爵，其餘有功之人亦都敘獎，嘉慶年間海寇為亂自此盡都平定。[67]

3.涉外紛爭

道光二十一年至二十二年（1841-1842）鴉片戰爭爆發，英軍四次侵犯雞籠、淡水等地，當時臺灣兵備道姚瑩、臺灣鎮總兵達洪阿，成功擊退英艦，將俘虜就地正法，英人遂不得逞。然而《南京條約》訂定後，英方以姚瑩處置英俘不當，要求清廷懲治，故姚瑩、達洪阿二人被革職逮問，幸兩岸人士為

[66]《海音詩》正文，頁26。
[67] 陳衍：《臺灣通紀》（臺北：成文出版社，1883 年3月，《臺灣文獻叢刊》第120 種），頁150-156。

詩力辨其誣，最後僅遭貶職（姚瑩貶官於四川），未及於刑。家謀詩簡潔有力的歌詠姚瑩抗英事蹟，並為之伸冤。詩首句稱許臺灣以一島浩然之氣，而在中英鴉片戰中得勝，並反襯大陸的抗英失敗。第二句即讚揚姚瑩的權變，能收服平日好鬥游民共衛家鄉。第三句則為姚瑩伸冤。末句家謀寫皎月如明鏡高懸天邊，光亮四射照著海岸，以隱喻上天能明察洞悉發生於臺灣海岸的冤屈。

一島能伸氣浩然，鋪揚盛烈亦微權；
覆盆冤訴何從達，金鏡曈曈照海堧。⑱

家謀於註中亦娓娓道出歷史的來龍去脈云：「逆夷⑲滋事以來，南憑浙、粵，北駛燕、齊，穢毒之流，上干天怒。雞籠一役，雖曰受制尾閭，而敵愾同仇，究關眾憤。論功行賞，作民氣，即以壯國威也。議者不原其意，輒以冒濫為辭，信漏網之頑讒，阻干城之義勇。攀轅籲訴，輿論莫伸。幸宣宗皇帝洞燭隱微，鎮道二臣僅施薄譴。嗣皇御極，功罪益彰。桂海用兵，並加節鉞。知人則哲，不其然歟？」「桂海用兵」指咸豐元年（1851）咸豐帝登基時於硃諭中云：「如達洪阿、姚瑩前在臺盡忠盡力，必欲陷之，天下亦知臺灣之事，由於大臣，非先帝意矣。」於是授姚瑩為廣西按察使，贊理軍務。⑳

---

⑱《海音詩》正文，頁26。

⑲ 逆夷即指英軍。

⑳ 陳昭瑛：《臺灣詩選註》（臺北：正中書局，1996年2月），頁92-106。

### (四)土地開發與水利建設

關於臺灣的土地開發與水利建設，家謀也有一些記錄與建議：

1.土地開發

嘉慶十一年，臺灣知府楊廷理大力主張噶瑪蘭應設官治理，嘉慶十三年，閩人少詹事梁上國奏稱：「若收入版圖，不特可絕洋盜窺伺之端，且可獲海疆之利。」次年，清廷決定設官治理，嘉慶十七年正式設置噶瑪蘭廳。⑺家謀詩註云：「噶瑪蘭之開創，議自同知徐夢麟，繼之者知府楊廷理。嘉慶十五年，奏准於提督方維甸；至十六年，總督汪志伊、巡撫張師誠乃定議。丈田地，置官司焉。然十三年少詹事梁上國一疏，實有以成之。臺郡田，每甲東西南北各二十五戈》，每戈長一丈二尺五寸。計一甲約內地十一畝三分一釐零。」

而卑南覓（即今之臺東）、水沙連（今之埔里）及泗波瀾，一名秀孤鸞，又名秀姑鸞，在山後（今日之花蓮）其北界噶瑪蘭、南界鳳山，橫四百餘里、亙二百餘里。此三處皆地寬土沃，然而或開或禁，清廷久議不決，因長久無人管制，以致土地荒蕪，閩、粵人多私墾於其中。家謀有鑑於噶瑪蘭廳之開創，為當地帶來文明與富庶，故為詩上奏力主此三處亦需設官經營，並於註中云：「收之，則有益國家；棄之，則徒貽奸宄。誠使置官司，定田賦，收千餘里所出之利，以佐正供，納

⑺ 邱勝安：《臺灣史話》（臺北：黎明文化事業公司，1992年6月），頁109-118。

數十萬無籍之民，咸尊國法。勞在一時，逸在萬世，豈曰小補之哉？」其詩云：

卑南覓與水沙連，更有波瀾萬頃田；
好續梁家詹事疏，一戈一甲樂堯年。⑫

之後於光緒元年，水沙連置埔里廳；卑南覓亦設置卑南廳，治理東部，並鼓勵漢人前來拓墾，光緒十三年，改卑南廳為臺東直隸州，轄區包括今天的花蓮縣。而泗波瀾，隸屬於臺東，亦設官經營。由此可見當時家謀對臺灣土地之開發，具有遠大之見識與抱負。

2.水利建設

家謀記錄道光十七年曹公圳的開鑿，詩云：

誰興水利濟瀛東，旱潦應資蓄洩功；
溉徧陂田三萬畝，至今遺圳說曹公。⑬

道光十七年春曹謹（懷樸）任鳳山縣知縣時，縣內當時多旱田，故巡視田野，察知有水源處，即招聚紳耆義捐經費，集結巧匠探勘籌劃，興工疏鑿水圳，將下淡水溪之水由小竹里導入九曲塘，九曲塘設置五個閘門，乾旱時全部開啟灌溉，水圳自東而西入於海。計鑿圳道長四萬三百六十丈，分築十四壩，可

⑫《海音詩》正文，頁3。
⑬《海音詩》正文，頁23。

灌田三萬一千五百餘畝，歲可加收早稻十五萬六千六百餘石。道光十八年功成，當時臺灣知府熊介臣（一本）觀察之後，名以「曹公圳」，以紀念曹謹之功勞。⑭然而家謀云：「今則修築不時，故道漸塞，而臺、嘉二邑，旱田居多，無隄防溝渠之利，為政者宜亟籌之！」再次可見家謀對地方因革利弊的重視，對地方官員提出注重水利興修之呼籲。

### (五)族群互動

臺灣因融合內地不同省籍的移民及原住民，複雜的族群結構，使得彼此互動間產生微妙的關係，家謀也記錄下渡臺移民的生活方式，及種族間相處之史料。

1.漢人之鄉親、宗親觀念

家謀詩中記錄在臺漢人，鄉親、宗親觀念濃厚的社會結構，詩云：

> 爭將寸草報春暉，海上啼烏作隊飛；
> 慷慨更無人贈麥，翻憑百衲共成衣。⑮

自註:「家貧親老者，或十人或數十人為一會。遇有大故，同會者醵金為喪葬之資；競赴其家，助奔走焉，謂之『父母會』。」⑯《諸羅縣志．風俗志．漢俗雜俗》中亦有寫實記

⑭ 盧德嘉：《鳳山縣采訪冊．圳道》（臺北：臺灣銀行經濟研究室，1960 年，《臺灣文獻叢刊》第 73 種）。

⑮《海音詩》正文，頁9。

載：「土著既鮮，流域者無期功強近之親，同鄉井如骨肉矣，疾病相扶，死喪相助，棺斂埋葬，鄰里皆躬親之。」⑺

俗云：「美不美、鄉中水；親不親、故鄉人。」當時移民結構，因受地緣、語言、血緣關係的影響，同鄉、同姓者格外親切，多聚於一處，鄰里間多流露出互相援助的濃厚人情味。⑻

2.清初漢番之相處

《諸羅縣志·風俗志·番俗狀貌》：「山高海大，番人稟生其間，無姓而有字，內附輸餉者曰熟番，未服教化者曰生番，或曰野番。」⑼所謂的熟番，是已受教化且歸附納餉者，多居於沿海平地與漢人雜處，稱為平埔族。而生番則居於高山一帶，未受教化亦無歸附納餉。

⑴漢族與平埔族

據黃正彥〈原住民與臺灣族群之關係及其在臺灣文化中之特色〉⑽一文，屬於南島語系的臺灣原住民，有所謂「平埔」十族⑾及「高山」九族，前者原居於海岸平原或淺山地區，而

---

⑹ 所謂的「父母會」，屬於臺灣人結拜中之一種，今又稱為「養老會」，民國六十一年前仍盛行。若當中會員遇災難或身亡，即共同參與援助並籌助喪禮之資，如此老年人的保障多少可以提高。參考片岡巖著，陳金田譯：《臺灣風俗誌》（臺北：大立出版社，1986年），頁199。

⑺〔清〕周鍾瑄：《諸羅縣志》，第2冊，頁455-456。

⑻ 戚嘉林：《臺灣史》，上冊，頁161-163。

⑼〔清〕周鍾瑄：《諸羅縣志》，第2冊，頁483。

⑽ 詳見《臺南文化》新44期（1997年12月），頁6-7。

⑾ 此十族平埔族中之西拉雅族居住於臺南、高雄、屏東三縣境。而臺南有赤坎社，據此推之，家謀任臺灣府學教諭時，應對平埔族人之文化有所接觸認識。

後者屢有遷徙，多居於中央山脈、東海岸及蘭嶼，今統稱為臺灣原住民。平埔族人有染齒、拔鬚、拔牙、紋身等風俗。並且在蔬果方面，平埔族人的嗜好，顯然與清代的漢人截然不同，如《諸羅縣志．風俗志》云：「果嗜檨及番石榴。番石榴，俗稱所梨仔拔者也；臭如雞冈，番酷嗜之。投以鮮荔子，或以為惡。」㉜當時漢人本與原住民審美與飲食觀差異甚大，但隨著彼此交涉，通婚之後㉝，使得平埔族漸多漢化，而漢人也揉合其俗風。家謀詩云：

黑齒偏云助豔姿，郲犀應廢國風詩；
俗情顛倒君休笑，梨茇登盤厭荔支。㉞

自註云：「婦女以黑齒為妍，多取『檳榔』和『孩兒茶』嚼之。按，《彰化縣志．番俗考》：『男女以澀草或芭蕉花擦齒，令黑。』蓋本之番俗也。『梨仔茇』即『番石榴』，味臭，番酷嗜之，見鮮荔支，反以為惡。」原住民以牙齒愈黑愈堅固，所以用澀草或芭蕉花擦齒；但漢人婦女「吸生煙、喫檳榔，日夜不斷」。㉟是否以黑齒為妍，或模仿原住民習俗，抑

---

㉜〔清〕周鍾瑄：《諸羅縣志》，第2冊，頁494。

㉝ 漢人與平埔族通婚原因，除政府長期限制婦女渡臺以致男女比例相差懸殊外；另平埔族係屬母系社會，漢人為掠奪土地，多樂意被招贅於平埔族女子，亦使得漢人之父權思想，漸漸侵蝕平埔族原始之家庭制度。

㉞《海音詩》正文，頁15-16。

㉟《海音詩》正文，頁15。

或是嗜好檳榔的結果，就有待研究。[86]

(2)漢族與高山族

家謀有詩記錄關於吳鳳之事蹟，由其中亦可了解清初漢人與生番間的互動關係。家謀詩註云，沿山一帶（指今日嘉義之阿里山）是所謂「生番」（即今日高山族中之曹族）的分佈地區，跨南投、嘉義、臺南三縣山區。當時漢人中有學習原住民語言者，充當漢族與原住民間貿易往來的翻譯員，稱為「番割」，同於「通事」職分，番割每娶曹族女子為妻，也因而常出賣漢人。吳鳳雖身為通事，卻不如番割一般危害漢族，自註云：「吳鳳，嘉義番仔潭人，為蒲羌林大社通事。蒲羌十八社番，每欲殺阿豹厝兩鄉人，鳳為請緩期，密令兩鄉人逃避。久而番知鳳所為，將殺鳳；鳳告其家人曰：『吾寧一死以安兩鄉之人。』」

當時漢人開墾已經深入阿里山區，侵入曹族之生活地域，並爭墾或騙取土地，漢族與曹族間互相構怨，蒲羌十八社番每欲殺阿豹厝兩鄉漢人，是在所難免的結果，亦使得吳鳳不得不捨一己之生命來保護鄉人。詩云：

紛紛番割總殃民，誰似吳郎澤及人；
拚卻頭顱飛不返，社寮俎豆自千春。[87]

---

[86] 參考廖漢臣：〈劉家謀的海音詩〉，《臺南文化》第2卷第1期（1952年1月），頁63。

[87]《海音詩》正文，頁28。

家謀這首詩是有關於吳鳳事蹟的最早文獻⑱，較後出書如日人於一九一二年由嘉義廳所編的《通事吳鳳傳》更為翔實，日人為利於「理番」，將吳鳳神話為捨身成仁者，而將曹人醜化為殘暴愚昧，因著原住民自主意識的提昇與覺醒，日人所編寫的不實神話與觀點終歸瓦解，而家謀著作中保存較原始且中肯的歷史文獻史料，其觀點與功勞是應受肯定的。

### (六)民俗活動

1.婚喪習俗

(1)「拜倒腰」之婚俗

當時婚禮中有驗示新娘清白的儀式，其詩云：

厚奩不惜橐金銷，盼到堂前亞亞腰；
猶藉雞豚相餽遺，盡情只博大家燒。⑲

自註：「嫁娶輒千金，少亦累百，愆期者所以多也。何若稱家有無，早成嘉禮乎？」當時臺俗之婚姻，新娘因受人厚聘，答禮亦必備厚金以「迎嫁妝」（即辦嫁妝），故嘉禮多有愆期，好不容易才能盼到拜堂完婚。「娶婦三日後，拜堂；新郎望前叩頭，新婦望後倒仰，謂之『亞亞腰』。既成昏三日，小舅來『探房』，四日夫婦『回車』，彌月曰『做滿月』，四月曰『做四

⑱ 同註⑯。
⑲《海音詩》正文，頁14。

月日』⑽，女家皆餽雞鴨豚蹄，以獻於姑，曰：『大家燒』。『大家』，俗謂姑也；『燒』，熱也。」

註中所謂的「亞亞腰」，文獻中並無記載，但在陳建銘《野臺鑼鼓》的〈宜蘭傳統婚俗奇談之二——拜倒腰，示清白〉一文中有較詳盡的介紹：

> 民國六十一年十二月出版的《臺灣文獻》第二十三卷第四期曾就同年九月省文獻會召開的第一次婚俗研究座談會（參加者有學者及宜蘭當地耆宿）做一記錄。其中宜蘭林耀泉先生曾提到：「新娘進禮堂，和新郎同拜天地祖先，而後行交拜禮。宜蘭婚俗，在這些舉動之前，『好命人』扶新娘在禮堂必須先行個『倒腰』之禮，然後才算正式取得了做新娘的資格。『倒腰』就是把身子向後彎曲，將肚子向前突出，讓男家人們詳細察看，以示她的清白。⑾

宜蘭婚俗中「拜倒腰」儀式，應該就是家謀所寫的「亞亞腰」。陳建銘先生採訪宜蘭九十二高齡的李老先生口述：只有富豪人家，或有官職的書香門第，因重視門風，才行「拜倒腰」之大禮，用此儀式來鑑定新娘的清白。迎娶當日新娘頭戴鳳

---

⑽ 據民國六十一年十二月出版的《臺灣文獻》第23卷第4期，刊載的第一次臺灣婚俗研究座談會記錄中，林萬榮口述，從前宜蘭地方新娘回娘家「做客」，時期是在滿月，以後四個月以後也可再度回娘家「做客」，即家謀註中的「做滿月」、「做四月日」。

⑾ 陳建銘：《野臺鑼鼓》（臺北：稻香出版社，1989年6月），頁211-215。

冠，身穿蟒襖和新郎同拜天地，並跪在地上行前伏後仰的「拜倒腰」之禮。而有個所謂「姊姑姆仔」的人（相當於大陸北方的「送親太太」）會支撐著新娘以防向後仰時滑跌。

當時風氣不淳，每有男女冶遊、輕棄婚姻等問題，故而有驗示新娘清白的儀式。雖然西風東漸社會開放，貞操之觀念固仍應遵守，但在男女主權平等之爭取下，如此守舊的婚俗，早不為時下女性所接受，「拜倒腰」儀式消失在宜蘭的歲月流光中，而家謀的詩卻對此一儀式做了重要的見證。

(2)喪葬之禮俗

臺灣一般民間喪葬信仰認為，人死精魂無所不至，故延請僧人誦經禮懺打地獄、弄鐃普渡，為亡者資福開冥路，故有諺曰:「有孝後生來弄鐃，有孝查畝來弄猴」。於法事戲中，即有沙彌弄鐃鈸的雜技演出，其「鐃鈸步」有〈採蓮花〉、〈目蓮挑〉等十八種之多。㉒俗謂「天堂無則已，有則君子登；地獄無則已，有則小人入」，凡是超渡俗行，皆為使亡者能遠避地獄，似是恪盡孝道，實是將父母視為入地獄的小人，子女不以君子之道對待父母，豈非大逆不孝的表現？《諸羅縣志・漢俗婚姻喪祭》曰：「且人非窮凶極惡，豈必人人而入地獄，又豈浮屠所能出之？」㉓對於為人子女「先遣耶娘黑獄投」的不孝愚行，家謀亦寫詩諷刺：

---

㉒ 同前註，頁203-207 。

㉓〔清〕周鍾瑄：《諸羅縣志》，第2冊，頁448 。

有孝男兒來弄鐃，有孝女兒來弄猴；
生天成佛猶難必，先遣耶娘黑獄投。⑼

臺俗葬禮的怪現象中，另有以迎神賽會中的歌舞藝閣參與出殯行列(如今日出殯中的電子花車)，如此不倫不類，莫不令人感嘆。家謀亦提出個人的批評：

山邱零落黯然歸，薤上方嗟露易晞；
歌哭騈驚聲錯雜，紅裙翠袖映麻衣。⑽

註云：「賽神，以妓裝臺閣，曰『倪旦棚』；今乃用之送葬。始作俑於某班頭，至衣冠之家亦效之，可慨也夫。」詩首兩句寫人生之無常及葬禮之哀戚；詩末歌聲、哭聲錯雜，妓裝、麻衣相映，場面荒唐突兀，而家謀寫來不僅生動，亦充滿諷刺與感慨，果如陳香論家謀詩云：「或笑啼月旦，或憤慨褒貶，揭瘡撫痍，發人警惕。」

2.節令活動

⑴清明祭祖

「清明時節雨紛紛」，「清明」是二十四節氣之一，在「春分」之後，「穀雨」之前，此刻大地回春，生機盎然，人們在這清朗明秀的季節，以祭祖掃墓表達對祖先的崇敬，陳維

---

⑼《海音詩》正文，頁8。
⑽《海音詩》正文，頁9。

英⑯〈清明竹枝詞〉寫道：「掃墓同時亦踏青，飄錢未必及幽冥；慎終追遠售心念，睦族深期蔚德馨。」可知清明除掃墓祭祖外，亦兼有「踏青」活動。家謀詩中保留清明時節特別風俗：

清明時節雨初晞，楮陌紛紛化蝶飛；
剛是重關斜照後，雲鬟無數插青歸。⑰

自註云：「清明前後，婦女俱適墓。澹粧素服，三五成群；隨柳傍花，男女不避。祭畢，摘樹枝歸；或簪之，謂之『插青』。」註中柳枝條稱為「青」，「插青」即是插柳，在《諸羅縣志》中有關於插柳、墓祭之記載：「清明插柳于戶，前後三日多墓祭，男婦老幼駕車以往，邀親友與俱；設帳席地而飲，銜杯酬酢，薄暮乃歸，婦女則就車設帷蓋其上。」⑱由當中可見扶老攜幼的融洽畫面，掃墓山中瀰漫花香，感懷祖先外，並在墓祭後與親族好友敘舊。

家謀記載著今已罕見「插青」之風俗，其由來及象徵意義為何？據宋孟元老之《東京夢華錄》記載：「清明節，……前一日謂之『炊熟』，用麵造棗飛燕，柳條串之，插於門楣，謂之『子推燕』。」⑲可知「插柳」的風氣流傳久遠。⑳劉克莊

⑯ 陳維英（1811-1869），臺北大龍峒港仔墘人，號迂谷。
⑰《海音詩》正文，頁15。
⑱〔清〕周鍾瑄：《諸羅縣志》，第2冊，頁475。
⑲〔宋〕孟元老：《東京夢華錄外四種》，（臺北：大力出版社，1980年10月），頁39。

詩中亦云：「寂寂柴門村落裡，也隨掃柳記年華。」夕陽西斜，天空罩上薄暮，山中又歸寂靜，人們在踏青歸途中，見柳枝婀娜展態於柔風中，便折下柳枝插於身上或髮髻上，不僅陶醉於楊柳青青的生氣中，更加提醒自己珍惜青春。由此亦見家謀詩中存留罕見文化儀式的重要性。

⑵中元普渡

中原普渡並非臺灣特有俗風，曾於同光年間任福建巡撫的王凱泰在其〈臺灣雜詠〉中云：「道場普渡妥幽魂，原有孟蘭古意存。卻怪紅箋貼門首，肉山酒海慶中元。」（三十二首之十四）並加註：「閩省盛行普渡，臺屬尤甚。門貼紅箋大書：慶贊中元，費用極侈；已嚴禁之。」可知普渡習俗來自福建省，傳至臺灣卻變成過度浪費鋪張，而招致嚴禁，然而效果不彰。

中元節之慶典中，除「普渡」外尚有「搶孤」[101]、「放水燈」[102]及「演戲」等風俗。家謀詩中即記載「普渡」與「演戲」之風俗。其詩云：

---

[100] 參考洪進鋒：《臺灣民俗之旅》（臺北：武陵出版社，1990年1月），頁316。

[101] 道光五年（1825）噶瑪蘭通判烏竹芳（山東博平人）〈蘭城中元〉一詩之註中云：「家家門首各搭高臺，排列供果，無賴之徒，爭相奪食，各為搶孤。」「搶孤」語義是「搶食，孤魂野鬼所吃遺留下來的祭品」。搶孤儀式在宜蘭地區尤為盛行熱鬧，無形中成為宜蘭特有之風俗，但據現存臺灣傳統漢詩文獻，知此習俗並非宜蘭所獨有，而搶孤起於何時？何地？因文獻不足之故，則難以考定。可參考薛順雄〈從清代臺灣漢語舊詩看本島漢人的社會及習俗〉，頁121-145。

雞似鸞凰彘似山，梨園子弟演分班；
怪來海外都隨俗，聲味全無佛亦艱。⑩3

註中云：「七月普度，日夜演劇，有四、五臺相連者，以雞鴨作鳳鸞狀，以豬作山，布人物其上，以供佛。」「普渡」又稱「普施」，其原意為「普遍布施鬼食」。周璽於其所修《彰化縣志》卷九〈風俗志・漢俗歲時條〉云：「七月初一至三十日俗尚普渡，即佛家盂蘭會也。比丘登壇說法，設食以祭無祀孤魂，曰普施。凡寺廟皆有普施。先期一夜，燃放水燈，絃歌喧雜，火燭輝煌，照耀如晝，街巷聚眾祭祀，曰童子普。唱戲，曰壓醮。」又〈雜俗〉條亦云：「近日，盂蘭會，飯僧極豐。事畢，亦以戲祭之，名為敬神以祈福。」⑩4可知在中原普施之後，尚繼之以戲班演出，來求福謝神。

當時臺灣有識之士，極力反對「中原祭鬼」的浮靡侈奢，因為普渡中，山珍海味繁多，一來未能實際救濟活人，卻浪費在祭祀中；再者牲禮殺牲過多，有違佛教「不殺生」與「戒奢」的根本教理。⑩5故引發黃贊鈞⑩6云：「老佛只知憐餓鬼，未知

⑩2 放水燈與豎燈竿(招陸魂)的作用相同，都必須在普渡期間先安置，為在普渡布施中招來水陸無祀之孤魂野鬼。陳朝龍〈竹塹竹枝詞〉(二十二首之十四)一詩云：「七月蘭盆盛會興，修齋施食仗高僧。招魂先把高旛豎，又向溪頭放水燈。」

⑩3《海音詩》正文，頁13。

⑩4 參考〔清〕周璽：《彰化縣志》（臺北：臺灣銀行經濟研究室，1962年11月，《臺灣文獻叢刊》第156種），頁287、294。

殺劫禍雞豚。」及家謀詩中所道：「怪來海外都隨俗，聲味全無佛亦艱。」佛陀若見如此生殺，恐怕也食而無味。另彭廷選⑩的詩云：「金錢糜費萬千償，何不存留備救荒。生渡方為真普度，舍人渡鬼總紛紛。」對於救濟活人，杜絕浪費祭鬼的人道批評，是值得吾人反省思考的。

### (七)特有物產——檳榔

臺灣屬亞熱帶島嶼，特產檳榔，原住民以檳榔求婚⑱，臺俗以檳榔宴請，甚至有息事寧人的功用，《諸羅縣志．風俗志．漢俗雜俗》云：「土產檳榔，無益飢飽，云可解瘴氣；薦客，先於茶酒。閭里雀角或相詬誶，大者親鄰置酒解之，小者輒用檳榔百文之費，而息兩氏一朝之忿；物有以無用為有用者，此類是也。然男女咀嚼，競紅於一抹，或歲糜數十千，亦無謂矣！」⑲

家謀宦遊於臺，對此獨特而新奇的檳榔文化，乃以其客觀之筆記之云：

---

⑯ 參考薛順雄：〈從清代臺灣漢語舊詩看本島漢人的社會及習俗〉，頁121-145。

⑯ 黃贊鈞，字石衡，號立三居士，臺北大龍峒人。自幼好學，穎悟過人。十五歲應宜蘭縣童子試，獲取前列第七名，然因越籍跨考，以致院試被阻不售，終生設館授徒為業。參考陳香：《臺灣竹枝詞選集》，頁267-270。

⑩ 彭廷選，臺灣淡水人。道光二十九年拔貢，後改教諭。參考陳香：《臺灣竹枝詞選集》，頁270-272。

⑱ 同註㊴。

⑲〔清〕周鍾瑄：《諸羅縣志》，第2冊，頁456。

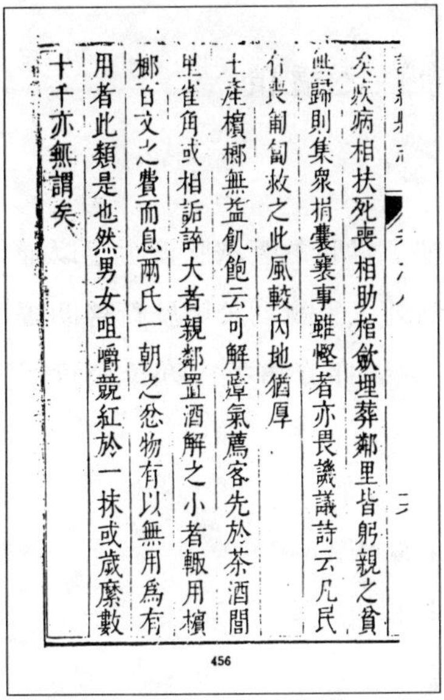
矣疾病相扶死喪相助棺斂埋葬鄰里皆躬親之貧
無歸則集衆捐囊襄事雖慳者亦畏譏議詩云凡民
有喪匍匐救之此風較內地猶厚
土產檳榔無益飢飽云可解瘴氣薦客先於茶酒閭
里雀角或相詬誶大者親鄰置酒解之小者輒用檳
榔百文之費而息兩氏一朝之忿物有以無用為有
用者此類是也然男女咀嚼競紅於一抹或歲糜數
十千亦無謂矣

456

《諸羅縣志·風俗志·漢俗》記檳榔事

鼠牙雀角各爭強，空費條條誥誡詳；
解釋兩家無限恨，不如銀合捧檳榔。⑪⓪

僅用檳榔即可消兩家睚眥之怨，家謀嘗為贊曰：「一口之貽，消怨釋忿，胡文告之煩，而潄其唇吻。」

當時婦女吸生煙、吃檳榔，日夜不斷，浪擲金錢，家謀於註云：「日費不止帳頭矣。」其詩曰：

煙草檳榔徧幾家，金錢不惜擲泥沙；
夕陽門巷香風送，揀得一籃鷹爪花。⑪①

由家謀所記錄詩歌中可見當時檳榔之風盛行尤甚於今。

⑪⓪《海音詩》正文，頁10-11。
⑪①《海音詩》正文，頁15。

## 五、《海音詩》之價值

### ㈠以詩記史之功

《海音詩》的內容，翔實反映了當時的臺灣狀況，足以補史傳之不足。除了上舉的若干詩例外，家謀對於樂於行善助貧之士紳、對地方有貢獻之官員，或著作立言者，亦多為詩稱頌，例如：

> 養晦衡門亦自清，閭閻疾苦不關情；
> 獨憐頭白歸田叟，問俗猶聞太息聲。⑾

此詩家謀稱賞陳震曜為諸生時，凡里中善事，輒身任之，不畏辛勞。既以優貢官廣文，愛才好義、遇事敢言，深得上官之器重。在其告老歸鄉之後，年已踰七十高齡，猶以人心風俗為憂，撰有《歸田問俗錄》一卷。想必家謀亦以此期許自勉，亦對陳震曜生憐惜之情，故云：「獨憐頭白歸田叟，問俗猶聞太息聲。」

家謀為使貞女烈婦能流芳百世，亦賦詩褒揚，如記林紅玉，註云：「閩縣葉夢苓字景西，一字松根，乾隆二十七年舉人，官鳳山縣學教諭。五十一年林逆之亂，城陷，夢苓率鄉勇禦賊埤頭街，被執，罵賊死。繼妻林氏紅玉聞難自縊，以救

---

⑾《海音詩》正文，頁26 。

免，復入井不死，一日突取刀截其喉半斷，村婦以藥掩之，臥月餘防者稍懈，卒以手絕吭而死。次子殿材、三子殿豪、四子殿傑，幕客莊如圭、圭姪鳴璧(一作其徒莊明德)，家丁林長飛、林德、陳益，並殉難。事聞，賜祭葬，予雲騎尉世職。按《東瀛紀事》惟紀夢苓死為五十二年正月十五日，不及從殉諸人，故備錄之。」其詩云：

殺賊書生勇獨饒，一門義烈薄雲霄；
未妨冷喫闌干菜，熱血千年自不消。⑬

可見家謀亦表彰蔡氏之「一門義烈薄雲霄」。又臺灣屬於海島，海上貿易頻仍。鹿耳門為臺南當時之海港，港外多礁石，船商借貸金錢，購置貨物往返貿易，風險倍增。於是有「水利」與「山單」等不同的利息借貸制度。家謀詩：

鹿耳門前礁石多，張帆尚未出滄波；
賒來水利重添載，一夜飄流付孟婆。⑭

自註：「內港多礁石，舟未出洋遇風輒碎。以金貸商船，置貨往北洋，每番鏹百圓，取二十圓十八圓不等。由廈兌臺，每百圓亦取五六圓，或八九圓，曰『水利』。風水不虞并母錢沒焉。貸於本處者，曰『山單』，每百圓只取二三圓，不包定風

⑬《海音詩》正文，頁24。
⑭《海音詩》正文，頁7。

水也。」所謂「水利」者，借貸時利息較高，含保險費，商船出事可不賠本金；而「山單」者，因所收利息較低，故無風水之保險。凡此種種，想必都是正史所未載。故要研究臺灣史的人，不可不讀《海音詩》。

### ㈡保存語言之績

《海音詩》中亦多保存臺灣的古語諺語。

1.「澎湖女人，臺灣牛。」

咸豐元年、二年冬春之交，澎湖不幸遇到大飢荒，將澎湖婦女賣至臺灣為婢，其堪憐的遭遇，家謀詩：「真教澎女作臺牛，百里飢驅不自由；三十六邨歸未得，望鄉齊上赤崁樓。」⑾自註云：「諺云：『澎湖女人，臺灣牛』，言勞苦過甚也。咸豐元、二年冬春之交，澎地大飢；澎女載至郡城鬻為婢者，不下數十口。徐樹人廉訪宗幹諭富紳出貲贖之。予亟商諸二三好善之士勸捐贖回，各為收養。稻熟後，按名給路費，載還其家。澎湖五十五島，著名者三十六島。」另據澎湖耆老云，昔時澎湖養牛戶少，農忙時，男子出海在外，而以女子代替耕牛，下田拖犁，總之皆言當時澎湖女子之辛勞。⑾可見「澎湖女人，臺灣牛」的古諺不虛。

2.「有孝後生來弄鐃，有孝查畝仔來弄猴。」

家謀關於喪葬之詩：「有孝男兒來弄鐃，有孝女兒來弄猴。」⑾自註中云：「諺曰：『有孝後生來弄鐃，有孝查畝仔

---

⑾《海音詩》正文，頁6。

⑾ 呂順安主編：《澎湖縣鄉土史料》(南投：臺灣省文獻委員會，1994年1月)。

⑾《海音詩》正文，頁8。

來弄猴。』」吳守禮校註《海音詩》云，「有孝」是孝順之意，為臺語習慣用語，現今亦仍存此臺灣語。「後生」即兒子之意。而「弄鐃」本曰「弄鐃鈸」，因臺灣只云「弄鐃」，所以家謀云「弄鐃」，亦保存了臺灣之古語。

3.「尪」

家謀詩云：「鴇兒原不及娘兒，聘結檳榔喜未遲；分得後生查畝仔，白頭無復嫁尪時。」⑱自註云：「俗謂『夫』曰『尪』，音如『安』。周光郃明經維新云：『俚曲多此字。』然『尪』者，瘠病之謂，於義無取。土音『尪』、『翁』並讀如『安』，殆『翁』字之訛歟？」雖出於臆測，但頗有見地。

## 六、結語

家謀雖遠離家園，宦遊臺灣，但因著對當地歷史文獻之重視，故仍致力文獻之蒐集，結合在臺所見聞，以獨特的「自註」形式從事詩歌創作，從《海音詩》中可見家謀作詩，並非單純詠物言志，卻如社會的廣角鏡，以多面的視窗、不同的角度去深入透視清中葉臺灣的經濟發展、農業生活、水利建設、族群之融合、民間信仰與習俗，其所涵攝的層面極為寬廣。

家謀並效倣白居易〈新樂府〉之精神，揭露社會之黑暗面；並解析批評當時臺灣在移民熱潮下，所出現的種種衝擊，如教育未開、民風不古、游民為患、臺人豪奢等亂象，冀望清

⑱《海音詩》正文，頁17。

廷重視，其欲振衰起弊之心由此可見。

《海音詩》采錄清代咸豐時臺灣的鄉土風情及表彰人物事蹟，成為寶貴的歷史記錄。其淺顯生動的筆觸、活潑俚俗的口吻，使得吾人吟詠尋思之際，對家謀所諷諭的社會時事，深具切身之感，因而興起尋根的意識與憧憬。《海音詩》所發之玉振金聲，確實足以引導吾人進入臺灣文化及歷史的探索之中。

## 參考書目

海音詩　〔清〕劉家謀著，吳守禮校註　臺北　臺灣省文獻委員會　1953 年 7 月

賭棋山莊文集　〔清〕謝章鋌著　臺北　文海出版社　1974 年

臺灣十二家詩鈔　陳香著　臺北　臺灣商務印書館　1980 年

臺灣竹枝詞選集　陳香著　臺北　臺灣商務印書館　1983 年 4 月

臺灣詩選註　陳昭瑛著　臺北　正中書局　1996 年 2 月

平臺紀略　〔清〕藍鼎元著　臺北　臺灣銀行經濟研究室　1958 年 4 月　臺灣文獻叢刊第 14 種

諸羅縣志　〔清〕周鍾瑄著　臺北　成文出版社　1983 年 3 月　中國方志叢書臺灣地區第 7 號

彰化縣志　〔清〕周璽著　臺北　臺灣銀行經濟研究室　1962 年 11 月　臺灣文獻叢刊第 156 種

鳳山縣采訪冊　〔清〕盧德嘉著　臺北　臺灣銀行經濟研究室

1960年8月　臺灣文獻叢刊第73種

澎湖紀略　〔清〕胡建偉著　臺北　臺灣銀行經濟研究室　1961年7月　臺灣文獻叢刊第109種

斯未信齋文編　〔清〕徐宗幹著　臺北　臺灣銀行經濟研究室　1960年10月　臺灣文獻叢刊第93種

臺灣史　戚嘉林著　臺北　自立晚報社　1986年9月再版

臺灣四百年庶民史　陳浩洋著，江秋玲譯　臺北　自立晚報文化出版部　1992年5月

臺灣史話　邱勝安著　臺北　黎明文化事業公司　1992年6月

清代臺灣社會經濟　王世慶著　臺北　聯經出版事業公司　1994年8月

東京夢華錄外四種　〔宋〕孟元老著　臺北　大力出版社　1980年10月

臺灣風俗誌　片岡巖著，陳金田譯　臺北　大立出版社　1986年

野臺鑼鼓　陳建銘著　臺北　稻香出版社　1989年6月

臺灣風情　莊永明著　臺北　台原出版社　1990年10月

臺灣民俗之旅　洪進鋒著　臺北　武陵出版社　1990年1月

民俗臺灣　連溫卿著　臺北　武陵出版社　1990年2月

## 相關文獻

翁聖峰　　劉家謀的《觀海集》

臺灣文獻　第47卷第4期　頁181－189　1996年

12 月

廖漢臣　劉家謀的海音詩
臺南文化　第 2 卷第 1 期　頁 58 － 63　1952 年 1 月

毛一波　古今臺灣文獻考・吳註海音詩
臺灣風物　第 27 卷第 2 期　頁 32 － 33　1977 年 6 月

賴麗娟　劉家謀《海音詩》試探
中山中文學刊　第 4 期　頁 79 － 108　1998 年 6 月

黃淑華　論劉家謀《海音詩》
東吳中文研究集刊　第 7 期　頁 57 － 94　2000 年 6 月

黃淑華　劉家謀宦臺詩歌研究
臺北　東吳大學中國文學研究所碩士論文　133 面　2000 年 5 月　歐陽炯指導

謝崇耀　劉家謀在臺之詩作初探
臺灣文獻　第 52 卷第 4 期　頁 403 － 416　2001 年 12 月

# 劉銘傳在臺灣

王清信 *

## 一、前言

劉銘傳（1836-1896），字省三，安徽合肥人。咸豐四年（1854）太平軍攻克安徽廬州時，在鄉辦團練以圖抗拒，並屢隨清軍作戰，得保授千總。同治元年（1862），李鴻章（1823-1901）募淮軍赴上海時，率勇從行，所部號「銘」字營，亦稱「銘軍」。在江南，以進攻太平軍有功，保至提督。同治四年至八年（1865-1869），隨曾國藩、李鴻章在山東等地鎮壓捻亂，成為最後平定東、西捻亂的淮軍主力，晉封一等男爵。①同治八年（1869），奉命督辦陝西軍務，不久因病歸里。光緒六年（1880），俄國因伊犁交涉問題，以武力相威脅，清廷籌劃戰防，劉銘傳應召入京，疏陳兵事，議建鐵路，所議雖未見實行，但為近代向清廷議修鐵路之始。光緒十年（1884），清法戰爭起，以巡撫銜督防臺灣。八月，法軍侵犯基隆，攻陷砲

* 王清信，東吳大學中國文學系兼任講師。

① 關於劉銘傳平定太平軍、捻亂的功績，可參見張延中：《劉銘傳參與平吳剿捻戰役之探討》（臺北：文史哲出版社，1986年11月）。

劉銘傳 像

臺，劉銘傳發揮陸戰優勢，將法軍擊退。後法軍再陷基隆，劉銘傳指揮清軍固守滬尾（今淡水），保衛臺北，與法軍肉搏激戰，相持八個月，戰後臺灣建省，為第一任巡撫，積極建設臺灣。光緒十六年（1890），加兵部尚書銜，命幫辦海軍軍務，但不久因病去職，光緒二十一年（1895）病逝，謚壯肅，著有《劉壯肅公奏議》、《大潛山房詩鈔》。

劉銘傳在大陸雖然有彪炳的功績，但是其一生政治生涯的最高峰，是他在臺灣的期間，近代史專家郭廷以（1904-1975）先生在其《臺灣史事概說》一書中就說：「劉銘傳是近代中國的一位傑出人物，更是臺灣史上應當特筆大書的人物，他的豐功偉業實不在鄭成功之下。鄭成功光復臺灣，劉銘傳則保全之外，復予以建設，近代臺灣的政治國防，經濟交通，文化教育，均在他的手中樹立下規模，奠定了基礎。百年以來，中國朝野上下的有心人莫不以『近代化』——自強相尚，『才氣無雙』的劉銘傳雖祇是其中之一，而瞭解最深，持之最堅，赴之最力，成績最著的，很少人可與相比。他的表現即在臺灣，認識臺灣，必須認識臺灣的近代化，認識臺灣的近代化，必須認識劉銘傳之為人。」（頁191-192）因此本文嘗試從抗法保臺開始，略述劉銘傳在臺灣的建設，從中應該可以得知其對臺灣的貢獻所在，以及時至今日，為何臺灣人民仍深深懷念劉銘傳的原因了。

## 二、抗法保臺

光緒九年（1883），法國為霸佔安南，進入中國南部腹地，終於挑起清法戰爭。由於清軍和劉永福黑旗軍的頑強阻擊，法軍在安南作戰無大進展。於是，法國計畫出動海軍，直接攻擊中國本土佔地為質，以要挾清廷退兵安南。光緒十年（1884）七月，法國海軍遠東艦隊司令孤拔奉命率領艦隊開往中國福建、臺灣一帶海域進行侵略，主要目標是臺灣。當法國艦隊出現在臺灣海面時，清廷十分緊張，當即決定選派得力官員鎮守臺灣，當時劉銘傳告病在家，經曾國荃（1824-1990）推薦，清廷於是任命劉銘傳督辦臺灣軍務。同年（1884）七月十六日，劉銘傳毅然渡海奔赴臺灣，七天以後，戰爭就發生了。

臺灣中部和東部多山，西部為沖積平原，人口和物產主要集中在西部。其中南方的臺南和北方的臺北，是當時的兩大重鎮。鄭成功（1624-1662）驅逐荷蘭殖民者收復臺灣的戰鬥主要在臺南，清朝收復臺灣以後，其統治重心仍在臺南。當時臺灣防務十分薄弱，總共四十營官兵，號稱二萬餘人，卻要守衛長達二千餘里的海疆，而且裝備極差，名為水師，卻無船隻，海岸砲臺又極少火炮。臺灣道臺劉璈在兵力部署上又重南輕北，四十營兵，臺南部署了三十一營，而臺北只有九營。法國侵略者窺知這個弱點，就把攻擊重點放在臺灣北部。而攻佔基隆煤礦，奪取臺北，進而吞併全臺，是法國預定的攻臺計畫。孤拔將艦隊分為兩部，向基隆、滬尾（淡水）同時進攻。基隆在臺北東北，有良港和煤礦，相距臺北五十餘里，中間為丘陵所隔。滬尾在臺北西偏北，相距臺北三十餘里，有淡水河相通，是臺北府的門戶。敵人攻基隆意在佔有良港、煤礦；攻滬尾則意在攻佔臺北府。劉銘傳只好將現有兵力分為二部，湘將孫開華帶一部堅守滬尾，劉銘傳自己別率一部在基隆戰鬥。後來孤拔突然改變主攻方向，調艦轉攻滬尾，滬尾守軍不多，疲憊之時又遇敵人增兵猛攻，戰況十分吃緊，連連向基隆告急。劉銘傳審時度勢，當機立斷，下令立刻撤出戰鬥，炸毀煤井，轉移機器，全力援救滬尾。基隆守軍不解其意，紛紛哭諫，要求死守基隆。劉銘傳保臺北心切，拔劍怒斥說：「吾計已決，罪譴吾自當之，有違令者斬。」②清軍只好主動撤出基隆。

基隆失守的消息傳報北京，滿朝文武為之震驚，劉璈乘機攻擊說劉銘傳是對滬尾湘軍不信任，導致基隆失守。許多人信以為真，清廷對劉銘傳也大為不滿，訓斥說：「基隆要地豈容法兵占踞，著劉銘傳乘其喘息未定，聯絡劉璈，同心協力，合隊攻剿。」③

---

② 劉朝望：〈書先壯肅公守臺事〉，收入《劉銘傳文集》（合肥：黃山書社，1997年7月），頁547。

③ 參見《十二朝東華錄》（光緒朝），十年八月。

然而由於基隆部隊的增援，滬尾的軍力得到加強，敵人連攻七天，未能得逞。十月八日，當四、五百法軍艱苦上岸進入埋伏圈時，清軍以絕對優勢的兵力分路合擊，法兵三面受敵，狂奔敗北。這一仗法軍傷亡慘重，孤拔沮喪地承認：「淡水失敗嚴重，……因此我放棄佔領淡水埠口，因為我們軍隊員兵，僅勉強足供基隆之用。」④如果劉銘傳不集中兵力，這一勝利是很難想像的，而這一場勝仗，史稱「滬尾大捷」。

十月下旬，法國政府下令封鎖臺灣所有海口，企圖斷絕交通，困死臺灣，抗法戰爭進入最艱苦的階段。十二月，孤拔從安南抽調大批部隊到臺灣，加強對基隆的駐防。與此同時，臺灣守軍情況則相形見弱，兵少彈乏，處境艱難。劉銘傳電告李鴻章：「軍士疫癘不止，日有死亡，能戰者不足三千人。敵勢甚大，日內必有惡戰。如十日外無電到，北不保。」⑤但他仍堅決表示：「傳同將士惟拚命死守，保一日是一日。」⑥準備為保衛臺灣而戰鬥到底。另一方面，劉銘傳並沒有消極地等待援兵，而是多方設法，積極自救。他對臺灣當地紳士和民眾，申明大義，號召他們出錢出力，保衛家鄉。直到光緒十一年（1885）二月，援軍先後到達臺灣，清軍力量得到充實。不久，安南戰局出現轉機，五、六月間，法軍先後撤離基隆和澎湖，臺灣軍民的抗法戰爭到此結束。

---

④ 參見《中法戰爭文獻彙編》(七)，頁266-267。
⑤ 參見《中法戰爭文獻彙編》(四)，頁209。
⑥ 同前註。

## 三、建省

清廷因牡丹社事件⑦，開始認識臺灣地位的重要性，派船政大臣沈葆楨（1820-1879）辦理臺灣防務並處理善後，沈葆楨深深知道「臺地向稱沃饒，久為外族所唾涎」，因此想要積極整頓臺灣，臺灣建省即由此發端。而第一位正式提出臺灣建省問題的人是刑部侍郎袁保恆（1826-1878），他在光緒二年（1876）十二月上疏清廷說：「請改福建巡撫為臺灣巡撫駐臺灣，而以總督辦福建全省事，各專責成。」⑧當時福建巡撫丁日昌（1823-1882）也認為福建巡撫分駐兩地，往來不方便，必須要選派重臣專為臺灣督辦。但這些建議，都未曾實行。到了法軍侵臺，清廷才認識臺灣為七省藩籬，光緒十一年（1885）清法議和之後，七月，欽差大臣督辦福建軍務左宗棠（1812-1885）上疏，力贊十年前袁保恆建省之議。同年九月五日，軍機大臣醇親王奕譞、北洋大臣李鴻章等聯銜覆奏說：「臣等查臺灣為南洋樞要，延袤千餘里，民物繁富，通商以後，今昔

⑺ 同治十年（1871），兩艘琉球船隻漂流到臺灣東南部的八瑤灣（牡丹社以東二里，今屏東佳樂水一帶），六十六名遇難者上岸後，有五十四人被高士猾社及牡丹社土著殺害，其餘生還者逃至鳳山縣，再送至福州返抵琉球。日本趁機攻佔臺灣，清廷則派船政大臣沈葆楨來臺灣督辦防務，後清廷與日本達成協議，清廷承認日本的行動為「保民義舉」，賠款五十萬兩，且承認琉球為日本屬國，損害清廷威信甚大，但也因為牡丹社事件的刺激，清廷開始認識臺灣地位的重要性。

⑻ 參見《清史稿・袁甲三傳》。

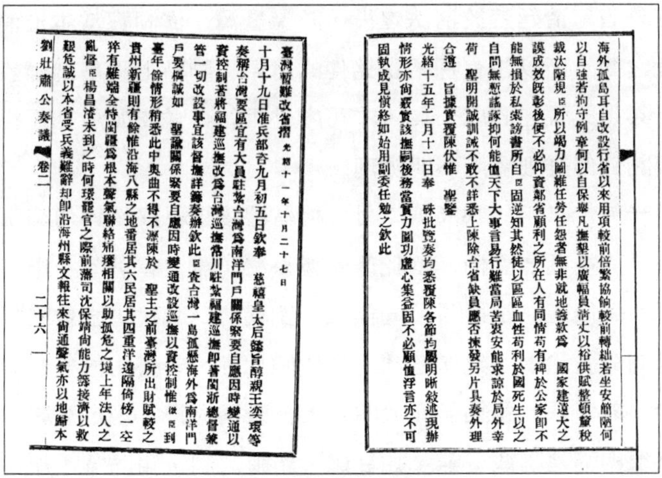
海外孤島耳自改設行省以來用項較前倍繁協餉較前轉絀若坐安簡陋何以自強若拘守例章何以自保舉凡撫墾以廣幅員清丈以裕供賦整頓釐稅裁汰陋規臣所以竭力圖維任勞任怨者無非就地籌款爲　國家建遠大之謨成效既彰後便不必仰資鄰省顧利之所在人有同情苟有裨於公家即不能無損於私槖謗書所自臣固逆知其然徒以區區血性苟利於國死生以之自問無慙謠諑抑何能恤天下大事言易行難當局苦衷安能求諒於局外幸荷　聖明開誠訓誡不敢不詳悉上陳除台省缺員應否揀發另片具奏外理合遵　旨據實覆陳伏惟　聖鑒

光緒十五年二月十二日奉　硃批覽奏均悉覆陳各節均屬明晰敘述現辦情形亦尚覈實該撫嗣後務當實力圖功虛心集益固不必顧恤浮言亦不可固執成見愼終如始用副委任勉之欽此

臺灣暫難改省摺 光緒十一年十月二十七日

十月十九日准兵部咨九月初五日欽奉　慈禧皇太后懿旨醇親王奕譞等奏稱台灣要區宜有大員駐紮台灣爲南洋門戶關係緊要自應因時變通以資控制著將福建巡撫改爲台灣巡撫常川駐紮福建巡撫即著閩浙總督兼管一切改設事宜該督撫詳籌奏辦欽此臣查台灣一島孤懸海外爲南洋門戶要樞誠如　聖諭關係緊要自應因時變通改設巡撫以資控制惟微臣到臺年餘情形稍悉此中奧曲不得不瀝陳於　聖主之前臺灣所出財賦較之貴州新疆則有餘惟沿海八縣之地番居其六民居其四重洋遠隔倚傍一空猝有變端全恃閩疆爲根本聲氣聯絡痛癢相關以助孤危之境上年法人之亂督臣楊昌濬未到之時何璟罷官之際前藩司沈保靖尚能力籌接濟以救艱危誠以本省受兵義難辭却即沿海州縣文報往來尚通聲氣亦以地屬本

劉壯肅公奏議　卷二　二十六

臺灣暫難改省摺

情形迥然不同，宜有大員駐紮控制。若以福建巡撫改為臺灣巡撫，專其責成，似屬相宜。恭候欽定。如蒙俞允，所有一切事宜，應由該督撫詳細酌議，奏明辦理。」⑨這建議光緒皇帝終於採納，同時延議且以臺灣新創，百事待舉，非有文武兼備之臣，難以擔當重任，即於同年九月五日，首任劉銘傳為臺灣巡撫，臺灣建省之議，至此才見實現。

臺灣建省之議已定，但是劉銘傳詳細衡量臺灣情形，認為臺灣立改分省，不是一件妥當的事，他在光緒十一年（1885）十月二十七日上奏〈臺灣暫難改省摺〉⑩，當時其他內外大臣

---

⑨ 轉引自李騰嶽：〈建省始末〉，《文獻專刊》第4卷第1、2期合刊（1953年8月），頁18。

⑩ 參見《劉壯肅公奏議》，卷2，頁80-82。

都主分省，清廷鑒於清法之役，認為臺灣、澎湖實當本土消長安危之衝，所以沒有採納劉銘傳的意見，同時上諭臺灣雖設行省，必須與福建聯成一氣，才可內外相維，並要閩浙總督楊昌濬與劉銘傳詳細會商奏明辦理。

光緒十二年（1886）二月，楊昌濬渡臺視察劉銘傳病況，二人見面後甚為歡愉，劉銘傳深慮臺灣防籌沒有著落，楊昌濬答應回閩後想辦法撥付。同年四月劉銘傳到福建省城會同楊昌濬籌商分省諸事，建議臺灣巡撫仿照甘肅、新疆，號臺灣福建巡撫，兼學政。劉銘傳即於四月上任臺灣巡撫，規定臺灣省以後必須與福建聯成一氣，如甘肅、新疆之制，關防為「福建臺灣巡撫」。凡司道以下各官，考核大計，閩省由總督主政，臺灣由巡撫主政，照舊會銜，巡撫一切賞罰之權，仍由巡撫自主。⑪至於建省後的最高行政長官為巡撫，另外尚有布政使及兵備道，這是當時中央三頭政治的基礎。其職權如下：巡撫統轄全臺文武行政事務兼理學政；布政使統轄全臺財政；兵備道統轄按察使事務，兼臺南布政事務，並監督臺南地方行政。

臺灣建省後，榛莽日開，原設府、縣已感不足，同時有的縣縱橫多至二、三百里，鞭長莫及，且防務為治臺要領，轄境太廣，則耳目難周，控制太寬，則聲氣多阻。所以劉銘傳通籌全局，認為有應添設的、有應裁撤的，共添一府、二廳、三縣及升置一直隸州，其轄境如下：

㈠臺灣府

---

⑪ 參見《劉壯肅公奏議》，卷6，頁214-220，〈遵議臺灣建省事宜摺〉。

新設。轄四縣一廳，即臺灣、雲林、苗栗（三縣均為新設）、彰化四縣及埔里社廳，並撤鹿港同知。

㈡臺南府

原臺灣府改稱。轄安平縣（原臺灣縣改稱）、嘉義、鳳山、恆春四縣及澎湖廳。

㈢臺北府

仍轄淡水、新竹、宜蘭三縣及基隆廳，並改基隆通判為撫民理番同知，以重事權。

臺灣東部增設臺東直隸州，駐水尾，埤南廳改設直隸州同知；花蓮港添置直隸州判。全臺合計三府、一州、三廳、十一縣⑫，這和現在的行政區已經相去不遠。

## 四、設防

臺灣四面環海，孤峙大洋，容易受敵，必須重視海防，而島上山地竟佔全島面積五分之三，因此又不得不兼顧山防。劉璈論臺灣的防務說：「論防務不外山防、海防，平時則山防煩於海，有警則海防重於山。然必先整山防，則海防始有憑藉，否則內外交訌，而防務更難措手，此山海所宜兼籌。」⑬

清初，朝廷對臺灣採消極政策，一向是山防重於海防，就是到了同治十三年（1874）日軍犯臺，造成「牡丹社事件」，

⑫ 參見《劉壯肅公奏議》，卷6，頁220-222，〈臺灣郡縣添改撤裁摺〉。

⑬ 參見《巡臺退思錄》，頁256。

外國勢力已侵入臺灣，這樣的政策仍然沒有改變。當時沈葆楨視師臺灣，議改臺地營制，曾說：「臺地延袤一千餘里，處處濱海，皆可登岸，陸防之重，尤甚於水。」⑭而請將臺協水師原轄三營，移駐安平、鹿港二地，改為陸路，可見當時仍不積極籌設海防。清法之役，劉銘傳親自督陣，深感海防空虛，因此其善後設防，乃山海並顧，雙管齊下，一面剿匪撫番，一面增修砲臺，添購輪船。現就海防、山防分述如下：

### ㈠海防

劉銘傳督師臺灣，也認識臺灣的海岸。他除於主要的港口，如澎湖、旂后、安平、滬尾、基隆五處，分別建立防備外，並鑒於澎湖地處閩、臺樞紐，如果沒有特別設立重鎮，不足以保危疆。於是和閩浙總督楊昌濬會銜，奏請把澎湖副將和海壇鎮對調⑮，又憂慮澎湖無險可據，於光緒十五年（1889）六月，奏於澎湖媽宮地方，憑海築造城堰，聯絡砲臺，以資捍衛。⑯綜觀劉銘傳的海防設施，約有下述諸端：

1.增購槍砲，修築砲臺：全臺添造及補修砲臺的位置及座數，計澎湖三座，基隆、滬尾、安平各二座，旂后四座。

2.添購兵輪，以利交通：計購兵商輪四艘，小輪船六艘。

3.設局立廠，存儲槍械：光緒十一年（1885），於臺北府

---

⑭ 參見《沈文肅公政書》，卷5，頁85，總頁1044，〈請改臺地營制摺〉。

⑮ 參見《劉壯肅公奏議》，卷5，頁174-178，〈遵籌澎防請飭部撥款摺〉。

⑯ 參見《大清德宗景（光緒）皇帝實錄》，卷271，頁21。

城北門外創設「機械局」，並在機器廠偏西地方，建造軍械所，以利儲存。

㈡山防

沈葆楨因「牡丹社事件」奉命籌劃全臺防務，他於光緒元年（1875）上疏請改臺灣營制。當時是以臺、澎兩地，劃分四區，其兵力配置及防守區域，大致如下：⑰

| 區　域 | 範　　圍 | 兵　力 |
| --- | --- | --- |
| 南　路 | 臺灣、鳳山、嘉義三縣 | 九　營 |
| 中　路 | 彰化縣 | 三　營 |
| 北　路 | 淡水縣、宜蘭廳 | 三　營 |
| 澎　湖 | 澎湖群島 | 二　營 |

法軍侵臺，全臺防務吃緊，臺灣道劉璈辦理防務，再把全島改分五路，其兵力配置及防守區域，大致如下：⑱

| 區　域 | 範　　圍 | 兵　力 |
| --- | --- | --- |
| 南　路 | 恆春至曾文溪 | 五　千 |
| 中　路 | 嘉義至大甲溪 | 三　千 |
| 北　路 | 大甲溪至蘇澳 | 四　千 |
| 後　路 | 花蓮港至鳳山縣 | 一千五 |
| 前　路 | 澎湖群島 | 三　千 |

⑰ 參見《沈文肅公政書》，卷5，〈請改臺地營制摺〉。
⑱ 參見《巡臺退思錄》，〈稟陳臺防利害由〉。

光緒十一年（1885）五月，法軍撤退，劉銘傳辦理善後，其兵力配置及防守區域，大致如下：⒆

| 區　域 | 範　　圍 | 兵　力 |
| --- | --- | --- |
| 北　路 | 臺北、滬尾、宜蘭 | 四　營 |
| 基　隆 | 基隆、社寮 | 四　營 |
| 中　路 | 彰化一帶 | 三　營 |
| 南　路 | 臺南、安平、打狗、恆春 | 三　營 |
| 澎　湖 | 澎湖群島 | 四　營 |
| 後　山 | 埤南、花蓮港一帶 | 八　營 |

由上所述，可知臺灣的防務，在沈葆楨時，因南部有警，所以兵力著重在南部，至劉銘傳時，因政治中心北移，因而北部的防務反趨重要，直到今天，也是如此。

## 五、交通

### ㈠鐵路

鐵路為代表近代物質文明的大動力之一，雖然早在同治二年（1863）七月二十日，住在上海的英、美商人曾派了二十七位代表，向江蘇巡撫李鴻章呈遞請願書，要求准予興建上海到

⒆ 參見《劉壯肅公奏議》，卷8，頁280-282，〈撤留勇營綜計款目請撥餉需摺〉。

吳淞的鐵路，但為李鴻章所拒絕。李鴻章以為興築鐵路，外人可以長驅直入，實利少而弊多。光緒六年（1880）伊犁事急，劉銘傳奉召入京備用，見事變至迫，乃上〈籌造鐵路以圖自強折〉⑳，痛陳國防、漕務、賑務、商務、礦務，一切以交通為主導，認為籌造鐵路為急不可緩之舉。公開力倡在中國大陸興造鐵路的，實自劉銘傳開始。

而最早建議在臺灣興造鐵路的，則為丁日昌㉑，他曾敦促清廷興建臺灣鐵路，但李鴻章認為「鐵路需費過鉅，似需煤、鐵開採有效，就地取料工力較省」㉒，因此未能實現。後因法軍窺伺臺灣，劉銘傳被任命督辦臺灣軍防，並處理善後，首任臺灣巡撫，至此才有機會實行他的計畫，於光緒十三年(1887)三月上奏〈擬興修臺灣鐵路摺〉，他說：「……惟以鐵路一事，臣知其利，因經費無出，躊躇未敢猝議舉辦。現據該委員等稟請由商人承修，於公款無關出入，將來坐收厚利，實於臺灣大局有裨。所有鐵路利益，除便於驛務、墾務、商務不計外，目前之大利有三，……有裨於海防者一也；……有裨於建立省城者二也；……有裨於臺灣工程者三也。」㉓由於是採取商經理、官督辦，於公款無關出入，再加上李鴻章的大力支持，所以清廷即予批准。

修築鐵路期間，雖然遭遇施工、財政等方面的困難很多，

---

⑳ 參見《劉壯肅公奏議》，卷2，頁43-46。
㉑ 參見《清季臺灣洋務史料》，頁7-15。
㉒ 參見《光緒朝中日交涉史料》，卷1，頁17。
㉓ 參見《清季臺灣洋務史料》，頁50-52。

但劉銘傳未曾使鐵路事業停頓。光緒十七年（1891）臺北、基隆段終於竣工㉔；同時在光緒十四年（1888）劉銘傳也同時開築臺北至新竹段，此段需架設鐵橋橫渡淡水河，工程非常浩大，至光緒十九年（1893）在邵友濂的經營下完成。

原來放在臺灣省立博物館前面的兩部火車頭㉕，其中之一叫做「騰雲一號」，是光緒十三年（1887）劉銘傳向德國購入，而於鐵路完成時，第一部行駛的火車頭。

### ㈡電報

光緒十二年（1886），劉銘傳設「電報總局」於臺北，五月派通商委員李彤恩赴上海與德商泰來洋行協商，由該行供給機器與電線，架設基隆、滬尾互通至臺北府城，由府城直達臺灣府安平口止的陸上電報線，估價約銀三萬兩。同時又與大東北公司再行議價，裝設由廈門至澎湖以達安平的海底電線，因價錢過鉅而停置。又據瑞生洋行條陳，可以自造輪船一艘，由外洋裝運電線來臺灣，並安設海底，總計需銀二十二萬兩。該輪平時可以載貨裝兵，巡緝洋面，電線損壞，可以自己修理，一舉而數得，頗合劉銘傳的航運計畫，後由怡和洋行承辦。但設計稍有變更，依沈葆楨的計畫，原由安平至廈門，因海程不

---

㉔ 當時臺北、基隆段，沿途經過松山、八堵到基隆，鐵路在穿過獅球嶺時，必須開鑿隧道，劉銘傳在隧道出口處親筆題了「曠宇天開」四個大字。這條隧道現已荒廢，被列為國家三級古蹟維修中。

㉕ 筆者撰稿期間，由於鐵路局的「復駛」計畫，「騰雲一號」正好被移至鐵路局臺北機廠修復中。

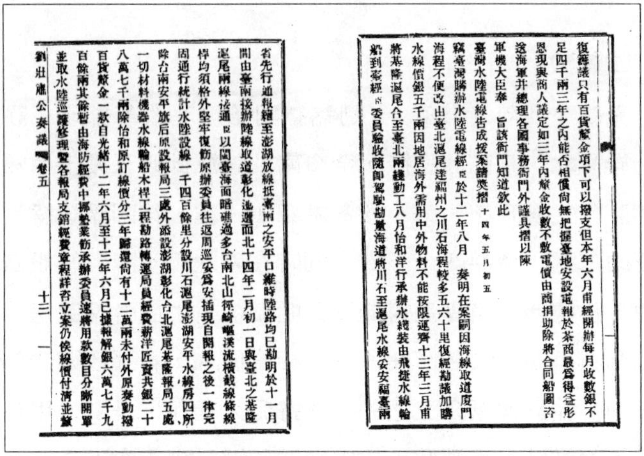

復籌議只有百貨釐金項下可以撥支但本年六月甫經開辦每月收數銀不足四千兩三年之內能否相償尚無把握臺地安設電報於茶商最爲得益形恩現與商人議定如三年內釐金收數不敷電價由商捐助除將合同船圖咨送海軍幷總理各國事務衙門外謹具摺以陳

軍機大臣奉　旨該衙門知道欽此

臺灣水陸電線告成援案請奬摺 十四年五月初五

竊臺灣購辦水陸電線經臣於十二年八月　奏明在案嗣因海線取道廈門海程不便改由臺北滬尾達福州之川石海程較多五六十里復經勘議加購水線價銀五千兩因地居海外需用中外物料不能按限運齊十三年三月甫將基隆滬尾合至臺北兩線動工八月怡和洋行承辦水綫裝由飛捷水線輪船到臺經臣委員驗收隨即駕駛勘量海道將川石至滬尾水線妥安福臺兩省先行通報續至澎湖放線抵臺南之安平口維時陸路均已勘明於十一月開由臺南接辦陸線取道彰化迤邐而北十四年二月初一日與臺北之基隆滬尾兩線接通臣以閩臺海面暗礁過多台南北山徑崎嶇溪流橫截線條線桿均須格外堅牢復飭原辦委員往返周巡妥爲安插現自開報之後一律完固通行統計水陸設線一千四百餘里分設川石滬尾澎湖安平水線房四所除台南安平旗后原設報局三處外添設澎湖彰化台北滬尾基隆報局五處一切材料機器水線輪船木桿工程勘路轉運局員經費薪洋匠資共銀二十八萬七千兩除怡和原訂線價分三年歸還尚有十二萬兩未付外原奏動撥百貨釐金一款自光緒十二年六月至十三年六月已撥報解銀六萬七千九百餘兩其餘暫由海防經費中挪墊業飭承辦委員速將用款數目分晰開單並取水陸巡護修理暨各報局支銷經費章程詳咨立案仍俟線價付清並錄

劉壯肅公奏議　卷五　十三

臺灣水陸電線告成援案請奬摺

便，改由臺北滬尾達福州之川石（芭蕉島），另付安平至澎湖間分線費用，皆由怡和洋行承辦。同年八月，「飛捷輪」裝運抵臺，在丹麥工程師韓森的監督下，開始裝設滬尾至川石的水線，十月開始通報，為臺灣與大陸電訊通達的開始。同年又架設臺南到臺北的陸上電報線，光緒十四年（1888）夏季，水陸兩電線竣工㉖，電報的安設工程尚稱順利，但運用卻未達理想。尤其是陸上電報，因時有天然障礙及破壞行動，因此通訊時間，每次從未達到一週。同時又缺乏檢驗器材，修理費時，且不經濟。至於水線，因有「飛捷輪」按月巡行檢查，所以尚少有問題發生。

㉖ 參見《劉壯肅公奏議》，卷5，頁191-193，〈臺灣水陸電線告成援案請奬摺〉。

### ㈢郵政

光緒十四年（1888），劉銘傳開始辦理改革郵政。設郵政總局於臺北，直轄於巡撫，全臺南北設立郵政正站十七處，全臺共計設立郵政正、旁、腰各站四十一處。後因添設縣治，又設正站二處，總共四十三處。同時在南北正、旁各站設立郵政商票，仿照西洋章程發售商民黏貼函信，也由各站遞送，而且所收郵資不多，而且官商通行，相當便利。新郵政與「舖遞制」的不同，在於傳遞公文之外，收寄私人信件，是為公用事業的開始。而當時大陸郵政，才由海關試辦，尚未奉准成立，而臺灣郵政已能自成獨立體系。

### ㈣公路

劉銘傳任臺期間，為便利交通，鑑於臺北至宜蘭與淡水間的公路，迂迴險阻，於是勘查路線，於光緒十一年（1885）九月，著手開闢從臺北府城向景尾經深坑、石碇、坪林尾，翻山越嶺後，直達宜蘭。一面從臺北開闢接基、淡舊路至淡水，拓寬路面，架設橋樑。光緒十三年（1883）劉銘傳想打通前後山，以便全島東西聲氣聯絡，對撫育生番也有幫助，因此命章高元自彰化集集鑿山而東，張兆連自水尾鑿山而西，會於丹社嶺，即今天的東西橫貫公路的始基。本來預計三月竣工，但因沿途番人紛起反抗，進展困難，於是撤兵，通行亦告杜絕而路廢，功虧一簣。

## 六、清賦

劉銘傳在臺灣的治績中，清賦事業可以說是他最重要的課題，但清賦給予他的困擾也最多。因為清賦工作極為瑣屑繁重，也容易滋弊擾民，加上臺灣的地賦，非常複雜，後來竟造成「施九緞事件」㉗，使這一艱鉅的工作，平添幾許遺憾。

光緒十一年（1885），清廷決定臺灣改設行省，並任劉銘傳為首任巡撫，劉銘傳認為臺灣孤峙大洋，當此分省伊始，百廢待興，事繁費巨，雖有閩省協濟，但終究不是根本大計，為求長治久安，必須就地籌劃。於是劉銘傳決定丈量田畝，清查賦課，謀求自給自足。他在奏請〈量田清賦申明賞罰摺〉中說：「……臣忝膺斯土，目睹時艱，值此財用坐匱之際，百廢待舉之時，不能不就地籌畫，斯於三五年後，以臺地自有之財，供臺地經常之用，庶可自成一省，永保巖疆。」㉘同時他認為：「臺灣素稱沃壤，近年開闢日多，舊糧轉形虧短，皆由業戶變遷，無定糧額，向不催收。故絕逃亡，莫從究詰，或由田園冊籍失毀，無從戶、無確名、疆界混淆。土豪得以隱匿霸

㉗ 劉銘傳治臺，認為清理賦稅為當務之急；然清賦工作極為繁瑣，亦易於滋弊擾民，部分不肖官吏乘機敲詐勒索，乃激起施九緞等人起事抗官。光緒十四年（1888），彰化縣秀水庄居民數百人裂布為旗，上面寫著「官激民變」，公推施九緞為領袖，圍攻彰化縣城，毀壞電線，要求燒毀丈單。後來督道員林朝棟等領軍前來圍剿，經二日戰鬥，亂事方平。

㉘ 參見《劉壯肅公奏議》，卷7，頁241-242。

佔，奸民從中包攬控爭，或藉防番抽收隘稅；或稱究糧，自收大租。強者有田無賦；弱者有賦無田。更有近溪田地，水沖沙壓，小民無力報豁，田去糧存。種種弊端，有礙國計民生。」㉙

劉銘傳鑒於以上種種弊端，以及臺灣建設需款孔亟，於是決定清賦。但土地丈量談何容易，大陸歷辦清丈，有的歷經十年工夫，還不能完成一州一邑的工作。因此，劉銘傳預先徵求地方當局的意見，最後決定先從編定保甲著手，於是命各府縣於三個月之內，編查管內戶口，作為清丈的準備。

光緒十二年（1886）六月，劉銘傳昭告民眾，闡明清丈旨趣，他說：「照得臺灣地方，自乾隆五十三年（1788）續丈之後，至今開闢田園數倍於前，久未報升科。於賦稅一項，屢奉恩詔，格外從寬，以示綏遠安邊之意。現時海上多事，臺灣係海疆重地，久為外人所窺伺。朝廷特設巡撫，以資控制，本爵部院忝膺斯土，應為地方遠大之謀，故……清查田畝，以裕餉需。不憚勞怨，慘淡經營一時。並舉以為長治久安之計。爾百姓等，當知隔海遷來，創業不易，亦須為子孫立百年之業，官民一德一心，共保嚴疆，同享樂土。」㉚於是在臺北、臺南兩府，各設「清賦總局」，以清丈全臺田畝，總局由知府經理，各縣設分局，派任會辦委員，令與知縣及同知協商，掌理事務，一方面劉銘傳自大陸遴選廳縣佐雜三十餘人，分派南北各縣，配合弓丈手、圖書、差役、會商地方士紳及總保等，從事

---

㉙ 參見郭海鳴：〈清賦〉，《文獻專刊》第4卷第1、2期合刊（1953年8月），頁34。

㉚ 參見《劉銘傳史話》，頁93-94。

實地丈量工作。不僅民田需要清丈，就是番地，也應一律丈量。

清丈完成，最後即發給丈單，填明坵段、甲數、等則、戶名，作為政府造冊升科的根據，並交與小租戶，作為土地業主權的證件，同時對大租戶發給印照，作為大小租的區別。

劉銘傳自光緒十二年（1886）四月，奏明將全臺田畝丈量，當年七、八月後開辦。十三年（1887）九月酌議上、中、下、下下田園賦則，並隨徵補水平餘，至十五年（1887）十二月終於完成。新、舊賦課兩相比較，清賦後比較舊額溢出銀四十八萬八千餘兩，除補水平餘十二萬八千二百四十二兩銀外，實計正額溢出銀三十六萬餘兩。㉛

劉銘傳的清賦事業，自光緒十二年（1886）奏請清丈，至十五年（1889）造冊完竣，歷時三年，最後成功的增加政府的收入，充裕政府的開銷，進一步安定臺灣的情況，居功厥偉。

## 七、撫番

劉銘傳的撫番政策，是基於禦外必先安內的原則，他說：「查臺灣番族，從前多在外山，客民愈多，日侵月削，擠歸山內，種類滋繁。邇來亦知耕種為生，各相統屬。平日往來山外，居民亦頗相安。惟土匪成群，聚集番民交界之處，搶劫居民，或侵番族田廬，或誆番民財貨。爭端一起，械鬥不休。奸

㉛ 參見《劉壯肅公奏議》，卷7，頁228-261，〈全臺清丈給單完竣核定額徵摺〉。

民被殺，則訴冤於官，官輒興師剿辦。番族被冤，則無官可訴，類多集眾復仇。番禍一興，殺掠生番者轉得置身事外，而生番殺掠，多係良民。將恐積怨日深，終至民番俱斃。不謀招撫，必致陝、甘回亂之憂。即以防務論，臺疆千里，防海又須防番。萬一外寇猝臨，陰結番民，使生內亂，腹心之害，何以禦之？試令全番歸化，內亂無虞，外患雖來，尚可驅之。禦侮既可，減防節餉又可。伐內山之木，以裕餉源。」㉜光緒十一年（1885）十月，劉銘傳在上〈臺灣暫難改省摺〉中說：「……現既詔設臺灣巡撫，必先漸撫生番，清除內患，擴疆招墾，廣布耕民，方足自成一省。臣查臺番與雲貴苗民、甘肅番回迥異。臺番不相統屬，各社所佔膏腴之地，高山宜茶，平地宜穀，一旦教之耕種，皆成富區。從前撫番，虛糜鉅款，皆由舉辦未能認真，一撫就降，遂若無事。臺南降番甚眾，仇殺依然，聲氣仍歸隔絕。以臣度之，若認真招撫，示以恩威，五年之間，全臺生番，計可盡行歸化。」㉝又據《恆春縣志．招撫篇》記載：「今本爵部院督辦臺灣事務，統籌全局，必須先將全臺生番剿撫兼施，盡行歸化，然後籌辦海防，專心禦海，可無內顧之憂。」㉞可見劉銘傳的開山撫番，著重於國防作用及經濟價值。

光緒十二年（1886）四月，劉銘傳於大嵙崁成立「全臺撫

---

㉜ 參見《劉壯肅公奏議》，卷2，頁72-73，〈條陳臺澎善後事宜摺〉。

㉝ 參見《劉壯肅公奏議》，卷2。

㉞ 參見《恆春縣志》，卷5，〈招撫〉。

墾總局」，自任撫墾大臣，以林維源為幫辦大臣，兼團練大臣。並且把全臺番地，劃成三個區域：自埔里社以北到宜蘭為第一區；以南到恆春為第二區；臺東一帶為第三區，以便從事管轄。

此外，劉銘傳對於番人之化育，非常重視。特別在臺北城內，設置模範學堂，從事番童教育，其主要目的為：

㈠招徠各番社頭目的子弟，以導其漢化的方針，施行教育，使學成後歸山，他日為頭目以感化眾番。

㈡歷來以通事作為漢番間的溝通橋樑，在溝通管道上，並非完全暢通，因此要培養通達漢語的番人，以供雙方聯絡。

同時為擴張教化，於是頒發條款，計分五教五禁㉟，五教為：教正明、教恆業、教禮制、教法度、教善行；五禁為：禁做饗、禁仇殺、禁爭產、禁佩帶、禁遷避。同時並撰擬土音〈勸番歌〉一首，抄給各社的頭目、通事等，認真教導。不拘番童番丁，男女朝夕歌唱，並為之講解，使之家喻戶曉，希望革除番人嗜殺風氣，漸知人倫之道，其詞說：

勸番切莫去抬郎　抬郎不能當衣糧
（番語：抬，殺也；郎，人也。）
抬得郎來無好處　是禍是福要思量
百姓抬你兄和弟　問你心傷不心傷
一旦大兵來剿洗　合社男女皆驚慌

---

㉟ 參見《臺灣番政志》，頁552。

東逃西走無處躲　戶屋燒了一片光
官兵大砲與洋鎗　番仔如何能抵當
不拏兇手來抵命　看你跑到何處藏
若如你們不肯信　問問蘇魯馬那邦
莫如歸化心不變　學習種茶與種田
剃髮穿衣做百姓　有衣有食有銀錢
凡有抬郎凶番仔　那個到老得保全
你來聽我七字唱　從此民番無仇怨

（《恆春縣志》，卷5，頁110-111，〈招撫〉）

撫番的工作，在光緒十三年（1887）四月，已經可以看到初步的成效㊱，至光緒十五年（1889）二月，全臺生番歸化，

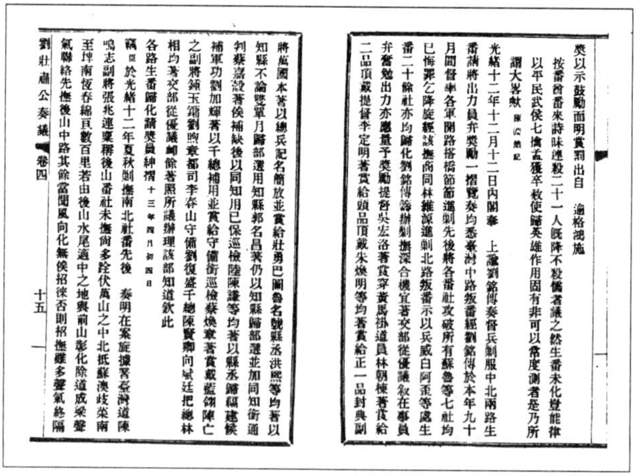
獎以示鼓勵而明賞罰出自　逾格鴻施
按番曾番來詩昧連殺二十一人既降不殺儒者議之然生番未化豈能律
以平民武侯七擒孟獲卒收使歸英雄作用固有非可以常度測者是乃所
謂大略歟　陳從龍記
光緒十二年十二月十二日內閣奉　上諭劉銘傳奏督兵剿服中北兩路生
番請將出力員弁獎勵一摺覽奏均悉臺灣中路叛番經劉銘傳於本年九十
月間督率各軍開路搭橋節節進剿先後將各番社攻破所有蘇魯等七社均
已悔罪乞降旋經該撫商同林維源進剿北路叛番示以兵威白阿歪等處生
番二十餘社亦均歸化劉銘傳籌辦剿撫深合機宜著交部從優議敘在事員
弁奮勉出力亦應量予獎勵提督吳宏洛著賞穿黃馬褂道員林朝棟著賞給
二品頂戴提督李定明著賞給頭品頂戴朱煥明等均著賞給正一品封典副
將萬國本著以總兵記名簡放並賞給壯勇巴圖魯名號縣丞洪熙等均著以
知縣不論雙單月歸部選用知縣郭名昌著仍以知縣歸部選並加同知銜通
判蔡嘉穀著俟補缺後以同知用已保巡檢陸陳謙等均著以縣丞歸福建候
補軍功劉加輝著以千總補用並賞給守備銜巡檢蔡煥章著賞戴藍翎陣亡
之副將鍾玉鏞劉煦章都司李春山守備劉復盛千總陳賢卿向斌廷把總林
相均著交部從優議卹餘著照所議辦理該部知道欽此
各路生番歸化請獎員紳摺 十三年四月初四日
竊臣於光緒十二年夏秋剿撫南北社番先後　奏明在案旋據署臺灣道陳
鳴志副將張兆連稟稱後山番社未撫尚多陸伏萬山之中北抵蘇澳歧萊南
至埤南恆春綿亘數百里若由後山水尾適中之地與前山彰化除道成梁聲
氣聯絡先撫後山中路其餘當聞風向化無俟招徠否則招撫雖多聲氣終隔
劉壯肅公奏議　卷四　十五

各路生番歸化請獎員紳摺

㊱ 參見《劉壯肅公奏議》，卷4，頁146-150，〈各路生番歸化請獎員紳摺〉。

劉銘傳上疏說：「……察勘全臺情形，番山腴地多荒，民番日相仇殺，官置不問，實非政體所宜。且既設行省，不能不闢土分治，緝匪安良，斷非撫番不可。乃於光緒十一年（1885）十月奏明開辦。數年以來，各軍出險入幽，不避瘴癘鋒鏑，將士死亡數千人，仰賴天威，生番一律就撫。雖氣質驟難變化，惟當示以威信，有犯必懲。一面教養番童，開其知識。臣維源廣招墾戶，務使聲氣相洽，情志相通，庶可轉移故俗。」㊲至此，撫墾工作告一段落。

## 八、實業

劉銘傳在臺灣所振興的實業，較重要的有煤礦、樟腦、硫磺、茶、鹽、糖等，現在分項敘述於下：

### ㈠煤礦

開採煤礦所帶給劉銘傳的困擾，遠比清賦為多，劉銘傳離臺的主因之一，即係處置煤礦失策所引起。基隆的煤礦，早為外人所注意，而地方官民注意此事，亦幾達四十年之久。㊳

清法戰爭之後，由於煤礦已遭破壞，而官本有限，對於煤礦重建，採購新機器，及恢復煤炭貿易，顯然無法立即舉辦。

㊲ 參見《劉壯肅公奏議》，卷4，頁163，〈全臺生番歸化匪首就擒請獎官紳摺〉。

㊳ 參見黃嘉謨：《甲午戰前之臺灣煤務》（臺北：中央研究院近代史研究所，1961年5月），頁99-185。

因此准予張學熙承辦，因無力購進機器，僅用人力開採，數月以後，收支不能相償，稟請中止。光緒十三年（1887）初，劉銘傳商同兩江總督曾國荃及船政大臣裴蔭森各出銀二萬兩，並募集商股六萬兩，總共本銀為十二萬兩，由官商合辦，開局試採。隔年（1888）初，每日出煤一百噸，但因由礦坑至基隆港口及大陸市場的運輸困難，故無利可圖，為謀求改善，奏准動用光緒十二年（1886）的捐輸餘款銀八萬兩，收購船政及商人股份，基隆煤礦至此成為完全官辦的事業。設煤務局直隸巡撫，聘英國人瑪體遜為會辦，且由八斗煤礦到基隆港口修築一條運煤專用的鐵路，但每月仍虧損三、四千兩。同時又據瑪體遜調查報告指出，現有煤礦的煤層已竭，若另開新礦，約需銀百萬兩，劉銘傳以經費難籌，無力續辦。當時正好有淡水英署代理領事班德瑞，建議稱基隆煤礦，如交外人掌握，必能日產八百噸以上。劉銘傳認為由該商承辦，不但官本可以收回，就以三十年計算，可免漏巵百萬，而且關稅及車路運資，轉可得數十萬，利源既闢，商務更興，對於地方民生，幫助甚大。因此在光緒十五年（1889）指派代表與英商簽訂合同。劉銘傳奏呈合同，請求清廷批准，結果經戶部與總理事務衙門會商認為此約有妨民生，並指責煤礦的失敗，是劉銘傳來臺前後官方的經營不善，因此清廷不准，外商承辦之議，歸於中止。

既然不准由外商開採，劉銘傳只好節省開支，並委派候補知縣黨風岡執行煤礦業務，黨氏破除情面，極力整頓。光緒十六年（1890）正月後，礦務漸有起色，減低每月赤字至一千兩左右，但仍不能維持太久，而此時商人又稟請合股，其中幫辦全臺撫懇事務通政司副使林維源、訪招富商候選知府蔡應維、雲南候補道馮城勳等擬定：「鳩資三十萬元，與官合辦，為期二十年，……礦務一切事宜，由商經營，官不過問，將來無論贏虧，按照成本分三股勻算。」㊴開採工作則雇用洋工程師指導，劉銘傳認為妥當，獨斷裁決合辦章程，事後才具摺奏明，此舉引起內閣大學士的猜疑，以為劉銘傳採用放任政策，及允許洋人職員從事經營，顯有冒充影射的情事㊵，他們奏覆清廷，說劉銘傳奏摺方在審議中，劉銘傳竟擅自修建聯絡新礦的運煤鐵路，若干朝廷官員因此而激怒異常，對劉銘傳大施人身攻擊，清廷乃命劉銘傳速即停築新道，而免予處分，劉銘傳只好遵行。㊶

**㈡樟腦、硫磺**

光緒十二年（1886），劉銘傳上奏〈官辦樟腦硫磺並開禁出口片〉說：「查臺灣樟腦、硫磺兩項，民間私煮私售，每多械爭滋事。歸官收買出售，給照出口，就目前情形而論，每年可獲利三萬餘元。以後若能產多銷暢，經理得人，日漸推廣，以自有之財，供無窮之用，實于國計民生，兩有裨益。惟硫磺一項，雖經沈葆楨請開禁，採歸官用，尚未准商運出洋。應請

㊴ 參見《劉壯肅公奏議》，卷8，頁310-311，〈基隆煤礦仍改歸商辦片〉。

㊵ 參見《中國近代工業史第一輯》，頁603-605。

㊶ 參見《劉壯肅公奏議》，卷8，頁311-313，〈遵旨飭商退辦煤礦並籌議情形摺〉。

旨一體開禁，以暢銷路。」㊷清廷著照所請，乃於十三年（1887）設「腦務總局」於臺北，直隸巡撫，於主產樟腦的地方設分局。這和當時設立「撫墾局」相關連，凡要入山設腦寮的，需要得到「撫墾局」的同意，受其保護，其所產出的樟腦，均由「腦務局」收買，由官方售於特准的商人，以抑制包商的壟斷，腦寮在「撫墾局」管理下，課以生番防費。後因需要量的增加，因此光緒十四、五年（1888-1889）之際，樟腦的市價漲至二倍，利潤豐厚，製腦業勃興，「腦務局」也隨之增設。但外國領事及外商等，認為上述制度顯然違反同治八年（1869）樟腦條約㊸，因此要求撤廢，清廷被迫於十六年（1890）十一月廢止樟腦專賣制度。

至於硫磺，臺灣礦質甚佳，劉銘傳於光緒十三年（1887）設「礦務總局」於臺北，直隸巡撫，另設分局於北投、金包里兩地。出產硫磺六、七十萬斤，當時商賈雲集，盛極一時，硫磺和樟腦一樣，也課生番防費。

### ㈢茶、鹽、糖

光緒年間，臺灣的茶業已很發達，烏龍茶已成北部的特產，也是重要的輸出品之一。劉銘傳非常重視這一特產，對栽植及製造、輸出，大加獎勵，使集散地的大稻埕茶商組織茶郊

---

㊷ 參見《光緒朝東華續錄選輯》㈡，頁132 。

㊸ 按該條約第一條有：「外國商人照此規定，得持內地通行證入內地購買樟腦運出港口。」第五條有：「關於廢止官有樟腦專賣法，使內外商人得以自由營業，道臺有公佈之義務。」

「永和興」，矯正評量不實的惡弊，禁止混雜粗茶，並謀求茶商間的親睦，救濟貧窮的工人等，不遺餘力。當時茶的主要產地，為臺北的桃園、海山兩堡附近，不論山地平原，一律栽培茶欉。這時正在清丈土地，茶園應如何處理，實為問題，劉銘傳幾經考慮，於十三年（1887）三月出示曉諭說：「前諭茶園，免其升科，僅對茶欉一萬課租銀二元，茲改併收每擔茶厘四角。」經此整頓，從十一年（1885）起，從輸出九百萬斤，增加到一千二百萬斤。

臺灣四面環海，西部海岸較平直，多沙岸，而且晴日多，雨日少，適合用日曬法製鹽，但因以前經營不善，弊端百出，劉銘傳當巡撫時，極力整頓，於光緒十四年（1888）在臺北成立「鹽務總局」，直隸臺灣巡撫，並於臺南設「鹽務分局」，分全臺鹽務為南北兩部；北部掌於布政使，南部掌於臺灣道，其鹽場分為臺南五場（官督）及臺北兩場（官辦）兩部分。鹽局下面設鹽館，各縣總館十所，其下配以若干鹽館及子館，管理所在廳縣運賣事務。鹽務經此整頓後，欣欣向榮，但是當時因人力增加，仍不敷臺灣人民食用，所以仍須由福建漳州的長泰、南靖轉廈門進口，配於各鹽館。

砂糖更是臺灣最有名的特產，臺灣砂糖產量居全國第一位。早在光緒六年（1880），砂糖產量最高達一百零六萬擔，後因清法戰爭，糖價低落，加以暴風雨的侵害、課稅的增加，光緒十二年（1886）減至三十九萬八千擔，戰後五年間平均只有五十四萬四千擔，到了光緒十六年（1890）至二十年（1894）止，五年間平均已恢復至六十二萬六千擔，這都是因為劉銘傳獎勵栽植、選擇品種、更新蔗苗、改良設備的功勞。

## 九、教育

教育為百年大計，也是一切庶政的基礎，劉銘傳治臺期間，不僅對舊式的科舉有所整頓，且創設新式的西式學堂，為他近代化的事業作育近代化的人才。

當時臺灣的教育，除府縣儒學、書院兩種外，還有義學、社學、民學三類。儒學為地方政府的最高教育行政機構，先後設立十三處；書院為主持地方文運的機構，全臺計有三十七處，都以南部為最多，從南部、中部，再向北部發展。義學由官方設立，以教貧童；社學由一般讀書人結合設立，作為敬業樂群的地方；民學則係私人延聘教師，設帳授徒，作為應試的準備。府縣儒學和書院，屬於中等教育，義學、社學和民學，屬於初等教育。㊹

西學堂於光緒十三年（1887）三月設立，先後甄錄年輕學生二十餘人，延聘英國人布茂林為教習，學生酌給膏火，釐訂課程，並派漢教習二人於西學餘間，兼講授中國經史文字，既使中西通貫，也希望學生們通曉中國禮法，不致盡蹈外洋習氣。經過一年，劉銘傳親加考察，所習語言文字，均有成效可觀，所以擬引進以圖算、測量、製造之學，勉勵學生砥礪研習，以為日後之用。而當時臺灣興辦機器製造，煤礦鐵路，在

---

㊹ 參見《劉銘傳史話》，頁144 。

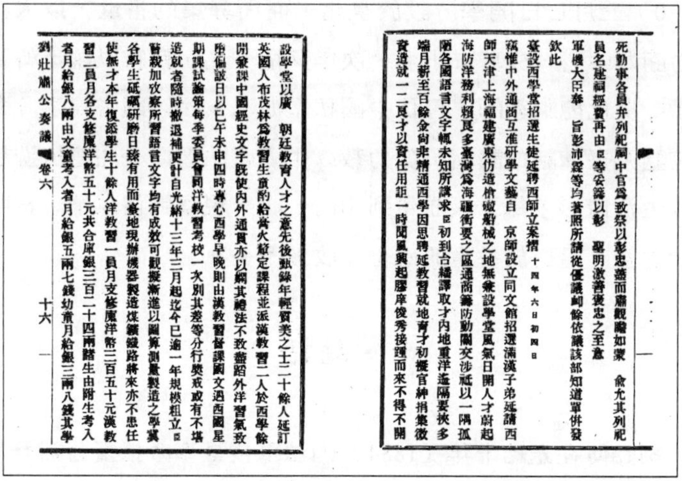

死勤事各員并列祀祠中官為致祭以彰忠藎而肅觀瞻如蒙 俞允其列祀
員名建祠經費再由臣等妥籌以彰 聖明激善褒忠之至意
軍機大臣奉 旨彭沛霖等均著照所請從優議卹餘依議該部知道單併發
欽此
臺設西學堂招選生徒延聘西師立案摺 十四年六月初四日
竊惟中外通商互准研學文藝自 京師設立同文館招選滿漢子弟延請西
師天津上海福建廣東仿造槍礮船械之地無不設學堂風氣日開人才蔚起
海防洋務利賴良多臺灣為海疆衝要之區通商籌防動關交涉祇以一隅孤
陋各國語言文字輒未知所講求臣初到台緝譯取才內地重洋遙隔要挾多
端月薪至百餘金尚非精通西學因思聘延教習就地育才初擬官紳捐集微
資造就一二良才以資任用詎一時聞風興起膠庠俊秀接踵而來不得不開
設學堂以廣 朝廷教育人才之意先後甄錄年輕質美之士二十餘人延訂
英國人布茂林為教習生童酌給膏火釐定課程並派漢教習二人於西學餘
閒兼課中國經史文字既使內外通貫亦以綱其體法不致畜蹈外洋習氣致
墮偏詖日以巳午未申四時專心西學早晚則由漢教習督課國文遇西國星
期課試論策每季委員會同洋教習考校一次別其差等分行獎戒或有不堪
造就者隨時撤退補更計自光緒十三年三月起迄今已逾一年規模粗立臣
督飭加攷察所習語言文字均有成效可觀擬漸進以圖算測量製造之學冀
各學生砥礪研磨日臻有用而臺地現辦機器製造煤礦鐵路將來亦不患任
使無才本年復添學生十餘人洋教習一員月支修廩洋幣三百五十元漢教
習二員月各支修廩洋幣五十元共合庫銀三百二十四兩諸生由附生考入
者月給銀八兩由文童考入者月給銀五兩七錢幼童月給銀三兩八錢其學
劉壯肅公奏議 卷六 十六

臺設西學堂選生徒延聘西師立案摺

在需要通西學的人才，於是光緒十四年（1888），再增收學生十餘人，洋教習一員。㊺

劉銘傳為培養電報技術人才，乃於光緒十四年（1888）設「電報學堂」於臺北大稻埕「電報總局」內，吸收西學堂的學生及福建船政學堂電信學生，希望培養成司報生及製器手，均歸巡撫直轄，這是臺灣正式設學培養專工的先河。

另外，劉銘傳對於番童的教育，也是不遺餘力，光緒十六年（1890）設「番學堂」，這是劉銘傳伴隨撫番的設施，列為經營臺灣的要項之一，並為了綏撫的手段，特別創辦的教育機關。此學堂在討伐大嵙崁地區番地的隔年，即光緒十六年

㊺ 參見《劉壯肅公奏議》，卷6，頁234-235，〈臺設西學堂選生徒延聘西師立案摺〉。

（1890）三月七日開學，設於臺北，而所募集的番童，以大嵙崁方面為中心，先募二十名，次年又招十名，教官以羅步韓為教頭，吳化龍為教師，專仿中國私塾辦法，授以讀書寫字，旁及官話及臺灣話的講習，努力教以中國禮法習慣，注意梳洗起臥等生活情形，每三天並帶到市街一次，視察風俗人情，裨收觀摩之益，這對於番童的感化，收效不少。

## 十、結語

劉銘傳在光緒十年（1884）因法軍侵臺奉命抵臺督辦臺灣軍務，至光緒十七年（1891）辭卸巡撫職務，在臺期間前後約七年。當時臺灣百廢俱興，劉銘傳練軍隊以厚兵力，築砲臺以嚴海防，設製局以造軍械，錫官爵以賞戰功，集捐輸以充經費，厚禮聘以聚異才，討生番以闢疆土，丈田園以糾隱逋，編保甲以別良莠，移窮民以墾荒土，興織造以杜漏卮，惠商賈以廣交易，築鐵路以便交通，架電線以靈消息，購船舶以增航路，立公司以結商團，開法院以平訟獄，聘西醫以療疾病，建學堂以施教育，定租界以待外使，置隘勇以密巡防，興水利以資灌溉，開礦產以集材料，鑄貨幣以便民生，革稅法以維國計，開腦廠以製樟腦，設釐局以征鴉片。上述種種措施，其目的是要舉一隅之設施，為全國之範，以一島基國之富強，把臺灣建設成為一個模範省，奠定中國近代化的基礎。

臺灣的建省，植基於沈葆楨，而完成於劉銘傳。雖然劉銘傳在清廷下令臺灣正式建省之後，曾上奏〈臺灣暫難改省摺〉，但他並非反對臺灣建省，而是顧及臺灣財政無法自立，馬上脫離閩省獨立，恐怕困難甚多，才建議以五年為期，待清賦、撫番諸事辦妥，臺地之財，足供臺地之用，才正式獨立建省。事實證明其見解完全正確，其治臺種種新政中，不論是設防、清賦、撫番、交通、實業等方面，都曾遭遇到財政的困難，而幾乎面臨停頓的危機，由此可見其識見的宏遠。

充實國防是劉銘傳治臺重要政策之一，鑒於清法戰役的教訓，首先著手軍事建設，修築砲臺，並創設「機器局」及「軍機所」，仿造西洋軍火，並擬添購兵商各種輪船，奈何財政支絀，無法舉辦，而戶部要他量入為出，逐年撙節，且朝廷重視北洋，忽略南洋，所以未能如願以償。

最有意義的是他的交通建設，臺灣人民至今仍津津樂道，因為交通與民生的關係至深且鉅。劉銘傳為第一位創議在中國大陸興造鐵路的人，臺灣鐵路的興建，也始自劉銘傳。當時他曾擬議從基隆修至臺南，先修臺北到基隆段，光緒十七年（1891）完成，臺北、新竹段於二年（1893）後完成，這是臺灣縱貫鐵路的始基。至於架設電線，是要維持臺灣與大陸的聯繫，光緒十六年（1890），先架設臺北至基隆、滬尾及臺南的陸線，以聯通全島。十四年（1888）再完成安平至澎湖，滬尾至福州的水線，以接大陸。他尚計畫興辦電話，可惜未成。同年（光緒十四年）成立「郵政總局」於臺北，比中國正式開辦郵政尚早九年。至於道路，更是積極興修，使之四通八達。

劉銘傳為立治臺百年大計，乃決定興起清賦事業，丈量田畝，清查賦課，以確立土地制度的基礎，希望能革新百政。光緒十二年（1886）開始清丈，十五年（1889）大功告成，歷時三年，使地無隱匿之糧，民無虛完之累，以立經久良規。清丈期間，因一些不肖官吏粗率貪婪，乘機勒索，因而激成民變，造成「施九緞事件」。但是綜觀全局，還是功大於過的。

安定秩序是為政的起碼條件，撫番則為當時第一要務，沈葆楨倡之在前，丁日昌繼之於後，但都未能久任其事，成效並不大。而劉銘傳的撫番政策是漢番利益兼顧，安定秩序與充裕財源並重，對內亦是對外，積極的意義尤大於消極的作用。而其撫番的策略則是恩威並用，剿撫兼施。恩撫不從，方行威剿，威剿之後，仍歸恩撫。官吏凌虐番民，漢人奪占番地，均予懲處禁止，絕不偏袒。番人劫殺居民，不聽曉諭，則出兵圍剿。同時設立番學堂，擇強大之社，飭其社長送子入學，教以言語，開其知識，頗收實效。

至於實業方面，劉銘傳可謂振興不遺餘力，諸如煤礦、樟腦、硫磺、茶、鹽、糖等。劉銘傳獎勵生產，有些不但自給有餘，且可外銷至大陸及南洋地區，一方面改善人民的生活，一方面也增加政府的收入。不過他對煤礦的處置，始終未能盡善，一下官辦，一下商辦，一下官商合辦，朝令夕改，迄無定制，而且由洋商開採，將地方原有的資源，付諸外人，且從軍事方面看來，自撤藩籬，後患無窮，以致受到革職留任處分，最後抱恨離臺。劉銘傳處理煤礦的失策，使他在臺的治績中，蒙上一些陰影，實在是美中不足的地方。

劉銘傳對於教育一向頗為重視，他除了對舊式的科舉極力整頓外，更重要的是他創設了西式學堂，這與當年平定太平天國之亂有關，因為當時他駐在上海，與常勝軍並肩作戰，深知西洋的船堅砲利，因此極思講求仿造，所以在光緒十年(1884)時就建議設局譯刻西書，引導後進，以廣人材。抵臺後，任巡撫兼理學政，革新百政，為推行近代化的事業，非創設近代化的教育不可，於是在光緒十一年（1885）起就先後創辦「西學堂」、「電報學堂」及「番學堂」。「西學堂」注重外國語文訓練，以培養翻譯人材並可翻譯西書，因此特開譯局，延訪通才，蒐求外洋實用之書，先行譯刻，發行各省。而「電報學堂」注重電信技術的講求，和現在的專科教育類似，造就臺地人材，以加速臺灣的近代化。至於「番學堂」，則為其撫番工作的要項之一，選擇各番社酋長的子弟入學，施以教育，使其日臻文明之境，將來各歸原地當酋長時，眾番能受其感化，此舉頗著成效。所以劉銘傳的新教育措施，實開臺灣近代西式教育的先河。

綜觀劉銘傳的一生，雖為白丁出身，未受良好的教育訓練，但其思想卻甚開明，富有維新進步的頭腦，所以能吸取西洋的知識，師夷之長技以制夷，因此文能經邦，武能定國；尤其在臺灣的豐功偉業，奠定臺灣的近代化，臺灣人民追思之情，至今不衰，其成就足以震鑠千古。

連雅堂（1876-1936）在《臺灣通史．劉銘傳》中評說：「臺灣三百年間，吏才不少，而能立長治之策者，厥惟兩人，曰陳參軍永華，曰劉巡撫銘傳，是皆有大勳勞於國家者也。永華以王佐之才，當艱危之局，其行事若諸葛武侯，而銘傳則管、商之流亞也。顧不獲成其志，中道以去，此則臺人之不幸，然溯其功業，足與臺灣不朽矣。」（頁615）這評論是相當中肯的。

## 參考書目

劉銘傳文集　劉銘傳著，馬昌華、翁飛點校　合肥　黃山書社　1997年7月

劉壯肅公奏議　劉銘傳著，陳澹然編　臺北　臺灣銀行經濟研究室　1958年10月　臺灣文獻叢刊第27種

劉銘傳撫臺前後檔案　劉銘傳著　臺北　臺灣銀行經濟研究室　1969年8月　臺灣文獻叢刊第276種

劉公銘傳年譜初稿　羅剛著　羅剛先生全集第11-12冊　臺北　羅范博理　1983年

劉銘傳史話　胥端甫著　臺北　臺灣商務印書館　1970年3月

劉銘傳傳　劉振魯著　臺中　臺灣省文獻委員會　1979年

劉銘傳傳：首任臺灣巡撫　姚永森著　北京　時事出版社　1985年

劉銘傳抗法保臺史　胥端甫著　臺北　臺灣商務印書館　1967年2月

劉銘傳與臺灣鐵路　陳延厚編著　臺北　臺灣鐵路管理局　1974年11月

劉銘傳與臺灣建設　蕭正勝著　臺北　嘉新水泥公司文化基金會　1974年11月

劉銘傳：臺灣現代化的推動者　王傳燾著　臺北　幼獅文化事

業公司　1990年11月
清史稿　趙爾巽纂修　臺北　鼎文書局　1981年9月
臺灣通史　連橫著　臺北　臺灣銀行經濟研究室　1962年2月　臺灣文獻叢刊第128種
臺灣文化志　（日）伊能嘉矩著，臺灣省文獻委員會譯編　臺中　臺灣省文獻委員會　1985年11月
臺灣番政志　（日）伊能嘉矩著，溫吉編譯　臺中　臺灣省文獻委員會　1957年
甲午戰前之臺灣煤務　黃嘉謨著　臺北　中央研究院近代史研究所　1961年
中法戰爭文獻彙編　楊家駱編　臺北　鼎文書局　1973年12月
十二朝東華錄（光緒朝）　朱壽朋編　臺北縣　文海出版社　1963年9月
光緒朝東華續錄選輯　朱壽朋編　臺北　臺灣銀行經濟研究室　1969年　臺灣文獻叢刊第277種
沈文肅公政書　沈葆楨著，吳元炳輯　臺北縣　文海出版社　1966年
巡臺退思錄　劉璈著　臺北　臺灣銀行經濟研究室　1957年　臺灣文獻叢刊第23種
臺灣史事概說　郭廷以著　臺北　正中書局　1990年11月
臺灣史　戚嘉林著　臺北　自立晚報社　1985年9月
發現臺灣　殷允芃等著　臺北　天下雜誌　1996年11月
劉璈與劉銘傳在臺施政之研究　郭志君著　成功大學歷史學研

究所碩士論文　1996 年　石葛壽指導

## 相關文獻


曾嘯宇　談劉銘傳
國聞週報　第 12 卷第 36 期　頁 1-5　1935 年 9 月
中國近代史論叢　第 1 輯第 5 冊　頁 198-205　臺北　正中書局　1956 年 12 月

沈雲龍　紀念劉壯肅公銘傳
現代週刊　第 1 卷第 2、3 期合刊　頁 14-16　1945 年 12 月

楊雲萍　「劉銘傳紀念館」那裏去？
臺灣文化　第 3 卷第 8 期　頁 2　1948 年 10 月

楊雲萍　關於劉銘傳的資料及其他
公論報　第 6 版　1950 年 1 月 30 日

龍　岡　劉銘傳二三逸事
臺北文物　第 3 卷第 1 期　頁 14　1954 年 5 月

耘　農　紀念劉銘傳逝世六十年
新中國評論　第 11 卷第 1 期　頁 17-20　1956 年 7 月

孫祖基　懷劉銘傳
臺灣風物　第 7 卷第 1、2 期合刊　頁 1-4　1957 年 4 月

董　廬　左宗棠與劉銘傳

暢流　第16卷第12期　　頁2-4　1958年2月

毛一波　劉銘傳的故事

臺灣風物　第9卷第1期　頁13-15　1959年7月

李仲侯　劉銘傳劉璈交惡經緯

自由報　第156-162期　第4版　1961年8月12、16、19、23、26、30日-9月2日

布　衣　劉銘傳別傳：英雄不怕出身低

暢流　第25卷第9期　頁2-3　1962年6月

耘　農　曾國藩識拔劉銘傳

中央日報　第6版　1962年6月2日

王國璠　劉銘傳

臺北文獻　第10期　1965年12月

沈雲龍　曾國藩識拔劉銘傳

中國憲政　第2卷第6期　1967年12月

吳　蕤　劉銘傳與劉璈

暢流　第40卷第8期　頁1-4　1969年12月

胥端甫　劉銘傳史話

臺北　臺灣商務印書館　1970年3月

莊　練　劉銘傳

青年戰士報　第11版　1976年6月1-16日

近代人物　第1期　頁189-226　1978年1月

唐潤鈿　劉銘傳文武兼資

中央月刊　第9卷第2期　頁113-117　1976年12月

劉振魯　　劉銘傳傳
臺中　臺灣省文獻委員會　1979年

朱傳譽主編　劉銘傳傳記資料
臺北　天一出版社　4冊　1979年

劉振魯　　劉銘傳文采風流
高雄文獻　第7期　頁19-34　1981年5月

羅　剛　　撰劉公銘傳年譜初稿
羅剛先生全集　第11-12冊　臺北　羅范博理　1983年

姚永森　　劉銘傳身世及家世諸問題考辨
社會科學戰線　1984年第3期（總第27期）　頁174-177　1984年7月

姚永森　　新發現的「劉氏宗譜」中有關劉銘傳的史料
歷史檔案　1985年第3期（總第19期）　頁101-104　1985年8月

姚永森　　劉銘傳傳——首任臺灣巡撫
北京　時事出版社　294面　1985年9月

吳　玫　　劉銘傳與林維源
臺灣研究集刊　1988年第3期（總第21期）　頁77-84　1988年8月

孫學理　　劉銘傳
國教天地　第95期　頁40-44　1992年12月

廖宗麟　　一則以訛傳訛的劉銘傳軼聞
安徽史學　1995年第2期（總第50期）　頁45-46

1995年4月

喻幾凡　試評劉璈與劉銘傳在中法戰爭臺灣保衛戰中的矛盾與是非
湘潭大學學報（哲學社會科學版）　1995年第2期（總第67期）　頁39-43　1995年4月

謝佳卿　由武職到文職而成事功的劉銘傳
史學　第21期　頁69-86　1995年6月

岡部三智雄撰，程大學譯　日人名倉信敦臺灣之行與劉銘傳
臺灣文獻　第46卷第2期　頁15-28　1995年6月

游常山　現代化大夢啟動了——劉銘傳
天下雜誌　第200期　頁50-52　1998年1月

曉　棠　尊重歷史真實擴展歷史張力——評新編歷史徽劇「劉銘傳」
中國戲劇　1998年第3期（總第490期）　頁41-42　1998年3月

葉振輝　臺灣先賢先烈專輯——劉銘傳傳
南投　臺灣省文獻委員會　225面　1998年12月

馬　騏　首任臺灣巡撫劉銘傳家族「劉氏宗譜」研究
臺灣源流　第20期　頁15-26　2000年12月

洪安全　劉銘傳與劉璈關係研究
故宮學術季刊　第19卷第1期　頁39-94轉299　2001年秋季
清代檔案與臺灣史研究學術研討會論文集　臺北　國立故宮博物院　2001年

鄧孔昭　陳編「劉壯肅公奏議」的若干問題
臺灣研究集刊　1995 年第3、4 期合刊（總第49、50 期）　頁 133-140　1995 年 11 月

尹福庭譯注　李鴻章張樹聲劉銘傳詩文選譯
成都　巴蜀書社　216 面　1997 年

金　人　劉銘傳的抗法與化番（臺灣史話）
建國月刊　第2 卷第5 期　頁 13-18　1948 年
中國近代現代史論集　第29 編　頁 1-30　臺北　臺灣商務印書館　1986 年9 月

胥端甫　劉銘傳抗法保臺史
臺北　臺灣商務印書館　1967 年2 月

周燕謀　劉銘傳抗法保臺灣
國家論壇　第4 卷第3 期　頁 16-17　1971 年3 月

盛　舉　劉銘傳戰勝法軍及守臺方略
新知識　第143 期　1979 年 12 月

李俊山　劉銘傳在臺灣的抗法鬥法
遼寧大學學報（哲學社會科學版）　1982 年第2 期（總第54 期）　頁 33-38　1982 年 3 月

社　評　鄭成功劉銘傳是名將嗎
聯合報　第7 版　1983 年 12 月 19 日

楊彥杰　劉銘傳在臺灣領導抗法鬥爭的幾個問題
近代史研究　1985 年第4 期　1985 年

施偉青　臺灣巡撫劉銘傳的自強思想評述
臺灣研究集刊　1985 年第3 期（總第9 期）　頁

17-22　1985年9月

張延中　劉銘傳參與平吳剿捻戰役之探討
臺北　文史哲出版社　240面　1986年11月

徐麗明　中法戰爭前後清廷對北臺之防務設施：劉銘傳撫臺時期為主
德育學報　第3期　頁37-45　1987年10月

陳聖士　劉銘傳與自強運動
清季自強運動研討會論文集　頁403-421　臺北　中央研究院近代史研究所　1988年6月

戚其章　劉銘傳撤基援滬與滬尾大捷述論
臺灣研究集刊　1992年第2期（總第36期）　頁53-60　1992年5月

韋慶遠　劉銘傳與中法戰爭期間的臺灣保衛戰
歷史月刊　第96期　頁32-37　1996年1月

戴　逸　抗法保臺功不可沒——在海峽兩岸紀念劉銘傳逝世一百週年學術研討會上的講話
安徽史學　1996年第2期（總第54期）　頁1-4　1996年4月

戚其章　劉銘傳抗法保臺與法國擔保政策的破產
煙臺大學學報（哲學社會科學版）　1996年第3期（總第34期）　1996年7月

蘇梅芳　劉銘傳的自強維新思想與抱負
歷史學報（成功大學）　第22期　頁129-161　1996年12月

黃振南　中法淡水之役考——兼評劉銘傳撤師基隆
不著出版項　31 面

梁義群　論劉銘傳抗法保臺最佳戰略戰術的選擇
歷史檔案　1997 年第 4 期（總第 68 期）　頁 110-116　1997 年 11 月

孔祥吉　是避敵自保還是高明戰略——劉銘傳撤守基隆新史料辨析
晚清逸聞叢考　成都　巴蜀書社　1998 年

廖宗麟　試論劉銘傳棄基保滬的戰略意義
河池師範高等專科學校學報　2000 年第 3 期　2000 年

周蔭棠　劉銘傳之經營臺灣
遺族校刊　第 2 卷第 4、5 期合刊　1935 年 6 月

楊雲萍　紀念劉銘傳
公論報　第 2 版　1948 年 8 月 1 日

郭廷以　劉銘傳與臺灣
中央日報　第 2 版　1949 年 4 月 10-12 日

居思宜　劉銘傳與臺灣建設
反攻　第 27 期　頁 19-20　1950 年 12 月

郭　垣　劉銘傳和臺灣
新社會　第 3 卷第 12 期　1951 年 12 月

羅　剛　不要忘記劉銘傳
中央日報　第 4 版　1952 年 6 月 26-27 日

郭廷以　甲午戰前的臺灣經營——沈葆楨丁日昌與劉銘傳

大陸雜誌　第5卷第9-11期　頁1-4、16-19、21-24　1952年11月-12月
羅　剛　保健臺灣的政治家劉銘傳
暢流　第6卷第11期　1953年1月
陳漢光　劉銘傳的電燈
中央日報　第6版　1956年3月16日
馮　用　劉銘傳撫臺檔案整理輯錄
臺灣文獻　第7卷3、4期合刊　頁89-124　1956年12月
臺灣文獻　第8卷第1期　頁33-90　1957年3月
陳世慶　劉銘傳在臺治績
臺北文物　第8卷第3期　頁53-59　1959年10月
馮　用　劉銘傳撫臺檔案展覽說帖
臺灣省博物館科學年刊　第2期　頁101-106　1959年12月
臺北文物　第9卷第1期　頁81-89　1960年3月
南　湖　劉銘傳與臺灣
中央日報　第7版　1961年9月22日
朱昌峻　劉銘傳與臺灣近代化
臺北文獻　第6期　頁1-14　1963年12月
臺灣省文獻會　劉銘傳與其功業
中華日報　第8版　1964年2月2日
余又蓀　劉銘傳首先建臺
中華日報　第11版　1965年3月29日

吳昭義　劉銘傳治臺
臺中　東海大學歷史學系學士論文　52面　1965年　呂士朋指導

盧嘉興　建設臺灣的劉銘傳
古今談　第10期　頁18-24　1965年12月
自立晚報　1966年1月10日-13日

金成前　劉銘傳對臺灣建設及國防籌劃
臺灣文獻　第18卷第3期　頁81-91　1967年9月

婁子匡　俗文學——話說人物：革新臺灣的劉銘傳
大華晚報　第5版　1967年　10月27日

蕭正勝　劉銘傳與臺灣建設
臺北　中國文化學院政治學研究所碩士論文　90面　1970年
臺北　嘉新水泥公司文化基金會　105面　1974年11月

林震旦　劉銘傳與臺灣近代化
藝文誌　第78期　頁34-40　1972年3月

蕭正勝　劉銘傳與臺灣建設
（上）臺灣文獻　第3期　頁97-121　1973年9月
（下）臺灣文獻　第4期　頁92-111　1973年12月

張炎憲　臺灣建省與劉銘傳治臺
中華文化復興月刊　第8卷第12期（總第93期）頁51-59　1975年12月

中國近代現代史論集　第29編　頁251-276　臺北　臺灣商務印書館　1986年9月

倚　翁　　劉銘傳巡撫臺灣
大華晚報　第11版　1977年5月21日

魯曉明　　劉銘傳與臺灣開發建設
反攻月刊　第418期　頁12-18　1977年12月

陳美雀　　沈葆楨和劉銘傳對臺灣的貢獻
高雄　慶芳出版社　88面　1977年

林朵兒　　劉銘傳的治臺勳業
中央日報　第11版　1978年12月19日

沈雲龍　　劉銘傳建設臺灣：設防練兵勵精圖治
中國時報　第12版　1979年2月9日

許雪姬　　劉銘傳對臺灣的貢獻
明道文藝　第35期　頁17-22　1979年2月

陸　方　　試論劉銘傳
吉林師大學報（社會科學版）　1979年第1期（總第61期）　頁59-66　1979年

黃富三　　劉銘傳與臺灣的近代化
臺灣史論叢　第1輯　頁273-279　臺北　眾文圖書公司　1980年4月

蘇　征　　評劉銘傳在臺灣的活動
南京大學學報（哲學社會科學版）　1980年第2期　頁54-63　1980年5月

陳　民　　劉銘傳與臺灣

歷史教學　1982 年第 8 期（總第 224 期）　頁 23-25　1982 年 8 月

王大龍、陳君聰　劉銘傳巡撫任內的臺灣新式教育
許昌師專學報（社會科學版）　1982 年第 2 期（總第 2 期）　頁 80-81　1982 年 10 月

羅愛鼎　劉銘傳與臺灣
臺肥月刊　第 24 卷第 3 期　頁 53-59　1983 年 3 月

姚永森、金保華　劉銘傳與近代臺灣人才的開發
江淮論壇　1983 年第 5 期　頁 18-19　1983 年 10 月

姚永森、陳萬鈞　論近代臺灣資本主義開發的先驅者劉銘傳
福建論壇（文史哲版）　1984 年第 5 期（總第 22 期）　頁 65-70　1984 年 10 月

許雪姬　二劉之爭與晚清臺灣政局
中央研究院近代史研究所集刊　第 14 期　頁 127-161　1985 年 6 月

姚永森　試論劉銘傳的禦侮和商戰思想
臺灣研究集刊　1985 年第 3 期（總第 9 期）　頁 9-16　1985 年 9 月

吳　玫　劉銘傳在臺灣建省後的財政措施
臺灣研究集刊　1985 年第 3 期（總第 9 期）　頁 23-28　1985 年 9 月

沈雲龍　臺灣建省一百年：兼紀念首任臺灣巡撫劉銘傳逝世九十年
傳記文學　第 47 卷第 4 期　頁 10-13　1985 年 10 月

陳國強　劉銘傳與高山族
臺灣研究集刊　1986年第4期（總第14期）　頁69-77　1987年2月

李　冊　甲午戰前的臺灣經營：沈葆楨丁日昌與劉銘傳
史聯雜誌　第14期　頁37-49　1989年6月

吳密察　劉銘傳與臺灣
國文天地　第5卷第11期　頁56-58　1990年4月

鄧孔昭　憂患意識與臺灣近代化——兼論沈葆楨丁日昌劉銘傳等人對臺灣的經營
臺灣研究集刊　1990年第2、3期合刊（總第28、29期）　頁108-116　1990年6月

王傳燾　劉銘傳：臺灣現代化的推動者
臺北　幼獅文化事業公司　1990年11月

章兆雷　劉銘傳撫臺政策與內地化導向（1884-1891）
臺南師院學生學刊　第13期　頁225-234　1991年12月

程如峰　劉銘傳與虢季子白盤
歷史月刊　第55期　頁72-76　1992年8月

陳俐甫　劉銘傳治臺思想之研究
政治學刊　第3期　頁107-127　1994年

翁　飛　甲午年劉銘傳屢召不出原因辨析——謹以此文紀念劉銘傳逝世100週年
安徽史學　1995年第4期（總第52期）　頁39-44　1995年10月

郭志君　劉璈與劉銘傳在台施政研究
臺南　成功大學歷史學研究所碩士論文　149 面　1996 年　石萬壽指導

呂實強　綜論劉銘傳的歷史功績
歷史月刊　第96期　頁26-31　1996年1月

莊吉發　從故宮檔案論劉銘傳在臺灣的建樹
歷史月刊　第96期　頁38-43　1996年1月

馬　波　劉銘傳與近代臺灣農業
歷史月刊　第96期　頁44-48　1996年1月

李友林　劉銘傳與臺灣防務
臺灣研究　1996 年第1期（總第33期）　頁74-79　1996年3月

心　蘋　重踏先祖走過的痕跡——劉銘傳後裔劉學馥來臺尋根
海外學人　第286期　頁71　1996年11月

朱劍雲　追尋百年前的劉銘傳
交流　第30期　頁56-58　1996年11月

池子華　攻捻戰爭中的劉銘傳
蘇州大學學報（哲學社會科學版）　1997年第2期（總第99期）　頁108-113　1997年4月

周　青、張文彥　是論劉銘傳的理「番」政策
臺灣研究文集　頁240-255　1988年6月　臺北　時事出版社

陳美蓉　臺灣近代化的推手——首任巡撫劉銘傳

臺北畫刊　第394期　頁18　2000年11月

林秀玲　高中教材關於劉銘傳與後藤新平對臺灣現代化影響之探討

歷史教育　第7期　頁41-69　2000年12月

陳　婷、楊春雨　劉銘傳與臺灣防務

軍事歷史研究　2001年第2期　2001年

林熊祥　臺灣建省與劉銘傳

臺灣文化論集　頁143-169　臺北　中華文化出版事業委員會　1954年8月

劉佐人　劉銘傳：臺灣省的創置者

中美月刊　第4卷第1期　頁10-11　1959年1月

張炎憲　臺灣建省與劉銘傳治臺

中華文化復興月刊　第8卷第12期　1975年12月

林宗霖　臺灣首任巡撫劉銘傳

勵進　第389期　頁47-51　1978年7月

姚永森　首任臺灣巡撫劉銘傳

文物天地　1984年第1期　頁11-13　1984年1月

程如峰　第一任臺灣巡撫劉銘傳

人物　1984年第3期　頁89-92　1984年5月

姚永森　論首任臺灣巡撫劉銘傳

臺灣研究集刊　1984年第4期（總第6期）　頁74-84　1984年12月

姚永森　劉銘傳傳：首任臺灣巡撫

北京　時事出版社　1985年

晏　星　　劉銘傳首任臺灣巡撫——臺灣建省百年話題
聯合報　第12版　1985年9月4日

鍾康模　　臺灣首任巡撫劉銘傳
文史知識　1987年第2期（總第68期）　頁104-108　1987年2月

陳碧笙　　從臺灣建省背景看劉銘傳改革的成敗
臺灣研究集刊　1987年第1期（總第15期）　頁54-58　1987年3月

小　荔　　首任臺灣巡撫：劉銘傳
歷史月刊　第88期　頁70-73　1995年5月

王立民　　首任臺灣巡撫：劉銘傳
國防雜誌　第11卷第6期　頁97-105　1995年12月

黃秀政、黃文德　首任臺灣巡撫劉銘傳去職研究
臺灣文獻　第49卷第4期　頁9-24　1998年12月

徐萬民、周兆利　劉銘傳與臺灣建省
福州　福建人民出版社　256面　2000年8月

吳　蕤　　劉銘傳與臺灣交通
新時代　第4卷第5期　頁33-36　1964年5月

貞　文　　劉銘傳創建臺灣鐵路
暢流　第31卷第8期　頁4-6　1965年6月

黃豐騰　　劉銘傳在臺灣的鐵路建設
史學會刊（東海）　第2期　頁19-24　1972年6月

楊越凱　　劉銘傳與臺灣鐵路
臺灣文獻　第25卷第3期　頁104-106　1974年9月
陳延厚編撰　劉銘傳與臺灣鐵路
臺北　臺灣鐵路管理局　1974年11月
刁抱石　　臺灣鐵路的創建者：劉銘傳
（上）暢流　第70卷第4期　頁10-12　1984年10月
（下）暢流　第70卷第5期　頁19-21　1984年10月
林松青　　板橋劉銘傳已設站
聯合報　第17版　1997年10月23日
蔡宜儒　　劉銘傳時代並無板橋站
聯合報　第17版　1997年11月14日
蘇梅芳　　李鴻章、劉銘傳與鐵路自強方案
歷史學報（成功大學）　第23期　頁377-434　1997年12月
楊逸農　　劉銘傳與臺灣茶葉
公論報　第3版　1948年12月5日
高玉珍　　劉銘傳在臺灣治績中撫番與清賦兩事的探討
史學學刊　第11期　頁29-36　1974年2月
張舜華　　劉銘傳與臺灣煤礦：由幾篇奏摺見其梗概
臺灣人文　第3期　頁39-49　1978年4月
蕭美惠　　劉銘傳對臺的清賦建設

史薈　第8期　頁49-59　1978年5月

黃國照　劉銘傳經營臺灣煤務失敗之原因

史苑　第34期　頁94-100　1981年6月

蘇坤輝　劉銘傳的財政改革與中外交涉：以改革稅釐及官辦樟腦專賣為例

史聯雜誌　第3期　頁87-91　1983年6月

何平立、戴鞍鋼　論劉銘傳與基隆煤礦交外商承辦之設想

臺灣研究集刊　1987年第3期（總第17期）　頁74-78轉52　1987年9月

潘晉明　劉銘傳重商評議

福建論壇（文史哲版）　1988年第3期（總第46期）　頁43-46　1988年6月

黃天祝　略論劉銘傳在臺灣實行的丈田清賦

中國社會經濟史研究　1989年第2期　頁105-107轉104　1989年5月

張海泉、王少久　劉銘傳與臺灣煤礦

福建論壇（文史哲版）　1994年第2期（總第81期）　頁64-69　1994年4月

李友林　試論劉銘傳的重商思想及其實踐

臺灣研究　1997年第4期（總第40期）　頁72-77　1997年12月

孫海泉　從「英商承辦基隆煤礦訂擬合同摺」看劉銘傳的利用外資思想

徐州師範大學學報（哲學社會科學版）　1998年

第1期（總第93期） 頁68-71 1998年3月

鍾祥財 鄭成功藍鼎元劉銘傳關於發展臺灣農業經濟的思想
中國農史 2000年第2期（總第73期） 頁50-54 轉110 2000年5月

劉影虹 試析劉銘傳重商主義在臺灣的實施
南方經濟 2001年第7期 2001年

廖樹柔 劉銘傳與臺灣電信
青年戰士報 第8版 1970年12月19日

曹德松 劉銘傳創辦臺灣郵政組織
今日郵政 第263期 頁5 1979年11月

君 宏 最早的臺灣驛站封：劉銘傳治臺的現代化郵政
郵史研究 第5期 頁3-6 1993年8月

蔡英清 臺灣早期郵政（中前）：劉銘傳現代化郵政（1888-1895）
郵史研究 第6期 頁26-32 1994年3月

蔡英清 臺灣早期郵政（中後）：劉銘傳現代化郵政（1888-1895）
郵史研究 第9期 頁20-24 1995年8月

何輝慶 劉銘傳開辦臺灣郵政111週年紀念——光緒十四年的臺灣郵票驛站封
中華郵聯會刊 第3期 頁106-114 1999年6月

羅 剛 劉銘傳對臺北市區的建設和繁榮
暢流 第21卷第3期 頁2-4 1960年3月
暢流 第21卷第8期 頁7-9 1960年6月

中國文選　第8期　頁105-120　1967年12月
中外雜誌　第7卷第6期　頁38-44　1970年6月
廖豐卿　　劉銘傳與雞籠港
中華日報　第8版　1961年4月24日
林麗容　　劉銘傳對臺北的建設
史化　第2期　頁59-65　1970年11月
林衡道　　沈葆楨劉銘傳及澎湖群島的古蹟
新萬象　第27期　頁77-80　1978年5月
社　評　　北市最早都市計畫起自清代劉銘傳
聯合報　第7版　1986年12月11日
社　評　　劉銘傳的歷史評價
中時晚報　1995年11月12日
研究組　　劉銘傳與臺灣研究論文目錄（初編）
史聯雜誌　第17期　頁147-152　1990年9月
王超群　　重新認識劉銘傳九月辦特展
中國時報　第20版　2002年6月12日
侯　永、韓酉山、楊多良　海峽兩岸紀念劉銘傳逝世一百週年學術研討會致辭
安徽史學　1996年第1期（總第53期）　頁33-37　1996年1月
方　英　　海峽兩岸紀念劉銘傳逝世一百週年學術研討會綜述
學術界　1996年第1期（總第56期）　頁91-96　1996年2月
翁　飛、方　英　海峽兩岸紀念劉銘傳逝世一百週年學術研討

會綜述

歷史研究　1996年第2期（總第240期）　頁175-181　1996年4月

史　涅　劉銘傳研究的里程碑——海峽兩岸紀念劉銘傳逝世一百週年學術研討會述評

安徽史學　1996年第2期（總第54期）　頁86-87　1996年4月

林熊祥主編　文獻專刊——劉銘傳特輯（第4卷第1、2期合刊）

臺北　臺灣省文獻委員會　136面　1953年8月

1. 黃純青　卷頭言　頁1
2. 清國史館員　劉銘傳本傳　頁2-4
3. 胥端甫　劉銘傳年譜　頁5-15
4. 林獻堂、施家本　追懷劉壯肅　頁16
5. 李騰嶽　（劉銘傳在臺灣）建省始末　頁17-29
6. 梁啟超　遊臺灣追懷劉壯肅　頁30
7. 郭海鳴　（劉銘傳在臺灣）清賦　頁31-48
8. 林衡立　（劉銘傳在臺灣）撫墾　頁49-72
9. 陳世慶　（劉銘傳在臺灣）交通建設　頁73-88
10. 賀嗣章　（劉銘傳在臺灣）產業開發及教育設施　頁89-96
11. 廖漢臣　（劉銘傳在臺灣）籌防　頁97-106
12. 陳漢光　（劉銘傳在臺灣）平法戰紀　頁107-120

13. 楊雲萍　劉壯肅公奏議補遺　頁121-124

14. 毛一波　劉銘傳之詩　頁125-131

15. 鷺　生　摭談——劉銘傳之生平及其疾病等等　頁132-135

16. 心　禪、心　印　劉銘傳的門生——陳廷植先生訪問記　頁135-136

臺灣史蹟源流研究會六十七年會友年會編　劉銘傳專刊
臺北　臺灣史蹟源流會　252面　1978年12月

1. 清國史館員　清史劉銘傳本傳　頁1-6

2. 連　橫　臺灣通史劉銘傳列傳　頁7-12

3. 胥端甫　劉銘傳年譜　頁13-36

4. 王國璠　劉銘傳的家世及其生平　頁37-80

5. 陳漢光　劉銘傳平法戰記　頁81-112

6. 賀嗣章　劉銘傳在臺灣的產業開發及教育設施　頁113-130

7. 陳世慶　劉銘傳在臺灣的交通建設　頁131-164

8. 林衡立　劉銘傳在臺灣的撫番與墾土　頁165-214

9. 劉銘傳著、王國璠點註　大潛山房詩鈔　頁215-252

蕭克非、仲　沖、徐則浩　劉銘傳在臺灣
上海　上海社會科學院出版社　288面　1987年4月

1. 劉銘傳指揮的反法侵略臺灣保衛戰　頁1-27

2. 施宣圓、吳樹揚　論基隆、滬尾之役對中法戰爭的影響　頁28-39
3. 程如峰　從抗法保臺戰看劉銘傳的戰略技術　頁40-46
4. 楊彥杰　清政府與臺灣建省　頁47-62
5. 陳錫銀　劉銘傳與臺灣建省　頁63-70
6. 潘君祥　論劉銘傳的經濟思想和實踐　頁71-85
7. 戴鞍鋼、何平立　劉銘傳與臺灣的經濟建設　頁86-99
8. 湯奇學　劉銘傳開發臺灣的一大矛盾與一大失著　頁100-108
9. 吳　玫　劉銘傳在臺灣建省後的財政措施　頁109-120
10. 姚永森　試論劉銘傳的「禦侮」和「商戰」思想　頁121-134
11. 袁首樂　試論劉銘傳的「商戰」思想即其成因　頁135-143
12. 施偉青　劉銘傳自強思想述評　頁144-154
13. 戴　健　劉銘傳辦洋務的師承關係　頁155-162
14. 周　青、張文彥　試論劉銘傳的「理番」政策　頁163-177
15. 馬　騏　「示威懷德」、「一視同仁」—略論劉銘傳在臺灣的「撫番」　頁178-190
16. 陸　方　試論劉銘傳　頁191-204

17. 蘇　征　劉銘傳在臺灣　頁205-224
18. 林其泉　評劉銘傳在臺灣的改革　頁225-240
19. 史　式　從基隆煤礦看劉銘傳的改革　頁241-245
20. 鄧孔昭　關於邵友濂「盡廢劉銘傳新政」的分析　頁246-255
21. 翁　飛　一九四九年以來大陸劉銘傳研究綜述　頁256-269
22. 附錄
    田　聿　劉銘傳年表　頁270-280
    如　峰、錫　銀、經　建　劉銘傳家鄉、家庭簡況　頁281-283
    翁　飛　劉銘傳首任巡撫一百周年學術研討會概述　頁284-286
    天　浦　臺灣史學界對劉銘傳的研究　頁287-288

海峽兩岸紀念劉銘傳逝世一百周年學術研討會組織委員會、學術委員會編　海峽兩岸紀念劉銘傳逝世一百周年論文集

合肥　黃山書社　526面　1998年5月

1. 戴　逸　抗法保臺，功不可沒——在海峽兩岸紀念劉銘傳逝世一百周年學術研討會上的講話　頁8-16
2. 戚其章　劉銘傳抗法保臺與法國「擔保政策」

的破產　頁 17-30
3. 張振鵾　劉銘傳臺灣抗法鬥爭散論　頁 31-40
4. 梁義群　論劉銘傳抗法保臺最佳戰略技術的選擇——兼與幾個觀點商榷　頁 41-52
5. 劉子明　劉銘傳抗法保臺戰略思想述論　頁 53-60
6. 黃振南　關於淡水之役的幾個問題　頁 61-84
7. 茅家琦　陳永華、劉銘傳與臺灣社會發展　頁 85-91
8. 陳斯劫　劉銘傳先生與臺灣　頁92-97
9. 林其泉、葉　濤　十九世紀末臺灣洋務運動——評劉銘傳與臺灣的改革開放　頁 98-109
10. 陸　方　劉銘傳與全臺商務總局　頁110-120
11. 陳延厚　劉銘傳先生與臺灣鐵路的初期建築　頁 121-126
附：劉銘傳興建臺灣鐵路的三任督辦　頁 127-138
12. 高鴻志　淮系與臺灣鐵路、電報的創建　頁 139-150
13. 歐陽躍峰　劉銘傳撫臺施政方案評議　頁 151-170
14. 張　纓　劉銘傳與臺灣近代化模式　頁 171-182
15. 李復中　誰才是臺灣近代化的奠基者——有關劉銘傳與後藤新平的初淺探索　頁

183-187

16. 莊吉發　從故宮檔案論劉銘傳在臺灣的建樹　頁188-198

17. 姚永森　清代臺灣建省略論　頁199-217

18. 沈　寂　清代的地方編制暨臺灣的建省與割讓　頁218-233

19. 馬　騏　論劉銘傳自臺灣去職的原因　頁234-246

20. 翁　飛　甲午年劉銘傳「屢召不出」原因辨析　頁247-268

21. 王家儉　劉銘傳與淮軍關係析論　頁269-284

22. 賈熟村　劉銘傳與李鴻章的特殊關係　頁285-299

23. 湯奇學　李鴻章與劉銘傳之交誼　頁300-311

24. 池子華　攻捻戰爭中的劉銘傳　頁312-326

25. 李恩涵　中法戰爭期間湘軍與淮軍之間的合作與衝突　頁327-341

26. 董從林　湘淮派系之爭中的劉銘傳　頁342-356

27. 王澧華　劉銘傳與湘系集團的意氣利益之爭　頁357-364

28. 謝俊美　翁同龢與劉銘傳的交往　頁365-376

29. 朱育禮　翁(同龢)劉(銘傳)交惡說質疑　頁377-391

30. 鄧孔昭　陳(澹然)編劉壯肅公奏議的若干問題

頁 392-406

31. 何錫蓉　劉銘傳與傳統文化　頁407-418

32. 戴鞍鋼　東亞風雲與劉銘傳的時局觀　頁 419-428

33. 沈　葵　19 世紀末期皖臺經濟近代化比較　頁 429-441

34. 朱劍雲　從劉銘傳治臺談海峽兩岸未來發展　頁 442-447

35. 呂實強　綜論劉銘傳的歷史功績　頁448-458

# 唐景崧在臺灣

奚敏芳 *

## 一、前言

從甲午年（光緒二十年，西元1894年）至今，已經屆滿整整一個世紀，在這期間，臺灣內憂外患，可說處於多事之秋，回顧這壹百年臺灣的歷史，血淚心酸，悲憤自強，正是一部謀求自衛自主、屢挫不屈、可歌可泣的臺灣奮鬥史。回溯一世紀前，正值滿清末季，亞洲第一個共和國——臺灣民主國，在中日馬關條約訂立的同一年（光緒二十一年，西元1895年）向全世界宣告成立，步上了國際的舞臺。當時的中國，遭受列強侵凌，日本因見清廷懦弱可欺，窺伺覬覦的行動尤其緊迫，挑釁進逼，毫不放鬆。甲午之役，清廷戰敗，在日人威嚇之下，不得已簽訂了喪權辱國的馬關條約，其中一項竟是允許割讓臺、澎。消息傳來，臺、澎人民莫不義憤填膺，誓不帝秦。然而經過一再多方奔走，挽救終歸無效，割讓已經成為定局。於是臺灣人民在失望之餘，為了抗日自保、並謀求循公法途徑

* 奚敏芳，國立僑生大學先修班共同科副教授。

唐景崧像

獲得國際支援，乃決定宣佈獨立，正式成立臺灣民主國，一方面對外布告周知，央請國際友邦的承認支持；另方面則對內積極籌畫民主國之政制與官署。而臺灣民主國的第一任總統，即是當時擔任臺灣巡撫的唐景崧。

在此一風起雲湧、政局掀變的時刻，臺灣在亞洲首先建立了民主國，這是中國政制史上前所未有的巨大變化；而唐景崧在中國危難割臺之時身為臺灣巡撫，遭逢此一風雲際會，擔任了第一任臺灣民主國總統，實在可說是書生千古未有的奇遇。後來臺灣民主國雖然因為天時未成熟、人謀不能配合，加以日本勢在必得攻勢凌厲等等諸多因素，因此民主國成立不久旋即告終，唐景崧也僅僅當了十餘天民主國總統。然而這段歷史的意義，把臺灣推向了國際舞臺，突顯了臺灣地理位置在戰略、外交、經濟上各方面的特殊性與重要性。而且成立臺灣民主國之史事，是臺灣近代史上重要的大事，影響所及的層面，一直到今天仍然未嘗稍歇，這一點是所有關心臺灣的人士所不可不深入研究瞭解的。

唐景崧在滿清朝廷外侮紛沓、割讓臺、澎之際，正值擔任清廷最後一任臺灣巡撫；又在全臺官民擁戴殷切寄望下就任臺灣民主國第一任總統，在臺灣政治制度的變局中擔任元首；其後民主國失敗，日本佔領臺、澎，統治達五十年；而在中國大陸上，滿清朝廷覆亡，中華民國締造建立。綜觀這一百年的臺灣近代史，百年前的唐景崧，正處在中國與臺灣、皇朝與民主的急遽微妙的世局巨變之間，唐景崧當時的進退出處、舉措施為、優劣得失種種，都對臺灣當時以及後來有重要的影響，姑且不論其人表現是否盡如人意，就唐景崧在臺灣近代史上所處的位置與角色而言，都無可置疑地具有其歷史發展的意義，值得我們研究與探討。

唐景崧（?-1902），字維卿，號薇卿，又號南注、請纓客，廣西灌陽人。清朝同治四年（1865）進士，曾經擔任翰林院編修、吏部主事等官。唐景崧與臺灣的淵源，是從光緒十三年（1887）任職臺灣兵備道開始，當時兵備道府署在臺南，他主要的活動重心在臺南；後來在光緒十七年（1891）升遷為臺灣布政使的職務，從此移駐至臺北；接著又於光緒二十年（1894）受命擔任臺灣巡撫，一直到光緒二十一年（1895）中日訂立馬關條約，臺灣成為「朝廷棄地」之後，不得已成立了臺灣民主國，唐景崧被全臺紳民一致公推擁立為第一任總統。但旋即在同一年棄離職守，悄悄潛離臺灣，民主國也就此潰散不振，終告失敗。總計唐景崧前後在臺一共任職九年。

臺灣島孤懸海外，唐景崧身為治臺要員，獨當一面，臺民對他敬謹奉命，馬首是瞻，在危急存亡之秋，尤其寄予殷切深厚的期望，故而其人的才識、人品、作為，對臺灣的發展與人民的福祉，都具有相當的影響，也是研究臺灣近代史，所必須瞭解的一環。綜計唐景崧與臺灣有關之事蹟，大抵有以下數端。

## 二、赴越勸撫劉永福，因功封為臺灣兵備道

清朝末年，列強大舉攘奪我國邊疆藩屬，法國人則圖謀吞併越南，先是以武力佔領越南廣南、西貢、南圻等重鎮，光緒六年（1880）又奪占紅河流域，不承認我國對越南的宗主權。光緒八年（1882）再佔領河內，清廷於是出兵救援越南，命令兵部尚書彭玉麟督師兩廣，並下令滇、桂進軍越南與法國人周旋。那時候太平軍的餘黨劉永福率領了一批敗逃殘餘部隊，逃到廣西、貴州，又闖入了越南境內，他所領導的軍隊都以黑旗作為旗幟，號稱黑旗軍。黑旗軍行蹤出沒不定，越南官府也無法掌握壓制。當時法國人在越南境內橫行侮慢，越南朝廷危殆不安，君臣束手無策，只有拱手聽命。後來越王下詔招徠劉永福，諭令其與法人作戰，劉永福於是率領黑旗軍與法國人對抗於河內一帶，曾經埋伏誘斬法國將領安鄴，殲滅其部隊，雙方交戰往返，互有勝負，越王深為賞識，授官劉永福為三宣副提督，管轄宣光、興化、山西三省，設置官府坐鎮於保勝。

唐景崧得悉越南戰事，深以劉永福為義士，上書朝廷，毛遂自薦請求遊說劉永福歸順國朝，將之收編為清廷軍隊。滿清於是授命唐景崧遠赴越南招撫黑旗軍。唐景崧抵達保勝之後，面見劉永福，對劉永福提出三個計策：

據保勝十州，傳檄而定諸省，請命中國，假以名號，事成則王，此上策也；次則提全師集河內，中國必助之餉；若坐守保勝，事敗而投中國，策之下也。①

所提的三策，上策是以保勝十州做為根據地，平定越南之後自立稱王。中策則是將部隊屯駐在河內，中國給予餉助，黑旗軍配合中國的調度。下策是固守保勝地區，若是戰事失敗再投靠中國。劉永福聽了之後，決定說：「微力不足當上策，中策勉為之。」在恩義厚道的考量上，他曾經蒙受越王的封賞，領取越南的餉祿，所以不願叛變滅越，取而代之；在國家鄉土的情感上，他則深願與中國互相輔助呼應，因此考慮之後採行了中策。滿清朝廷因而下旨犒賞慰勞黑旗軍十萬金。劉永福獲得朝廷的接濟，光緒九年（1883）二次進攻河內，游擊作戰於懷德紙橋，大勝法軍，斬斃法國將領李威利，一時名震越南，法國人對他深感棘手，越王亦大喜，封劉永福為一等男。

那個時候，越南境內大小戰事頻傳，局面混亂，而黑旗、滇、桂各軍之間也頗有嫌隙，唐景崧穿梭協調於各軍將領之間，力求穩定全局。不久張之洞調派募勇入關，編立為四營軍隊，號為「景字軍」，唐景崧率領軍隊取道牧馬，馳行一千二百里，經歷瘴癘險阻，多次與法人交戰，數挫敵鋒，於是進屯三江口，迫近宣光之地。唐景崧觀察整個越南的局勢，上書建議清廷，曰：

---

① 引見《清史稿》（臺北：鼎文書局，1981年），卷463，頁12733，〈列傳二百五十〉。

> 越南半載之內，三易國王，欲靖亂源，莫如遣師直入順化，扶翼其君，以定人心。若不為藩服計，不妨直取為我有，免歸法奪，否則首鼠兩端，未有不敗者也。

他提出平定越南的兩個看法，供清廷參考，一是以強大的軍隊扶翼越南國君，安定人心；二是直接收取越南做為我國領土，免得被法國所奪占。中國當時考慮，一則實力不足，二因日本趁隙侵擾朝鮮，為患遠較法國為大，又加上臺灣遭法國封鎖，援斷餉絕，岌岌不保，所以，清廷並不主張與法國決裂。最後在光緒十一年（1885）由李鴻章與法國訂立天津合約，中國答應撤兵，並且不過問法國與越南的條約，隨後朝廷下詔停戰，各軍接獲詔命，不久即罷戰入關。

唐景崧在越南期間，屢次獻策並激勵劉永福，勸劉內附中國，而劉永福實則也頗思建功贖過，因而大多配合呼應朝廷調度。之後劉返還京師，朝廷溫旨嘉慰，並且任命劉永福擔任南澳鎮總兵。唐景崧也因為勸撫協調作戰有功，授予臺灣兵備道官職，這是唐景崧請纓立功，擔任臺灣官職的緣起。

特別值得一提的是，劉永福歸服任官清廷後，也在光緒二十年（1894）日本屢次藉口尋釁生事時，奉朝廷命令率所部軍隊協助幫辦臺灣軍務，其軍隊部署駐守於臺南。劉永福與唐景崧先是結識於越南，然後都奉命南來鎮守臺灣，擔任軍政要務，臺灣成立民主國之後，劉永福也膺任大將軍，深獲全體臺民愛戴與倚重②，並且在唐景崧潛離臺灣，北部失陷後，義無反顧地繼續率領全臺軍民並肩抗日，苦戰四個多月，直到餉竭援絕力盡才止。唐景崧、劉永福二人前後都來到臺灣，在臺灣民主國成立期間，都擔任重要的領導地位。民主國後來雖然終歸失敗，但唐、劉兩人在臺灣任職期間的作為，唐擅於文事，劉擅於武功，都具有舉足輕重的影響。

## 三、主持斐亭吟會、牡丹詩社，倡導文藝風雅有功

唐景崧喜好文學，光緒十三年（1887）就任臺灣兵備道職務之後，時常在公暇之餘舉行文酒之會，邀集臺省名流、僚屬、文友，齊聚一堂吟詩作對。又敦聘進士施士洁主講海東書院，並且特別優容禮遇學者文士。任職期間，對於詩歌聯語等藝文之提倡，頗有扢揚倡勖的貢獻。當時，在臺南兵備道府署之中，庭園廣闊，景致佳勝，其中澄臺、斐亭的景觀尤其名聞遐邇。澄臺的位置居高臨下，東面遙望群山，西面濱臨巨海，風景極為壯闊，「澄臺觀海」是昔時有名的臺南八景之一。另外，斐亭位置在澄臺的右方，四周種植了茂密的竹林，每當清晨或月夜，和風徐徐，竹林輕曳，窸窣之聲陣陣傳來，隱約有致，時人稱為「斐亭聽濤」，也是有名的臺南八景之一。唐景崧到任之後，將府署整修煥然一新，繕葺完畢之後，親自撰作

② 臺北失陷後，劉永福率領臺灣人民抗日，極得民心愛戴，林鶴年《東海集》有〈贈劉淵亭副帥守臺南〉律詩，內容是：「五百田橫氣尚雄，曾聞孤島盛褒忠，誓心天地中原淚，唾手燕雲再造功，不信黃金能應讖，誰敢赤崁擅和戎，兵銷甲洗天河夜，隻手瀾回力障東。」讀此詩可以見出當時劉永福受仰望與倚重之一斑。

一副斐亭楹聯，對聯的內容是：

鐵馬金戈，萬里歸來真臘棹；

錦袍紅燭，千秋高會斐亭鐘。

這副對聯的上聯刻劃出當時唐景崧的戎馬際遇，敘述在戰事紛亂吃緊的時局中，他遠從越南乘船來到了臺灣。真臘，古國名，漢稱扶南，唐稱真臘，清代稱安南，也就是一般所說的越南。棹，泛指船隻；對聯的下聯則描繪出當時唐景崧身著官服錦袍，身任治臺要員時，在官廳斐亭舉行詩鐘藝文盛會的景況。另外，唐景崧又特地設計鑄造了一只詩鐘，用作聯吟文會時擊缽催詩，限時交卷之用。詩鐘的形狀，是一個高一尺左右的木櫝，前面題有「銅體嗣音」四個字，木櫝裏面放置了鐘爐，每當舉行聯吟鐘會的時候，鐘爐內燒著香，再用絲線繫綁鐘杵於爐香的上方，香火燒斷絲線，鐘杵一鬆則鐘聲大鳴，這時眾人紛紛忙著交卷，文會場面一片緊湊熱絡氣氛。③而唐景崧的母親亦擅於詩藝，每當眾人完成一個命題，就由太夫人來論定主評等第與優劣。唐景崧經常在府署中舉行聯吟鐘會，凡是臺省人士善於作詩的人士，都優禮邀請參與文會，久而久之，漸漸蔚成風氣，使得臺灣當時文人莫不競尚詩學，藝文風氣日趨於興盛。

當時的作品，除了詩歌聯語之外，最重要的是詩鐘，臺灣

⑶ 詳見《臺南市志稿》，卷5，頁3588，謝瑞林〈斐亭詩鐘歌并序〉。

地區盛行詩鐘，一般大多認為源起於唐景崧的提倡。詩鐘的名稱，又稱詩畸、詩唱、折枝等等，唐景崧曾經編輯刻印《詩畸》一書，在這本書的序文中，唐景崧引用《正字通》來說明「詩畸」的意思，他說：「零田不可井為畸，茲刻七律外，皆零句無片段，亦詩之畸而已矣。」「詩畸」就是詩之零珠碎玉的意思。此書內容有嵌字格四卷、分詠格二卷、合詠格與籠紗格一卷、七律一卷，外編嵌字格二卷、附謎拾一卷，共十一卷，刊刻於光緒十九年。詩鐘的製作方法，大致上是將一般的律詩絕句改成兩句，而且特別講究對仗的精巧工穩。或者命題，或者嵌字，規定固定格式，限制固定時間，眾人各逞文才，鬥巧競捷。下面列舉當時文士施士洁、丘逢甲詩鐘作品數則，以見梗概，至於唐景崧的作品，後文有專節介紹，此不贅述。

㈠**施士洁：**字澐舫，晚號耐公，臺南人，光緒二年（1876）二甲進士，歸里後，先後掌教白沙、崇文、海東三書院，唐景崧聘其主持臺南道學海東書院。詩絕佳，當時與丘逢甲稱為「雙璧」。

1.「分、燕」一唱．嵌字格。嵌字於第一字

燕寢凝香雙列戟
分曹射覆兩行燈

2.「明、水」二唱．嵌字格。嵌字於第二字

弱水依然仙界近

昆明無奈劫灰多

3.「奇、遠」三唱。嵌字於第三字

乍豁遠眸天海外
亂撐奇骨水邊峰

4.「桐、啞妓」·分詠格。隨擬兩不相倫之題，詠成一聯

燈前買笑同猜謎
爨下憐才訂賞音

5.「千、面」·籠紗格。隨拈二字，據典成聯，不露字面

酒買中山酣醉日
琶談湓浦半遮時

㈡**丘逢甲：**字仲閼，號仙根，又號滄海君、南武山人，彰化翁子社人，光緒十五年（1889）進士，其詩自成一家，著有《伯莊詩集》、《庚戌羅浮遊草》、《嶺雲海日樓詩鈔》等書。

1.「宮、首」二唱·嵌字格。嵌字於第二字

黔首未愚秦帝死
吳宮已沼越臣誅

2.「和、立」二唱．嵌字格。嵌字於第二字

擁立陳橋兵變日

議和遼海使歸年

3.「情、尺」三唱．嵌字格。嵌字於第三字

敢欺尺水難生浪

已種情根便長芽

4.「膾、賣田」．籠紗格。

怯敵將軍真鼠似

敗家子弟與蝗同

5.「斜陽、紅樓夢」．籠紗格。

牆角漸低猶有影

石牏誰記了無痕

詩鐘創作的各種格式、體例，除了上面所舉的嵌字格、分詠格、籠紗格之外，尚有魁斗格、蟬聯格、鷺拳格、八叉格、晦明格、合詠格、鼎足格、碎錦格、流水格、雙鉤格、睡蛛格等

等，各種體式都有特別的規定與特色。④唐景崧任職臺南時參與斐亭吟會的人頗多，較知名的有：唐贊袞、施士洁、林啟東、蔡國琳、倪鴻、羅大佑、周長庚、劉雍、譚嗣襄、陳鳳藻……等人。當時鐘會的作品，編纂整理成為書籍的，有《詩畸》、《澄懷園唱和集》等書。⑤除了以上所述詩文活動之外，唐景崧又在道署設置「萬卷堂」，作為藏書之處，藏書非常豐富。

光緒十七年（1891）唐景崧升遷擔任臺灣布政使一職，移駐到臺北，當時臺北漸成臺灣政治重心，冠蓋雲集，簪纓薈萃，唐景崧到任後，仍舊延續他喜好以文會友的作風，領導倡勗風雅，這期間曾經邀集遊宦、鄉紳、幕友、騷人雅士成立了牡丹詩社。這是臺北市最早的吟社，有關牡丹詩社創立的經過，王松《臺陽詩話》一書中林輅存之跋文，敘述了當時命名的緣由：

壬辰歲（光緒十八年），余侍先大夫東渡，恰唐灌陽亦承

---

④ 有關詩鐘體例及寫作規定，可參閱賴鶴洲〈臺北鐘社嗣響斐亭〉，《臺北文物》第7卷第1期（1958年6月），頁3045-3052；陳世慶〈臺灣詩鐘今昔〉，《臺灣文獻》第7卷第1、2期（1956年6月），頁453-479。

⑤ 吟集鐘會依例時開，日久積稿漸多，光緒十七年唐贊袞輯而刊之，名曰《澄懷園唱和集》，澄懷園在臺南道署內。《斐亭詩畸》則為唐景崧所輯。詳可參賴鶴洲〈斐亭吟會・牡丹詩社〉，《臺北文物》第6卷第4期（1958年6月），頁90-107；陳世慶〈臺灣詩鐘今昔〉，《臺灣文獻》第7卷第1、2期（1956年6月），頁453-479；賴子清〈古今臺灣詩文社〉，《臺灣文獻》第10卷第3期（1959年9月），頁2021。

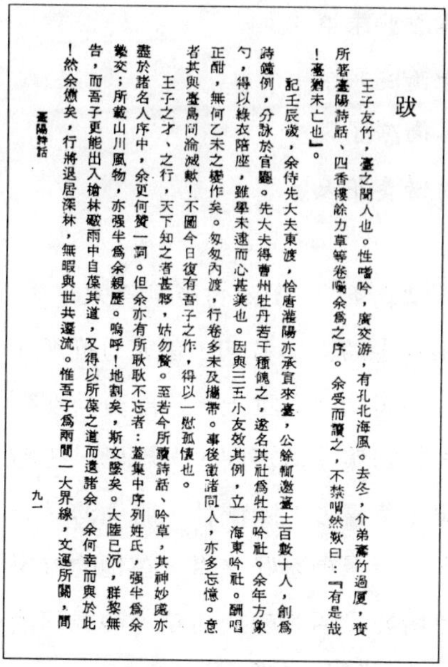

跋

王子友竹，臺之聞人也。性嗜吟，廣交游，有孔北海風。去冬，介弟壽竹過厦，賫所著臺陽詩話、四香樓餘力草等卷屬余爲之序。余受而讀之，不禁喟然歎曰：『有是哉！臺猶未亡也』。

記壬辰歲，余侍先大夫東渡，恰唐灌陽亦承宣來臺，公餘輒邀臺士百數十人，創爲詩鐘例，分詠於官廳。先大夫得曹州牡丹若干種餽之，遂名其社爲牡丹吟社。余年方象勺，得以綠衣陪座，雖學未逮而心甚羨也。因與三五小友效其例，立一海東吟社。酬唱正酣，無何乙未之變作矣。匆匆內渡，行卷多未及攜帶。事後徵諸同人，亦多忘憶。意者其與臺島同淪滅歟！不圖今日復有吾子之作，得以一慰孤懷也。

王子之才、之行，天下知之者甚夥，姑勿贅。至若今所讀詩話、吟草，其神妙處亦盡於諸名人序中，余更何贊一詞。但余亦有所耿耿不忘者：蓋集中序列姓氏，强半爲余縶交；所載山川風物，亦强半爲余親歷。嗚呼！地割矣，斯文墜矣。大陸已沉，群黎無告，而吾子更能出入槍林礮雨中自葆其道，又得以所葆之道而遺諸余，余何幸而與於此！然余憊矣，行將退居深林，無暇與世共遷流。惟吾子爲兩間一大界線，文運所關，間

臺陽詩話　九一

《臺陽詩話》林輅存之跋文

宣來臺，公餘輒邀臺士百數十人，創為詩鐘例，分詠於官廳。先大夫得曹州牡丹若干種餽之，遂名其社為牡丹吟社。⑥

唐景崧在公餘之暇，時常邀請數十人乃至百人，齊聚在官廳吟詩作對，則當時的盛況可以想見，而又適逢林輅存之父林鶴年餽贈一批各式品種的牡丹踵飾風雅，所以取名為牡丹詩社。林鶴年字鷲雲，工於詩，光緒年間來臺灣辦理榷茶事宜，曾經作了〈開春連句陪唐方伯官園讌集有呈〉七言絕句數首，從詩中可見出當時詩會情景。其詩云：

牡丹詩社試新茶，燕寢凝香靜不譁；
絲竹後堂陪末座，彭宣原屬舊通家。

⑥ 林輅存乃安溪林鶴年之子，林鶴年字鷲雲，號鐵林，光緒十八年以道員加按察使職銜，來臺灣辦理榷茶事宜。著有《福雅堂詩鈔》。引文見王松：《臺陽詩話》（南投：臺灣省文獻委員會，1994 年5 月），頁91-92 。

詩牌鬥罷響詩鐘，刻燭傳香興未慵；
賓客梁園盡騷雅，歡顏十萬庇詞宗。
東坡笠屐杖頭錢，傳遍江南燕子牋；
酒社相逢半詩吏，惜陰權借養花天。

這幾首詩，從詩辭「牡丹詩社試新茶」、「絲竹後堂陪末座」、「刻燭傳香興未慵」、「酒社相逢半詩吏」各句，都充分描繪出當時在官廳園林讌集的盛況，參與的文人雅士，除部分前斐亭吟會成員外，尚有：丘逢甲、林鶴年、黃宗鼎、吳懋勛、王毓青、王甲榮、熊佐虞、張忠侯、黃喜彩、陳儒林、唐運溥、唐運涵、鄧錢、倪耘劬……等人。唐景崧喜好文學，在他的抆揚推動之下，使得臺灣當時的詩壇藝文活動趨於活絡，發展日漸蓬勃，騷雅之會，可說自古以來，於茲最盛。

關於唐景崧本人的著作，除了詩歌、詩鐘之類的作品外，另輯有〈謎拾〉一卷⑦，這本書刊行之後，本省人士也漸有較多的人製作謎語。此外唐景崧也曾經在光緒十八年（1892）監修《臺灣通志》⑧，此書已經由臺灣省文獻委員會影印通行於

⑺ 收於《斐亭詩畸》，參賴子清〈古今臺灣詩文社〉，《臺灣文獻》第10卷第3期，頁2021；臺灣文獻會編〈臺北市詩社座談會〉，《臺北文物》第4卷第4期（1956年2月），頁1730。另，《謎拾》一卷亦收錄在《連雅堂先生全集》（南投：臺灣省文獻委員會，1992年3月），上冊，頁47-52。

⑻ 參見連橫《臺灣通史》（北京：商務印書館，1983年10月修訂第2版），卷24，頁437，〈藝文志〉。另可參《文獻專刊》第2卷第1、2期所載毛一波〈蔣師轍與臺灣通志〉、郭海鳴譯〈清代臺灣修志經過〉。

世。綜而觀之，唐景崧在臺灣前後九年的期間，對於清季末葉臺灣的文教詩藝，有相當的影響與貢獻，他倡導推展了文藝風氣，是值得稱道的。

## 四、擔任清代末任臺灣巡撫，自始至終心繫朝廷

清朝時代，臺灣前後共有三位巡撫，光緒八年（1882）法越事起，法國屢次侵擾並封鎖臺灣，清廷深感臺灣屏障沿海各省，也是中國通往南洋的門戶，地位極為重要，於是積極佈防臺灣，加緊整頓籌防軍備，光緒十一年（1885）在中法和議之後，朝廷下詔設臺灣巡撫，由劉銘傳擔任第一任巡撫，置布政使司，設有支應局、械器局、營務處、電報總局，並頒行保甲制度。劉銘傳積極治理臺灣，創辦許多新設施，為前人所不及，但也遭致嫉妒，肆放謠言中傷，幸劉銘傳早具治臺抱負，雖屢受打擊，甚至遭朝廷革職留任的處分，仍勉力盡心，不有絲毫懈怠。後來在多次番亂中，冒暑蒙瘴涉險平定番亂，而身染重病，直到光緒十六年（1890）十月因病重難痊，以及心情不愉，堅決請辭離去。滿清朝廷續在光緒十七年（1891）三月派邵友濂擔任第二任臺灣巡撫，邵友濂因鑑於劉銘傳的勞而受罰，深為懼戒，所以在到任以後，對於以往各項計畫大多縮減或停辦。光緒二十年（1894）朝鮮事起，沿海戒嚴，軍情日益吃緊，由於邵友濂為文官，不諳軍事，心生畏怯，隨即活動調離臺灣，清廷升任當時的布政使唐景崧掌理巡撫事務，是為清朝臺灣最後一任巡撫。

日本在維新之後，就積極向中國侵略，光緒二十年（1894），朝鮮東學黨作亂，中國應朝鮮國王的請求，派遣軍隊救援，日本以保護使館商僑為理由，也大舉出兵，亂事平定之後，日本不肯撤軍，故意促成關係破裂，向中國突襲並宣戰。先是在平壤交戰，中國的陸軍戰敗，平壤之戰後兩日，中國海軍又大敗於黃海，光緒二十一年（1895）正月，日軍侵入山東，佔領威海衛砲臺，清軍將領丁汝昌自殺，滿清艦隊投降，經營二十年的北洋海軍，竟然全部覆滅。到此地步，於是開始醞釀和議。

光緒二十一年（1895）二月，李鴻章代表清廷赴日本與日本全權大臣伊藤博文在馬關簽訂休戰和議，日方提出的休戰條件極為苛刻⑨，李鴻章對於割地賠款兩項，再三懇求相讓，然而伊藤一再威嚇逼迫，毫不放鬆，日本為了迫使清廷必須割讓臺灣，事先即聲明臺、澎不在停戰議和之列，並隨即在議和開始前三天就攻佔了澎湖，逼使清廷想不割讓亦不可能，最後，李鴻章祇得接受，在四月十七日簽訂了馬關條約，這個條約使得中國蒙受了空前的損失，而割讓臺灣也成為定案。消息傳來，全臺人民群情憤激，反應激烈，當時有臺籍舉人[illegible]京城會試，聞訊極力上書督察院以求挽回，臺灣紳民也疾[illegible]奏，重要的內容是：

⑨ 西元一八九五年四月十七日馬關條約簽字，條約要點為：一、中國承認朝鮮自主；二、割讓遼東半島、臺灣、澎湖；三、賠款二萬萬兩；四、開蘇州、杭州、沙市、重慶為口岸；五、日本得在通商口岸設立工廠；六、日本享受最惠國待遇。

割地議和，全臺震駭。自聞警以來，臺民慨輸餉械，固亦無負列聖深仁厚澤，二百餘年之養人心正士氣，正為我皇上今日之用，何忍一朝棄之！全臺非澎湖之比，何至不能一戰？臣桑梓之地，義與存亡，願與撫臣誓死守禦，若戰而不勝，侍臣等死後，再言割地，皇上亦可上對列祖，下對兆民也。⑩

臺灣人民同仇敵愾，誓死守禦，然而清廷都沒有回應，臺民又屢請唐景崧上奏清廷堅決請求不可割讓臺、澎，但事情已經不可挽回，五月十一日清廷總理大臣電復唐景崧，內容大略是：

來電已進陳。和議一事，已於十八日訂約，臺灣久隸版圖，感激朝廷恩澤，一歸他屬，忠憤勃發，胥在意中，但時勢所迫，勉從其議。

清廷迫於時勢，決定放棄臺灣的原因有二：一是繼續作戰對中國不利，恐終將危及京城；二是臺灣接濟困難，作戰則徒損生靈，最後難免淪陷。基於全局大勢的考量，不得已只好忍痛放棄臺灣，並且電諭唐景崧挽勸臺民，千萬不可一時太過激憤，以致招來日本持續大規模的軍事侵略，局勢將更難以收拾。

馬關條約簽訂之後，滿清朝廷下詔命令唐景崧解除臺灣巡撫職務，立即返還京城，並命令所有臺灣的文武官員內渡大

⑩ 見連橫《臺灣通史》，卷4，頁69，〈獨立紀〉。

陸，以免又給予日本人口實，再啟戰端，妨礙和局。唐景崧身為滿清官員，一心一意聽命朝廷，唯君國是念，他的本意原是希望遵從詔命，返回京城覆命，然而因為身居巡撫要職，官高位顯，在這臺灣危急存亡的關頭，全民悲憤絕望、力謀抗日之際，他成為眾望所歸領導全臺抗日的不二人選。於是唐景崧在全臺紳民一再懇求擁護慟泣之下，一方面深感於臺灣人民對祖國的忠義與護衛家園的深切悃誠，另方面也恐怕斷然拂逆民情，反而會攪亂大局，於是決定暫時留在臺灣，攝統內外政事，再相機行事；同時也積極策劃尋求外國友邦的支援，打算運用國際公法對抗日本的侵略，以期另外開闢新的局面。這時候，唐景崧一則與全臺紳民共同協力護衛鄉土對抗日寇，另則以不妨礙和議為原則而與朝廷保持密切的聯繫，極力求得獲致朝廷的諒解。這些都在當時往返的電奏稿與文告中，可以明白見出端倪⑪，例如他就任大總統職當天，曾發送電奏稿給北京清廷，云：

> 四月二十六日奉電旨，臣景崧欽遵開缺，應即起程入晉陛見。惟臣先行，民斷不容，各官亦無一保全；只合臣暫行留此，先令各官陸續內渡，臣再相機自處。臺民聞割臺後，冀有轉機，未敢妄動；今已絕望，公議自立為民主之國。於五月二日齊集衙署；捧送印、旗前來，印文曰「臺

⑪ 參曾迺碩〈乙未唐景崧之防臺奏電〉，《臺北文物》第5卷第2、3期；曾迺碩〈中華民族乙未抗日史導論〉，《臺灣文獻》第6卷第3期。

> 灣民主國總統之印」，旗為藍地黃虎；強臣暫留保民理事，臣堅辭不獲。伏思倭人不日到臺，臺民必拒，若砲臺仍用龍旗開仗，恐為倭人藉口，牽涉中國；不得已，暫允視事，將旗發給各砲臺暫換。印暫收存，專為交涉各國之用。一面布告各國，並結外援。嗣後臺灣總統，均由民舉，遵奉正朔，遙作屏藩。俟事稍定，臣能脫身，即奔赴宮門，席稿請罪，昧死上聞。乞代奏。

民主國的國旗圖案為「藍地黃虎」，是倣照清朝國旗的青龍旗而設計，國號稱為「永清」，這都表示著對清朝的隸屬關係。電奏文所說「惟臣先行，民斷不容，各官亦無一保全，只合臣暫留此，先令各官陸續內渡，臣再相機自處」、「臣能脫身，即奔赴宮門，席稿請罪」等等都可見出他當時的心態與處境。又如另一封電奏稿，云：

> 臣與各官，惟日以淚洗面；即欲辦理收束，為眾所劫，無術可施。臣八旬老母，誓共守臺，和議成本可內渡，乃為民遮留，其慘可知。

另外，又有發送給劉永福的電奏稿，曰：

> 景崧被百姓強立為民主大總統，已送印民國旗等件，崧為萬民付託，迫得權理。

凡此類文件檔案頗多，不勝枚舉。當時唐景崧負有時望，在眾望所歸、眾情難卻之下，他暫時應允擔任臺灣民主國總統職務，根據《臺灣省通志》記載民主國成立之後，總統就任時的情景，曰：

> 臺民憤，製藍旗，文以黃虎，上印綬於景崧；鼓吹前導，紳民數千人詣撫署。景崧朝服出，望闕謝罪；旋北面受任，大哭而入。⑫

當時臺灣紳民製作民主國國旗、總統印璽，眾人浩浩蕩蕩前往巡撫官署，恭送國旗、印璽給唐景崧，唐景崧穿著滿清朝服出來接見，首先向朝廷皇闕遙拜謝罪，然後才面向北方（居臣子之位）接受民主國總統職務，受任之後大哭進入府署。從整個臺灣民主國總統就職的景況來看，看不到一絲一毫立國建國的歡欣蓬勃氣象，反而充滿了哀傷與無奈的氣氛，這也可以明白的瞭解唐景崧之所以暫留臺灣就任民主國總統，固然是深深感動於臺灣人民護土抗日之民族精神，但其實終究並非他真正的本意。

## 五、遽遭世變，成立臺灣民主國，膺眾望擔任總統

日本發動甲午戰爭，臺灣原任的巡撫邵友濂調補湖南，滿

⑫ 見《臺灣省通志》，卷7，頁128，〈人物志〉「宦績篇」。

清朝廷於是任命唐景崧掌理臺灣巡撫職務，命其積極籌劃軍事防務。此時劉永福也已經奉命率師來到臺灣幫辦軍務，唐景崧原先雖然與劉永福是舊識，然而對於臺灣防務軍備的意見，兩人看法卻時有相左，難於協調，後來決定由劉永福駐守臺南，統籌南部軍務，而唐景崧則籌劃臺灣北部的軍務，以期能收致南北分工合作的效果。

馬關條約在光緒二十一年（1895）四月簽訂，割讓臺灣已經成為定局；五月，全臺在孤憤悲痛的心情下，不得不另謀他法，另開局面，以期自求多福。於是有人倡議成立「臺灣民主國」，冀望能藉著國際公法第二百八十六章——「割地須問居民能順從與否」及「民必順從，方得視為易主」的規定，呼籲懇請各國出面支持，希望藉由這個途徑獲得國際的聲援，來達到抗拒日本佔領、保衛臺灣的目的。

這項提議是源起於陳季同、丘逢甲等人的意見，陳季同曾經到法國留學，並且在巴黎的中國大使館工作，非常熟諳國際外交事務，丘逢甲則是臺灣的仕紳，參與籌劃領導保衛臺灣事宜，在日軍佔領迫在眉睫之際，於是眾人共同商議決定，設計了藍地黃虎標幟的國旗，國號名稱定為「永清」，積極設置議

臺灣民主國國旗

院，制定官制，起草憲法，並且由眾人公推唐景崧擔任總統，又任命丘逢甲擔任義勇統領，李秉瑞為軍務大臣，俞明震任內務大臣，陳季同任外務大臣，分別負責綜理內政人事務、國際交涉、整軍經武等事務，又以姚文棟擔任遊說使，派他前往北京，向清廷陳述建國情形；同時，也正式佈告中外，宣佈成立臺灣民主國。根據胡鐵花⑬所著《臺灣日記》，其中第八卷光緒二十一年（1895）五月的日記，記載了當時情況：

> 撫臺唐初擬約西洋各國保臺，各國不允，又為紳士所逼，請共堅守，又恐礙和局，乃援外洋例，改為民主國，換掛虎旂矣。

胡鐵花敘述出當時巡撫唐景崧艱難的處境，他不但面臨臺民堅請共守的意願，又須顧慮滿清朝廷命令撤守的立場，雖然他一直以清廷官員自居，但是又深感於臺灣人民心存宗國抵死護土的民族精神，由於群情實難拂逆，於是與眾人苦心策劃，建立臺灣民主國，想要藉助國際的支援，抗禦敵寇，捍衛鄉土。唐景崧是在光緒二十一年（1895）五月二十五日正式就任民主國總統，擔當起對內統籌一切政事，對外商結外援的重任。就任的同時也發出宣言書佈告全臺、照會各國的領事，這一篇獨立宣言是臺灣近代史的重要文獻，其內容如下：

---

⑬ 胡鐵花，胡適父親，名傳，字鐵花，曾經擔任臺東直隸州知州，病逝於光緒二十一年（1895）。

我臺灣隸大清版圖二百餘年，近改行省，風會大開，儼然雄峙東南矣。乃上年日本啟釁，遂至失和，朝廷保兵恤民，遣使行成。日本要索臺灣，竟有割臺之款，事出意外，聞信之日，紳民憤恨，哭聲震天。雖經唐撫帥電奏迭爭，并請代臺紳民兩次電奏，懇求改約。內外臣工，俱抱不平，爭者甚眾。無如勢難挽回，紳民復乞援於英國，英泥局外之例，置之不理。又求唐撫帥電奏，懇由總理各國事務衙門，商請俄法德三大國，并阻割臺，均無成議。嗚呼！慘矣。全臺前後山二千餘里，生靈千萬，打牲防番，家有火器，敢戰之士，一呼百萬，又有防軍四萬人，豈敢俯首事仇？今已無天可籲，無人肯援，臺民惟有自主，推擁賢者，權攝臺政，事平之後，當再請命中國，如何辦理，倘日本具有天良，不忍相強，臺民亦願顧全和局，與以利益。惟臺灣土地政令，非他人所能干預。設以干戈從事，臺民惟集萬眾禦之，願人人戰死而失臺，決不願拱手而讓臺，所望奇材異能，奮袂東渡，佐創世界，共立勳名。至於餉銀軍械，目前盡可支持，將來不能不借貸內地。不日即在上海廣州及南洋一帶埠頭，開設公司，訂立章程，廣籌集款，臺民不幸至此，義憤之倫，諒必奮為傾助。洩敷天之恨，救孤島之危。并再報告海外各國，如肯認臺灣自立，公同衛助，所有臺灣金礦煤礦，以及可墾田可建屋之地，一概租與開闢，均沾利益。考公法讓地為紳民不允，其約遂廢。海邦有案可援，如各國仗義公斷，臺民亦願以臺灣所有利益報之。臺民皆籍閩粵，凡閩粵人在外洋者，均望垂念鄉誼，富者挾貲渡臺，臺能庇之，絕不欺凌。貧者歇業渡臺，既可謀生，兼同洩憤。此非臺民無理倔強，實因未戰而割全省，為中外千古未有之奇變，臺民欲盡棄其田里，則內渡後無家可依；欲隱忍偷生，實無顏以對天下，因此搥胸泣血，萬眾一心，誓同死守。倘中國豪傑及海外各國，能哀憐之，慨然相助，此則全臺百萬生靈，所痛哭待命者也！特此布告中外知之。⒁

此篇獨立宣言句句慟切，字字血淚，此種一字一淚的獨立宣言，是臺灣人民的光榮史，同時也更是臺灣同胞的傷心史，而最可貴的是，臺灣絕非欲叛離中國而獨立，實在是為了抵抗日寇侵佔所尋求的圖存之法！全篇獨立宣言揭示了四項要點：

㈠日本啟釁，強索臺灣，雖商請英、俄、法、德諸國阻止割臺，均無成議。

㈡臺民已到無天可籲，無人肯援地步，惟有自主一途，人人寧戰死而失臺，決不願拱手而讓臺。

㈢國際公法明文規定：讓地若住民不允，其約遂廢。各國如仗義公斷，臺民亦願以臺灣所有利益報之。

㈣臺民內渡後無家可依，隱忍偷生又無顏以對天下，因此萬眾一心，誓同死守。

獨立宣言的內容，顯示了臺灣當時的孤立無援，以及堅毅不屈的尊貴民族精神，處在險惡艱險的國際大環境中，一切唯

---

⒁ 見《臺灣通史》，卷4，頁70-71，〈獨立紀〉。

有自求多福，自立自強，成立臺灣民主國是不得不然的舉措。接著，日本於簽訂馬關條約、李經方（李鴻章之子）交割之後，積極地採取政治、外交、軍事種種手段，而當時各國又都各圖已利，或置之不理，或虛言周旋，始終缺乏呼應支援者，情勢日益緊迫，日本大軍又漸漸進逼至臨海附近，事已至此，終於不得不藉武力來捍衛家園了！

## 六、任職民主國總統十三日，危亂之中潛離臺灣

馬關條約簽訂之後，中國派出李經方擔任交臺全權委員，日本則任命樺山資紀為臺灣總督，兩方來到臺灣執行交臺任務，因為聽到臺灣獨立的消息，不敢登陸，於是只是在基隆外海日輪橫濱號及德輪公義號上會談，最後即在橫濱輪上簽立字據清單，草草交接，斷送臺、澎。簽立交付約定有兩項：第一，臺灣全島及澎湖列島各通商口岸，並在府、廳、縣之城壘軍庫及官業，一概讓予日本。第二，臺灣至福建的海底電線，他日兩國政府別行商議管理。就這樣整個臺灣輕易劃歸為日本所有。

而唐景崧在民主國之議確定之後，為了堅定全臺抗日的意志，一則也配合清廷「內渡」的詔命，立即下令所有官員限三天內，就是以五月二十七日為期限，如果打算要內渡的，都悉聽尊便，若是要留下來的也都予以錄用。但是如果猶豫不決，過了期限才要求離臺的人，就一律按照軍法處置論罪。這個命令一發布，頓時之間，整個臺灣從北到南，各地道府縣廳人員

紛紛繳交官印離去，在大敵當前的應戰前夕，掀起了一場大規模內渡逃難的浪潮，地方官吏絕大多數攜家帶眷一船一船帶著家當整批離去，全省各處地方行政幾乎近於癱瘓；另外，像淮軍將領楊岐珍以及臺南鎮總兵萬國本，也都聽任他們整個部隊撤營內渡，雖然之後唐景崧隨即重新佈署文武官員，但是，臺灣軍防以及軍隊士氣都已大受影響，在還沒有面對敵軍之前，就已經元氣大挫自亂陣腳，全臺人心處在一片風雨飄搖惶惶不安之中。

臺灣民主國國璽

當時臺灣各地武職防守人員，大致如下：

㈠基隆一帶：以提督張兆連駐守、基隆通判孫道義協防。

㈡獅球嶺：林朝棟移守臺中，以胡永勝接防。

㈢淡水一帶：以候補總兵廖得勝、海壇協副將余致廷分守。

㈣臺北一帶：以義勇統領丘逢甲巡守。

㈤桃園一帶：以提督余得勝駐守。

㈥新竹一帶：以義軍吳湯興駐守。

㈦臺中一帶：以候補道楊汝翼、林朝棟分守。

㈧臺南一帶：因臺鎮萬國本去任，以劉永福接防。

㈨東港一帶：以吳光忠駐守。

㈩臺東一帶：以胡傳駐守。

全臺重新佈署妥當，而敵軍也已經出現在眼前了。

那時，日本派遣遼東近衛師團長白川宮能久親王率軍從大連灣及旅順出發，任命少將東鄉平八郎為海軍司令官，大佐福島安正為陸軍參謀，率艦隊駛往淡水，準備運用強硬的軍事武力接收臺灣、澎湖。

五月二十八日，日本軍艦出現於淡水近海，臺灣守衛炮臺開炮攻擊驅逐，日艦暫退基隆，游弋於外海，伺機而動。五月二十九日，日本軍第一旅團長川村景明潛師自三貂嶺附近的澳底登陸，而臺灣方面從基隆到澳底的海岸，僅有四千多人防守，且澳底一帶的守軍大多是才整編成軍尚未訓練的士兵，因此一見日軍登陸，尚未開戰就不戰而潰，唐景崧臨時緊急調遣新招募的廣勇增防，三十日，日軍竟不戰而越過三貂嶺之險隘，廣勇自相內鬨，節節敗退。唐景崧得悉警訊，再命吳國華率領粵勇七百人前往增援。三十一日中午，與日軍遇於瑞芳，短兵相接，小勝日軍。景崧復命胡連勝、陳柱波、包幹臣各率軍前往助戰。然而諸軍意見不和，各據一方，互爭功名，瑞芳、九份又失守，不久敗走基隆。

基隆依山傍海，形勢險要，且設有炮臺，提督張兆連、通判孫道義分別率領數營士兵前往輔助應戰。日軍衡量地勢，因為越嶺艱辛，於是攜帶糧食步行潛師襲擊，六月一日夜晚潛至基隆。兩軍激烈交戰，各有死傷，吳國華不能支應，拔隊撤退。張兆連率軍冒雨趕到，黎明時分列陣再戰，而日本軍艦開炮轟擊岸上，張兆連被困，身負重傷，士兵死傷慘重，陳得勝、曾喜照率軍陷陣救援，陳得勝力戰而死，曾喜照亦受傷，炮臺被攻陷。

六月三日，日軍增援士兵迫近獅球嶺，俞明震、方祖蔭請求唐景崧駐守八堵，拼死防守，唐未予採納。是日，獅球嶺失守，電線已斷，潰敗的士兵到處劫掠，廣勇與土勇自相殘殺，有營官李文奎率領士兵持刀進入總統府，迫景崧親自督戰，大呼：「獅球嶺亡在旦夕，非大帥督戰，諸將不用命！」唐景崧見他來勢洶洶，倉促之間拿起桌上的令架，丟擲地下，說：「軍令俱在，好自為之。」李文奎撿起令箭，一抬頭則唐景崧已經不見人影。

唐景崧入內之後，知道情勢迫切，於是放棄民主國總統金印，只攜滿清臺灣巡撫印信，在六月六日微服潛入由德國商人安排的德國輪船亞沙號，棄離職守，逃回廈門。總計唐景崧自五月二十五日就任總統，到六月六日潛逃，僅僅任職十三天。而臺北在沒有人領導的情況下，陷入了極度恐怖的混亂中，潰敗的士兵到處作亂，搶劫府庫，焚燒衙署，土匪也乘機而起，打鬥死亡的人有五百多人，徹夜槍聲不絕於耳，這種情況持續了兩天兩夜，而林維源、林朝棟、丘逢甲等士紳紛紛相率離去。

不久日軍進入臺北，臺灣民主國的首都淪陷，日本臺灣總督樺山資紀在臺北舉行了「始政式」，宣示了日本佔領臺灣的開始。回顧北部地區的抗日軍事行動，北部之所以輕易快速地淪陷日軍手中，實應歸咎於唐景崧沒有死守臺灣的決心，再加上他的專斷獨行，自以為是，無法充分整合各方軍力，因為領導無方，所以在短短的十多天之中，北部的抗日行動潰不成軍，實令人歎惋！此後日軍節節進逼，向南進攻，臺灣中、南部各地的民軍英勇奮戰，而劉永福接著在臺南擔負起領導抗日的大任，他設立議院，辦理團練，加強軍備部署，發行官銀票、郵票，奔走援臺等事，奮力戰守，繼續與日軍周旋對抗了四個多月。

## 七、唐景崧其人其事評議

光緒二十一年（1895）臺灣建立了民主國，全臺同仇敵愾，民氣沸騰，原以為能夠有一番作為，但深足可惜的是，結果卻如曇花一現，北部只維持了十三天就淪陷於日軍手中，後來撤退至中部、南部延續了四個多月，最後竟歸於失敗！對於臺灣民主國的失敗，連橫認為與清朝末年整個大環境有密切的關係，他認為無論從天時、形勢、軍力強弱各角度來看，都不可把民主國的失敗完全歸咎於唐景崧，《臺灣通史》評議說：

> 夫以景崧之文，永福之武，並肩而立，若萃一身，乃不能協守臺灣，人多訾之，顧此不足為二人咎也。夫事必先推其始因，而後可驗其終果。臺為海中孤島，憑恃天險，一旦援絕，坐困愁城，非有海軍之力，不足以言圖存也。且臺自友濂受事後，節省經費，諸多廢弛，一旦事亟，設備為難。雖以孫吳之治兵，尚不能守，況於戰乎！是故蒼葛雖呼，魯陽莫返。空拳只手，義憤填膺，終亦無可如何而已！（卷36，〈列傳八〉）

連雅堂除了追溯大環境中，中日在軍備、攻守、強弱的形勢外，認為先前巡撫邵友濂廢弛了許多臺灣的建設措施，使得情勢緊急之際，因為軍事防務設備以及其他設施簡陋，臺灣無法力敵日軍的攻勢，邵友濂也應負很大責任。而且臺灣是海中孤島，外援一旦斷絕之後，加上沒有海軍，其實是難以自立圖存的。綜合種種前因後果，連雅堂論斷臺灣民主國在當時其實終歸難免於失敗的結局，縱使是有孫武、吳起般卓越的軍事家，也難以守禦，大局的成敗更不是一、兩個人就可以影響或扭轉的，所以若是把臺灣民主國失敗的責任完全怪罪於唐景崧，是很不公允的。

連雅堂所論固然平允有理，但是唐景崧遭逢世局的巨變，領導臺灣全民應對國際的變局，對於曾經對他寄予深厚期望、視他為父母官的臺灣子民，唐景崧的表現終究是缺乏真誠，而且愧疚歉仄良深的！唐氏一心一意以清廷命官自居，本來是無可厚非的，但是由於他的統馭治軍無方，臨事又缺乏擔當與遠略，更完全沒有與臺灣人民長期共患難、同生死的決心，遇到危難就一味推託敷衍，最後又在日軍當前、情勢最為危急的時候趁隙潛逃，使得臺灣人民在孤憤之中，更嚐受了極大的苦難與創傷，而且付出了難以數計的犧牲！在世局混亂遽變之際，臺灣人民不得其人，而唐景崧的人格、才識未能有出色的表現，有虧政治家的風範與節操，這實在是臺灣的悲哀，同時也是唐景崧的遺憾啊！

整體評論唐景崧在臺灣任職九年的作為，在政治、軍事、人格操守上，可以說是譭多於譽；但是平情而論，也並非一無可取，像他在臺南、臺北提倡文教，啟迪詩藝，倡勖風雅，儼然詩藝盟主，以他當時在臺灣身任要員的地位，的確有很大的影響與貢獻，這也是不容予以抹煞的。

有關評論唐景崧之詩作，在當時以及後世都有不少作品，以下列舉數則，以見一斑：

其一／樊增祥

堂堂幕府即離宮，坐踞三貂氣勢雄，
豈謂解元唐伯虎，不如殘寇鄭芝龍，
蜉蝣天地波濤裡，螻蟻君臣夢寐中，
十日臺疆作天子，凝旒南面太匆匆。

此詩作者為樊增祥，字雲門，湖北恩施人，官至按察使，為清季詞章家，著有《樊山詩集》。全詩前四句描述唐景崧擔任臺灣民主國之總統，獨當一面，雄據一方，為眾望所歸的領導人物；然而卻未料到，此一飽讀詩書、進士出身之朝廷命臣，其人在忠於職守、應變才識上，竟然還比不上明末清初海寇出身歸附清朝的鄭芝龍。後半四句詩以比喻敘出感慨，嘆息在驚濤駭浪的世變中，臺灣民主國唐景崧等棄臺潛逃的君臣，他們的作為竟然只如蜉蝣、螻蟻般短暫、平凡，猶如一場夢似的，在地處南面的臺灣，總共只與日敵對抗了十天，做了為期匆匆十天的總統啊！

其二／黃贊鈞

邊鎮久持節，儒生作將兵，
成名傳母教，建國慰民情，
風雅斐亭歇，煙波海舶輕，
淡江留去跡，猶印月痕清。

此詩作者為黃贊鈞，字石衡，號立三居士，臺北大龍峒人，日據時任教公學校，後來進入報界，操觚達二十餘年，為人熱心公益，著有《海鶴樓詩鈔》、《大同要素》等書。全詩一、二句敘述唐景崧以儒生出身而卻手執兵符，在遠離中樞的邊鎮臺灣戍防，「儒生作將兵」一句，微訾唐氏缺乏武略，致臨事優柔怯懦，毫無擔當。第三句謂唐景崧事母甚孝，唐母能詩，在臺時唐輒招聚吟詩雅會，其母主平甲乙，承歡膝下，和樂融融。第四句言因眾民殷殷厚望，而建立臺灣民主國，擔任民主國總統。詩之後半抒發感慨，嘆惜唐景崧拋卻了斐亭風雅之清望，竟然在臺灣一片危亂中，從淡江暗中安排好船隻，輕易地棄離職守，潛遁而去。但是唐氏的作為已在史頁留痕，那一輪淡江之明月仍昭昭可鑒，見證著當年發生的一切事跡。

其三／黃贊鈞

倉皇三日小朝廷，環甲何人是將星，
立腳不殊蝸據角，畫皮漫冀虎成形，
偏師勢出當車臂，大將謀窮解項鈴，
絕類一場新傀儡，卻教下吏作優伶。

此首亦為黃贊鈞所作。全詩大抵敘出臺灣民主國之成立，原本即難成氣候，不足以寄望有所成功，「小朝廷」、「何人是將星」、「蝸擄角」、「畫虎不成」、「螳臂擋車」、「解項鈴」皆形容彼時形勢之難以有成，整個成立臺灣民主國的過程，只像是一齣趕鴨子上架的傀儡戲，但是最令人灰心失望的是，這齣戲的主要角色實在是蹩腳得使人覺得不堪！

其他也有對於唐景崧寄予同情的，或者對唐景崧嚴詞厲責的，都有許多。其中站在同情寬諒立場的，例如下面三首：

其一／林南強

南州稱制萬夫奔，獨為神京守外閽，
父老不煩丹穴索，孤臣敢受素麾尊，
但思一柱天能倚，其奈群飛海已翻，
他日尚餘諸疏在，嘵嘵眾口與鳴冤。

其二／施士洁

身逐靈胥捲怒波，平泉花木奈公何，
登檀恨短詞人氣，伏櫪愁聞烈士歌，
陶侃運齋空有甓，魯陽返舍更無戈，
招魂莫問田橫島，鯤鹿回頭一刹那。

其三／施士洁

杉湖蓮盪甲西南，屈指耆英六十三，

已散俸錢貧似故，未安家食老何堪，
閒來書向空中咄，儒者兵於紙上談，
差幸籌邊傳一疏，請纓人說是奇男。

唐景崧在臺任職時，曾聘施士洁為海東書院山長，二人詩酒唱和，感情一向融洽，內渡之後，兩人仍然時通消息，所以詩中提及唐後來生計「已散俸錢貧似故，未安家食老何堪」，敘述他老來家貧窘絀，極力為世傳唐景崧中飽私囊、捲庫銀逃走之事闢誣；而且詩中「身逐靈胥捲怒波，平泉花木奈公何」、「陶侃運齋空有甓，魯陽返舍更無戈」各句也為唐抱屈，認為當時局勢險惡，勢單力孤，資源匱乏，實難以有所作為；最後詩中「招魂莫問田橫島，鯤鹿回頭一剎那」二句，則是辯解唐景崧之所以沒有效法田橫事蹟，壯烈成仁，與臺民共生死，那是一心以京城朝廷是歸，不能苛責。

林南強，名資修，字幼春，號南強，晚號老秋，臺中霧峰人，著有《南強詩集》。是唐景崧守將林朝棟⑮的從姪，他緬想著唐景崧、林朝棟以往的事蹟，深為民主國的失敗惋惜，同時也為當時離臺的官員及守將辯解，「但思一柱天能倚，其奈群飛海已翻」二句說唐景崧原想力撐局勢，但是文武官員四散

⑮ 林朝棟，字蔭堂，光緒年間跟隨欽差劉銘傳防守法國於雞籠（基隆），後又削平亂民施九緞、討伐大科崁番社有功，因功保道職。乙未年抗日時，負責防守獅球嶺，不久調派守臺中，後日本大軍壓境，唐景崧召之救援不至，與丘逢甲同時離臺而去。南強是朝棟的從姪，他緬想著林朝棟以往的功勳，深為民主國的失敗惋惜，同時也為當時離臺的官員及守將辯解，他的心情可想而知。

離去，實在也莫可奈何！「他日尚餘諸疏在，嘵嘵眾口與鳴冤」這兩句則是說只要看看當時唐景崧呈給朝廷的奏疏與電報，就可知道他的處境與冤屈，那麼眾人的指責就能不辯自明了。

施士洁、林南強兩人對於唐景崧多所維護，甚至牽強辯解，無疑的是站在同情寬諒的立場，但他們所描述的局勢的確也是當時的實情，唐景崧處在當時，其出處進退的立場，固然是有權利自作取捨的，只是臺民對他有殷切深厚的期望，而他的作為卻使臺民的期望落空了。

另外，也有對於唐景崧嚴厲斥責的詩作，例如下面三首：

其一／張秉銓

記曾巨艦赤艦開，早識東彝伏禍胎，
海外情天難補恨，人間劫火忽成灰，
險隨虎踞龍蟠失，憂從山窮水盡來，
枉說請纓舊儒將，沐猴終竟是庸才。

其二／陳鞠譜

大長扶餘說仲堅，一時忠憤竟徒然，
六朝金粉笙歌鬧，知否臺陽有季錢。

其三／杜德輿

一統猶全局，群凶滿四方，
羯胡終猾夏，張楚亦稱王，
盜國供私飽，焚臺啟夜行，

可憐後庭妾，七日學宮粧。

這些詩中，充滿憤恨與不滿，對唐景崧的失望溢於言表，「海外情天難補恨，人間劫火忽成灰」指出臺灣的淪陷日本手中，是難補的憾恨，而民主國竟在轉瞬間灰飛湮滅；並且譏誚唐景崧「一時忠憤竟徒然」、「枉說請纓舊儒將，沐猴終竟是庸才」，詩辭之中嚴詞厲責，甚至確定唐景崧捲庫潛逃，中飽私囊，「六朝金粉笙歌鬧，知否臺陽有季錢」、「盜國供私飽，焚臺啟夜行」各句所說，雖然可能是猜測臆度的指控，缺乏確證，卻是當時臺灣人民普遍流傳的說法。

關於唐景崧挾取公款的說法，可舉鄞縣人黃家鼎的詩為例。黃家鼎在光緒年間宦游臺灣，光緒十七年知鳳山縣，當乙未年割臺時，他正與各地縣邑人士輯採資料，計劃編修《臺灣通志》，因此臺灣民主國抗日經過，自始至終，親見其事。黃家鼎著有《補不足齋詩鈔》，詩集中有〈消夏〉、〈秋感〉等詩，詩中各句都有詳細的自註文，令人讀了為之嗚咽。⑯其中有關唐景崧的部分，摘錄於下：

競傳唐儉是奇材，（臺灣巡撫邵公於甲午九月乞病去位，旨以藩司唐景崧署撫篆。唐公既受事，即徵調前臺灣總兵吳光亮募舊部二千人號飛虎軍，福建候補道楊汝翼募湘軍千五百人，

⑯ 見連橫《臺灣詩乘》，收入《臺灣文獻史料叢刊》（臺北：大通書局），第8輯，頁236、237、238。

在籍道員林朝棟增土勇千五百人，副將黃義德募粵勇三千人，並東莞縣之精於線槍者千餘人。又飭楊永年赴粵募著名海盜千人；自十月迄歲暮。成軍者五十六營；至乙未春增至百四十營。又以地勢分歧，改諸軍為小隊，以三百六十人為一營，綜計全臺土客新舊各軍約三百數十營。全臺歲入正雜各項計銀三百七十餘萬兩，時藩庫尚存銀十六萬餘兩，旋奉部撥濟銀五十萬兩，郡紳林維源籌捐百一萬兩，民間公繳息借二十餘萬兩，南洋大臣張公奏請續撥一百萬兩，由南洋貸洋款項下劃至上海道交付駐滬援臺轉運局道員賴鶴年、採辦委員茅延年就近兌收，以故餉不告匱）

局面翻新自主裁，（臺北於五月朔改民主國，紳民公製銀璽，文曰「臺灣民主國總統之章」，又製藍地黃虎旗，推戴唐公。公乃立議院，檄在籍兵部主事邱逢甲為義勇統領，禮部主事李秉瑞為軍務大臣，刑部主事俞明震為內務大臣，副將陳季同為外務大臣，道員姚文棟為游說使，詣京師當軸，瀝陳建國情形）

露布已令神鬼泣，（謂唐公所出告示及與泰西各國領事照會）

玉書曾見鳳麟來，（閏四月二十八日迎銀璽時祥徵甚多）

棘門布置成兒戲，
木子猖狂本罪魁，（初立民主國，官紳聲勢甚壯，有淮軍革勇李文魁於四月二十九日糾黨劫殺撫標中軍參將方良元，唐公不能置於法，反受挾制，予以兵權，民心由是瓦解）
痛惜淡辰田海變，
天心人事費疑猜。（五月初四日，道員李經方偕倭樺山資紀坐兵艦抵滬尾口外，將賚文臺撫交割臺島，以民情洶洶，不敢登岸，唐公遂於十二夜內渡）

詩篇註文詳細記述兵員軍餉庫銀數目，以顯示兵員、軍費不虞匱乏，又直指唐景崧領軍無方，大失民心，則他怪罪歸咎唐景崧的意思，非常明顯，而第一句詩明白開列當時歲入、庫銀、捐款、貸借款項各項龐大數目，而後文不明下落，則他的絃外之音，顯然可知。另外，連橫《臺灣詩乘》中對唐景崧、劉永福也有一番比較，他說：

余撰《臺灣通史》，以唐、劉合傳，且為列傳六十之殿。而世之論者每責唐而恕劉，蓋以民主之局，由唐創之而劉承之，然維卿未戰而逃，且有挾款之嫌，淵亭則力守臺南，餉械俱絕，四面被圍，始決然去，則其人之賢、不肖為何如矣。余讀「普天忠憤集」，有杜德輿滬上感詠，其中一首云：「一統猶全局，群凶滿四方。羯胡終猾夏，張楚亦稱王。盜國供私飽，焚臺啟夜行。可憐後庭妾，七日學宮粧。」（唐景崧臺灣稱王甫七日，私取庫藏，自焚撫署而逃。）而松桃楊文藻有聞劉淵亭臺南內渡云：「誓死睢陽志，將軍百戰酣。背城能借一，俘帥果囚三。掘鼠庭羅雀，飛騎木絓驂。雞鳴孤掌忿，風雨弔臺南。⑰

連橫說「維卿未戰而逃，且有挾款之嫌」，其次，他所引杜德輿的詩，附註有「唐景崧臺灣稱王甫七日，私取庫藏，自焚撫署而逃」幾句說明，照這麼看來，連橫也是頗為懷疑唐景崧是私取庫藏逃走的了！

## 八、唐景崧詩作舉隅

唐景崧喜好文學，在官宦生涯中，常喜愛踵飾增華以示風雅，他任職臺灣期間，在臺南的時候有斐亭吟會，在臺北時則有牡丹吟社，因為他的倡導，使得一時的政治、商業、文學各界人物，彼此以詩文互動交流，蔚成一片儒雅雍容的氣象。雖然他並非刻意提倡文教，但是因為他本身的喜好，的確帶動了風氣，影響了詩壇文藝的蓬勃發展，此為不爭的事實。唐景崧喜好吟詠，他本身當然具有相當的造詣，從他所寫的對聯、詩鐘、律詩等各類作品來看，他的詩作風格講求對仗，清俊典雅，富有文采。下面酌錄唐景崧的楹聯、律詩、詩鐘作品數

⑰ 同前註，頁247-248 。

則，提供給讀者欣賞，或者可以對其人風貌以及作品風格，能有深一層的體會。

### ㈠對聯

斐亭楹聯

鐵馬金戈，萬里歸來真臘棹；
錦袍紅燭，千秋高會斐亭鐘。

### ㈡七言律詩

老僧

剃度難尋卻老方，雲遊何處不滄桑，
禪門一樣光陰速，退院閒身歲月長，
壽相合皈無量佛，餘生空返建文皇，
涅槃尚早營生壙，自署詩僧古道旁。

品茶

清閒何物最留連，井裏清泉竹裏煙，
領略餘香當酒後，徘徊佳味在花前，
功能破睡參餘潤，悟比談經得妙詮，
苦境遍嘗甘境出，茶神從此有真傳。

苔

到無人處立徘徊，欲共飛花一掃開，
深淺芳階蟲獨語，高低滑路雨初來，

石間著色常千點，草外銷魂又一堆，
敗草頹闌隨意綠，十年前是好樓臺。

下筆別妓

紅袖青衫願兩違，卿難脫籍我空歸，
文章憤寫劉黃卷，薄命今知杜牧非，
過夏琴尊緣再續，送春門巷淚雙垂，
無才更坐風流罪，歸去愁妻不下機。

逃妓

櫻桃花底避人行，團扇前宵影尚明，
魚婢杳然流水跡，鸚哥猶作下簾聲，
賣珠憐汝如兒女，黏帖教人識姓名，
最苦閩娃相伴久，青衣空挂不勝情。

五妃墓

秀姑合伴王袁死，兩婢荷梅死更奇；
海上鵑啼悲玉帶，塚中魚貫葬瓊枝。
法華寺畔尋詩碣，魁斗山前弔冷祠；
竹滬遙遙埋白骨，城南風雨走靈旗。

夢蝶園

劫運河山畢鳳陽，朱家一夢醒蒙莊；
孝廉涕淚園林冷，經卷生涯海國荒。

殘粉近鄰妃子墓，化身猶傍法王堂；
誰從窮島尋仙蛻，赤嵌城南弔佛場。

白燕

梨花院落柳花天，形影分明瘦可憐；
金屋去來留本色，白頭羇旅負華年。
秋霜樓上佳人淚，璧月宮中狎客箋；
何處素心尋舊侶，徘徊王謝畫堂前。

黑蝶

百花深處態輕狂，罰著青衣亦自傷，
夜夢園中原是漆，春甜鄉裏更尋香。
厭從樂府敲紅板，飛上雲鬟鬥素粧，
最苦捉來無覓處，烏紗窗下立斜陽。

**㈢詩鐘**

| | |
|---|---|
| 「門、夜」二唱（嵌字格） | 公門桃李皆名士<br>子夜笙歌伴美人 |
| 「光、手」二唱 | 袖手棋觀天下局<br>韜光劍秘匣中身 |
| 「山、燕」二唱 | 秋燕忙如將去客<br>名山歸待宦遊人 |
| 「明、水」二唱 | 如水衾難憑酒暖<br>半明燈每為詩留 |

| | |
|---|---|
| 「瓜、瘦」三唱 | 碧玉瓜憐新嫁女 |
| | 黃花瘦比去年人 |
| 「留、報」三唱 | 豈望報恩方愛士 |
| | 本來留客半憐才 |
| 「青、狗」三唱 | 儘許狗屠與將相 |
| | 莫憑青史論英雄 |
| 「名、日」三唱 | 縛我名韁猶戀棧 |
| | 催人日馭又彫年 |
| 「斜、起」三唱 | 山雲起與人爭路 |
| | 江水斜從客轉帆 |
| 「骰子、瞎賊」（分詠格） | 鐫成六面新紅豆 |
| | 罰抉雙眸舊綠林 |
| 「鳩、跌倒」 | 心驚五體如投地 |
| | 首冠全詩詠在洲 |
| 「東、小」（籠紗格） | 春盡惜非三月大 |
| | 韻平繙在二冬前 |

# 參考書目


臺灣省通志稿　黃純青監修，林熊祥主修　臺北　臺灣省文獻委員會　1952年5月

劉永福歷史草　羅香林輯校　臺北　正中書局　1957年7月增訂臺一版

臺灣省通志　張炳楠監修，李汝和主修　臺北　臺灣省文獻委員會　1960年6月

臺灣涉外關係史　林子候編著　臺北　著者發行，三民書局經銷　1978年3月

晚清治臺政策　張世賢著　臺北　東吳大學中國學術著作獎助委員會　1978年6月

臺灣開發史　林再復著　臺北　三民書局　1980年6月

清史稿　趙爾巽等著　臺北　鼎文書局　1981年9月

臺南市志　臺南市文獻委員會編修　臺北　成文出版社　1983年3月　臺一版

臺灣通史　連橫著　北京　商務印書館　1983年10月　修訂第2版

簡明臺灣史　楊碧川著　臺北　第一出版社　1990年4月再版

臺灣詩乘　連橫編撰　臺北　臺灣大通書局　臺灣文獻史料叢刊第8輯

臺灣史　戚嘉林著　著者發行，自立晚報經銷　1991年9月新增修版

臺灣史研究　黃秀政著　臺北　臺灣學生書局　1992年2月

連雅堂先生全集　連橫著　南投　臺灣省文獻委員會　1992年3月

臺灣詩薈　連橫著　南投　臺灣省文獻委員會　1992年3月

臺灣起革命的日子　鈴木明著，黃文雄譯定　臺北　前衛出版社　1992年3月

晚清大變局中的思潮與人物　袁偉時著　深圳　海天出版社　1992年12月

臺灣人民歷史　陳碧笙著　臺北　人間出版社　1993年9月

臺灣民主國之研究　黃昭堂著，廖為智譯　臺北　財團法人現代學術研究基金會　1993年12月

臺灣民主國的自主與潰散　施家順著　高雄　復文圖書出版社　1995年5月

臺灣史事概說　郭廷以著　臺北　正中書局　1996年12月重排本

## 相關文獻

楊雲萍　唐景崧雜記
公論報　1951年7月27日、1951年8月10日

吳鍾靈　唐景崧的故事
臺灣日報　1965年3月24日

張夢九　唐景崧給劉永福出上中下三策(近百年來政海奇觀)
臺灣日報　1970年7月18日

曾迺碩　乙未唐景崧之防臺奏電
臺北文物　第5卷第2、3期合刊　頁29-41　1957年1月

石　舍　臺事偶記二則：李經方乘公義輪到臺、唐景崧乘駕時輪內渡
臺灣文獻　第10卷第1期　頁153-154　1959年3

月

吳　蕤　　唐景崧十日自主與南北洋大臣
暢流　第26卷第8期　頁5-7　1962年12月

張雄潮　　唐景崧抗日之心及其奏電遺稿
臺灣文獻　第16卷第1期　頁78-88　1964年3月

楊雲萍　　牡丹詩社與福雅堂詩鈔及其著者
臺北文物　第4卷第4期　頁15-20　1956年2月

廖漢臣　　唐景崧與牡丹吟社
臺北文物　第4卷第4期　頁27-31　1956年2月

林光灝　　唐景崧與牡丹詩社
暢流　第34卷第5期　頁7-8　1966年10月

羅香林　　唐景崧與其所修改的桂戲
東方雜誌　第1卷第8期　頁26-33　1968年2月

# 章太炎在臺灣

歐修梅 *

## 一、前言

魯迅在過世（1936年10月9日）前，寫了一篇紀念他的老師章太炎（1869-1936，原名炳麟，字枚叔；後更名為絳，字太炎）的文章：〈關於太炎先生二三事〉，是論及章太炎者時常引用的一篇文字，其中以太炎為「有學問的革命家」的評價，幾乎成為定論，此後，雖然章太炎的另一個學生湯炳正想正名為「有革命業績的學問家」①，但是無論學術、革命的先後次序如何，事實上他的兩位高徒都承認，章氏一生最重要的成績是在革命和學術兩方面。在政治上，章太炎和孫中山、黃興等人，同為肇建中華民國的革命先行者；在學術上，章太炎對於中國經學、小學、哲學、佛學，甚至醫學，都有著相當重

* 歐修梅，實踐大學共同科兼任講師。

① 魯迅〈關於太炎先生二三事〉，收入《魯迅全集》（北京：人民文學出版社，1981），第6卷，頁545-547。湯炳正：〈憶太炎先生〉，《中國文化》第8期（1993年6月春季號，北京：三聯書店，1993年10月），頁184。

章太炎像

要的貢獻，直至今日，透過著作以及他的學生，依然在中國人文學科上，有著很大的影響力。

滿清政權閎肆昂揚的康乾盛世，到了十八世紀的九十年代，亦即乾隆統治的末期，已走向衰頹；嘉慶、道光朝更是上下交相欺，加以叛亂迭起、河決頻仍，中國內部已幾近脫序，對於如虎狼的西方強敵，更是全無抵禦的能力。於是，自道光二十二年五月二十四日（1842年8月29日）南京條約之後，中國史書便由大小的內外戰事、不平等條約所串連。

同治七年十一月三十日（1869年1月12日），章太炎出生於浙江省餘杭縣東鄉倉前鎮。當時，太平軍叛亂（1851-1864）剛剛結束，在歷經屈辱的道光、咸豐二朝之後，進入所謂的「同治中興」。同治朝（1862-1874）對內持續咸豐朝重用漢人的政策，對外的態度則由敵對轉向妥協。當時即使官方與士大夫階級並不熱心支持，但是也都瞭解「開辦洋務」、「變法自強」已是勢在必行的方向。

1846年，清廷對外國傳教的禁令廢弛，各國傳教士的活動更為活躍，咸、同年間，西學的輸入就依附著傳教工作在中國大肆開展。其中，教會開辦的雜誌和翻譯的書籍，是一般士人瞭解西方的主要窗口，而官方的江南制造總局和同文館，也在同治朝開始譯書事業。所以即使這個時期西學的輸入緩慢，而且對中國士大夫的影響還只是很表面②，但章太炎仍可說是出生於中西文化已經交流的時代。

章太炎六歲啟蒙，二十三歲之前，在家中由父親章濬和外祖父朱有虔教授讀書。章太炎說他小的時候，在外祖父的書架上，讀到蔣良騏的《東華錄》，當他讀到書中有關戴名世、曾靜、查嗣庭等人的案件時，便因為異種亂華而心中發憤，後來他又讀了鄭思肖、王船山的書，深受其中保衛漢種的言論所啟發，因而民族思想逐漸發達。③在章太炎的自述中，他對於自己民族革命思想的早慧，顯然相當自矜自喜，因而在他革命意向確定後，曾一再提及自己因為外祖父的啟發，在十幾歲時就有民族革命思想伏根於心。④

父親章濬過世後，二十三歲的章太炎進入詁經精社跟從俞樾讀書修業。俞樾，字蔭甫，號曲園，浙江德清人，是清代以治學謹嚴著名的樸學大師，著有《春在堂全書》五百多卷，其中以《群經平議》、《諸子平議》、《古書疑義舉例》最為著

② 這是張灝的判斷，見氏著：〈思想的變化和維新運動，1890~1898年〉，收入費正清主編《劍橋中國晚清史》（北京：中國社會科學出版社，1993年9月），下卷第5章，頁323。

③ 章炳麟：〈東京留學生歡迎會演說辭〉，《民報》第6號（1906年7月25日）。

④ 何冠彪〈論章炳麟對黃宗羲與王夫之的評價——兼論章炳麟自述少年事蹟的可信性〉排比了章太炎在不同時期所自述的革命思想淵源，認為有「層累造成」的現象，亦即章太炎隨著年紀愈大，而把他革命思想萌芽的時間說得愈早，其目的無非是要誇耀他革命思想的早熟。文見《國立編譯館館刊》第25卷第1期（1996年6月），頁206-209 。

名，他的《諸子平議》並且被認為可以和王念孫的《讀書雜志》相提並論。章太炎在詁經精社「出入八年」(1890-1897)，和老師俞樾頗「相得也」。⑤其間，又曾向黃以周、高學治、譚獻請益，這一個時期的轉益多師，為章太炎的學術植下厚實的基礎。

## 二、投入公共議讀

1894年8月，日本發動甲午戰爭，中國慘敗，1895年簽定了屈辱苛刻的馬關條約。這對施行「自強運動」多年的中國政府，不啻是一大打擊。光緒皇帝於1889年十八歲「親政」後，即在翁同龢的影響下開始接受來自西方的新思想，雖然實際掌權的慈禧在1895年禁止光緒接觸西學，但是光緒對西學的興趣，以及從事大幅改革的意願一直沒有消失，這也就是1895年康有為連上三本奏章，能引起青年光緒熱烈反應的基本原因。

1895年以後的三年，學會、現代化報刊大量出現⑥，這些活動的推動力，便是開始覺醒的民族主義。《時務報》開辦於1896年秋天，是當時與維新運動關係密切且規模最大的報

⑸ 見章太炎：〈謝本師〉，原發表於《民報》第9號(1906年11月)，今引自朱維錚、姜義華編注：《章太炎選集(注釋本)》(上海：上海人民出版社，1981年9月)，頁121。

⑹ 在1895到1898三年中，據統計共有七十六個學會成立，出現約六十種的報紙。出處同註⑵，頁385-387。

紙，而當年年底（光緒二十二年十二月，1897年1月），二十九歲的章太炎便由杭州來到上海，進入《時務報》任職，並在《經世報》、《實學報》、《譯書公會報》發表文章。章太炎實際投入政治議論的時間，就他個人的生命歷程來說，不算太早；但是，就舊中國來說，使用報紙和雜誌作為評論社會和討論公共事務的工具，畢竟要到十八世紀九十年代後期，才真正大量出現，從這個層面來看，章太炎投入公共議政又算比較早的。這些新興的傳播工具，傳遞了知識分子有參政的權利和義務的新認識，並且指示著唯有通過實際參與政治，中國才能真正富強的新方向。而章太炎自二十九歲以後，便開始以撰文發表於報刊的形式投入政治，終其一生，他的議論都是大聲鏜鎝，令人側目。

## 三、和康、梁政術相合，而論學自異

章太炎在晚清雖然是主張革命的先驅，但是他的革命主張也還是經歷了一個漸進的過程。在他投入公共議政的初期，他的政治主張大抵和康、梁等人的維新變法相同。在〈論學會有大益於黃人亟宜保護〉一文中：「變郊號，柴社稷，謂之革命；禮秀民，聚俊才，謂之革政。今之亟務，曰：『以革政挽革命』。」⑦主張以當日的時局，應從事「革政」，因為當時

⑦ 本文原發表於《時務報》第19期（1897年3月3日），今引自湯志鈞編：《章太炎政論選集》（北京：中華書局，1977年11月），頁8-13。

「內亂不已，外寇間之」，中國的處境相當危急，為了避免「反使白種為之尸」，因而主張「革政」，這和康、梁當時主張革命不如立憲的看法相當接近。

此外，康、梁進行維新變法的主要手段，如辦報刊、設學會，也深得章太炎的支持和踐行。從 1897 年初到 1898 年秋天，章太炎除了曾在《時務報》撰文外，還與「興浙會」同人創辦《經世報》(1897 年)、擔任《實學報》的主要撰稿人、主筆《譯書公會報》；此外，他又在杭州籌組「興浙會」(1897 年)、在武昌襄助張之洞籌設《正學報》(1898 年，後因與張意見不合，不久即離去，而《正學報》也始終沒有出刊)。

即使在維新運動期間，章太炎的政治主張頗同於康、梁，可是在學術上，章太炎所受的嚴謹篤實的樸學訓練，畢竟與康有為詭誕恣肆的今文經學派「輒如冰炭」，而且章太炎對於康有為意欲建立孔教，以及康門樹立「南海聖人」的作法也相當不以為然，因此章太炎與康門弟子共事時，每每齟齬扞格：「或言康有為字長素，自謂長于素王。其弟子或稱超回、軼賜，狂悖滋甚。余擬以向栩，其徒大慍。」⑧章太炎當時或者並不視孔子為聖人，但還是尊其為可敬的史學家，所以對於康有為自謂更勝孔子，弟子自號可超越顏回、子貢，忍不住反唇

---

⑻ 本引自《太炎先生自定年譜》，頁 5。又該書為章太炎在 1928 年(民國十七年，時年六十一歲)所編定，後臺灣商務印書館收入「新編中國名人年譜集成」，版面、頁次均同原版，改名為《民國章太炎先生炳麟自訂年譜》(1987 年 8 月二版)。以下簡稱《自定年譜》。

相識，將康氏比擬為後漢的向栩。⑨最後甚至與康氏門人揮拳相向⑩，而終至決裂。章太炎自1897年1月應汪康年、梁啟超之邀，赴上海任職《時務報》，4月離開，前後只有四個月的時間。但是卻成為他在1898年流亡臺灣的主因。

## 四、流亡到臺灣

《自定年譜》1898年記載：

> 其秋，康有為得清主寵任，以變政獲罪。清廷稱朝野論議政事者為新黨，傳言將下鉤黨令，群情惶懼，日本人有與余善者，招游臺灣。九月，攜家南渡。

1898年，變法維新運動於百日之內旋起旋敗，慈禧在九月底廢黜和逮捕許多直接間接與維新運動有關的官員和文人，章太炎因為曾任職《時務報》，所以也在通緝之列。章太炎耳

⑨《後漢書》說向栩：「恆讀《老子》，狀如學道，又似狂生。……有弟子，名為顏淵、子貢、季路、冉有之輩。……拜趙相。……徵拜侍中，每朝廷大事，侃然正色，百官憚之。」但當黃巾賊張角作亂時，他居然說不必興兵備戰，「但遣將士於河上北向讀《孝經》，賊自當消滅」。見《新校本後漢書》（臺北：鼎文書局，1987年1月五版），第4冊，頁2693-2694。

⑩ 關於章太炎和康門弟子的肢體衝突，在章太炎4月20日（三月十九日）〈致譚獻書〉中，有相當詳細的敘述，見湯志鈞：《章太炎政論選集》，頁14-15。另孫寶瑄在光緒二十三年三月十四日的日記，亦載有耳聞自章氏的敘述，見孫寶瑄：《忘山廬日記》（上海：上海古籍出版社，1983年4月），頁89。

聞目睹這場巨變，憤而寫下〈祭維新六賢文〉，又於《昌言報》（原來的《時務報》改組）發表〈書漢以來革政之獄〉，公然表達對維新志士的同情，並嚴辭指責「設淫辭而助之攻」的「反覆小人」（指袁世凱、張之洞、梁鼎芬等人）。後以清廷確實有令通緝，於是在陳介石、宋恕等友朋的力勸下⑪，應日本友人之招來到臺灣。

1895 年，清廷在甲午慘敗後，將臺灣割讓給日本，這對於民族意識極強的臺灣人民，實在是既傷感又難以接受的結果，所以各地抗日義舉不斷，雖然到 1902 年，「全島土匪掃蕩告一段落」，但之後抗日活動仍未斷絕，依然在臺灣各地零星出現。

光緒二十四年十月二十一日（1898 年 12 月 4 日），虛歲三十二的章太炎帶著妻子王氏⑫及長女㸚（音「麗」）、次女叕（音「綽」），以及兩個傭人乘船抵達滬尾（今淡水），開始他第一次漂流海外的政治流亡。

根據李植〈餘杭章先生事略〉，章太炎到臺灣，原是有效法顧炎武的懷抱：「念臺灣有鄭成功遺民，割隸日本未久，將法顧君躬歷九邊，墾田自食，以覘世變。日本人館森鴻者，故為德清弟子，與有雅素。乃適臺灣，寄旅館森鴻所。」⑬這裏

---

⑪ 馬敘倫：〈章太炎〉，《石屋餘瀋》（上海：建文書店，1948 年），頁 47。

⑫ 依傳統的算法，王氏應該是妾，章太炎因從小就有癲癇症，所以家裏並未為他正式娶妻。1892年王氏入門，1903 年過世，夫妻感情篤厚，育有三女。王氏過世後，章太炎一直沒有再娶，直到 1913 年，才經由孫中山介紹，而與湯國梨正式結婚。

說日本人館森鴻也是俞樾的門生，和章太炎是舊識，恐怕是有問題的，實際上章太炎是到了臺灣才認識館森鴻的，而且館森氏雖然曾經拜訪過俞樾，卻沒有進入門下。不過，館森鴻確實是章太炎在臺灣結識的好朋友，兩人一見如故，之後甚至還結為異姓兄弟，爾後雖然各自離開臺灣，但終生都維持著往來。

章太炎到臺灣後，經由詩人山根虎雄的介紹，擔任《臺灣日日新報》的記者⑭，閑暇時，時常與日本在臺的官吏，如法院長水尾晚翠、報館主筆籾山逸也、督府小吏館森鴻等人，以及其他同屬玉山詩社的朋友吟詩聚會。⑮章太炎在臺灣雖只有半年時間，但卻寫作了大量的詩文，主要都發表在《臺灣日日新報》。

## 五、任職《臺灣日日新報》

《臺灣日日新報》是在1898年由《臺灣新報》與《臺灣日報》合併而來。成立之初，即接受來自總督府的贊助，自5月6日發行的創刊號開始，此報始終秉持著一貫的創辦宗旨：

---

⑬ 文見《制言半月刊》第25期（1936年9月16日），頁1。

⑭ 馮自由〈章太炎事略〉：「章避禍至臺灣，日人慕其文學，詩人山根虎雄特介紹之於《臺灣日報》，被聘充該報記者，臺灣學務官館森雄亦延章修改文字，章在臺北文名藉甚。」見氏著《革命逸史：初集》（臺北：臺灣商務印書館，1953年2月臺二版），頁53-54。《臺灣日報》為《臺灣日日新報》之誤。

⑮ 章太炎在給朋友汪康年的信中，說起他和這些日本文人「時或接見，觴豆吟詠，聊以卒歲」。見上海圖書館編：《汪康年師友書札》（上海：上海古籍出版社，1986年2月），第2冊，頁1953。

「配合總督府的施政方針，協助專心於經營新領土，啟發本島住民，同時，扶持鞏固大和民族在南方勢力的推展。」⑯創刊號共六頁（六頁的規模一直持續到1910年11月1日才變為八頁），其中漢文版占一至二頁。漢文版的內容在：「積極介紹近代化文明以啟蒙臺人，同時報導總督府各項政策和施政，鼓吹新政之好處，以求化解施政之阻力。」⑰

《臺灣日日新報》1898年12月7日（光緒二十四年十月二十四日）「社員添聘」：「此次本社添聘浙江文士章炳譽，字枚淑，經於一昨日從上海買棹安抵臺北，現已入社整頓寓廬矣。」當時的《臺灣日日新報》社在10月時，剛由艋舺新起街（今萬華長沙街二段）搬到臺北城內西門街（今衡陽路力霸百貨現址），很有一展鴻圖的理想。這一年年底，當《臺灣日日新報》展望新的一年，在一篇名為〈明治卅二年的臺灣日日新報〉⑱的宣告中，便把東京文人籾山衣洲和章炳麟的加入，當作是漢文版在新年值得一書的改善。

西門街（今衡陽路）自清代闢建臺北城開始，就一直是臺北的熱鬧地段，章太炎位於今日萬華區廣州街123號⑲的「官

⑯《臺灣日日新報》社長守屋善兵衛的〈告別の辭〉，《臺灣日日新報》第1版，1910年5月21日。

⑰ 鍾淑敏：〈館藏「臺灣日日新報」的史料價值及其利用〉，《館藏與臺灣史研究論文發表研討會彙編》（臺北：國立中央圖書館臺灣分館，1994年4月），頁146-147。

⑱〈臺灣日日新報と明治卅二年〉，《臺灣日日新報》第2版，1898年12月27日。

⑲ 章太炎在臺北的住址，是據黃玉齋錄臺灣省通志館顧問委員魏清得所說，見黃氏著〈章太炎與本市操觚界〉，《臺北文物》第5卷第4期（1957年6月），頁43。

房」，也是座落於繁華的市街，但是雖然落居繁華，居處卻狹長湫隘，他形容住所是：「直長如竹筒，隔之乃成三節：前後為客坐，中為臥室，亦可謂為蝸牛之角矣。」⑳儘管如此，章太炎停留臺灣的半年時間，仍在他的「蝸居」寫出了大量詩文，其中發表在《臺灣日日新報》的部分（詳見本書附錄），便有五十九篇，篇目統計如下：

1.文：30篇（若不計篇題，則有43篇）。

2.詩：7首。

3.識語：2則。

4.詩文批語：7則。

就文章的內容來說，大抵可分為三類，一、在政治上章太炎所關懷的面向有以下幾個部分：㈠針對中國：嚴辭抨擊清國政府的腐敗，對戊戌變法的理念和失敗表達同情；㈡面對臺灣：就所見所聞，提出對臺灣發展的建議；㈢注目國際局勢的變化，尤其是亞洲的發展。二、除了政治性的文章外，章太炎也發表長篇的學術意見，展示了他這個時期的學思心得。三、最後一部分則是最能展現感情起伏的詩文和書信。

### ㈠北眺故國

章太炎在臺灣的作品，有一半以上在議論中國的情勢，主要內容是在抨擊以慈禧太后為主的滿清官僚，並對六君子、康、梁等維新人士致以同情之意。

---

⑳ 同註⑮，《汪康年師友書札》，第2冊，頁1954。

如前所述，章太炎和康有為之間，雖然「論及學派，輒如冰炭」，但基於同樣的救國熱情，章太炎對於康梁變法維新的理想是相當贊成的，這可以從當時還在詁經精社的章太炎，一得知康有為成立「強學會」(光緒二十二年，1896)，即由杭州「寄會費銀十六圜入會」㉑可知。後來他更不理會老師俞樾的「不懌」(《自定年譜》，頁5)，而應梁啟超和夏曾佑的邀請，離開詁經精社，到上海的《時務報》擔任撰述。其後，他雖然離開《時務報》，但是所從事的工作，也還是類同於康、梁提倡的辦報刊、興學會。所以當維新黨人在一夜之間橫遭殺戮，而自己也不得不流亡海外，這種悲憤抑鬱之情，恐怕總是要「疢懷中夜，不能奮飛」(〈「康氏復書」識語〉)。

抵臺未久，章太炎就在12月11日的《臺灣日日新報》發表他在臺灣的第一篇文章：〈祭維新六賢文〉，這一篇祭文並不是在臺灣寫成，而是在農曆八月（10月初），聽到維新六君子遇害時所作，當時章太炎想要和他的朋友一起到黃浦江畔設奠祭拜，可是多方打聽之後，還是無法得知譚嗣同靈柩回到上海的時間，不久他便來到臺灣，因此，沒能實際祭奠。㉒雖然如此，但是以這篇文章作為抵臺後首次公開發表的作品，還是很能看出章太炎這個時期主張維新的政治立場。爾後的半年，支持維新、抨擊清廷，一直是章太炎為文的主要內容。

---

㉑ 朱希祖：〈本師章太炎先生口授少年事跡筆記〉，《制言半月刊》第25期，頁1。另《自定年譜》:「有為以公車上書得名，又與同志集強學會，募人贊助，余亦贈幣焉。」(頁5) 記的也是這件事。

在臺灣的半年，章太炎傾向維新改革的政治立場相當鮮明，戊戌政變後的維新黨人大多避居海外，已經失去政治改革的舞臺，因此一般的政見大多只能情緒性地繞著救皇上和罵太后打轉。訾罵慈禧太后以及所有阻礙改革的官僚，也是章太炎這一時期文章的重點，而且因為羅網不及，所以可以暢所欲言，於是言辭辛辣，極盡嘲諷之能事。

祭維新六賢文　清國章炳麟

光緒二十有四年八月杭州布衣章炳麟謹以清酌庶羞致祭於維新六賢之靈嗚呼哀哉獱々丁零晲我神臯嗟嚇宮府如犢在牢亦有東鄰大聲而嗥瘏我朝醒振我迟撓是謂之援白日比昭彼昏日醉驢若黍子瞷其貙貍遠其竹齒神州之命制于朔方倨牙朝磨夕舐于腸刳矣伏蠱偃臥在旁鴻都之吏清人之將社鼷自固不灌不煬馬逸其轡獸焚其窟彼握璽者政君是悅一髮之懸宗周未滅王母虎尾孰云敢履惟我六賢直言以牴罩不懼咥固忘生死上相秉威猥弧枉矢以翼文毋機深結閉大黃擬之太阿抵之長星既出燒之薙之緊古亡徵黨人先罹斷詬之足責惟女媧匪喪陳寶喪我支那孰不有死天柱峨峨上爲徵燥下爲大波洞庭之濱與君共沮嗚呼哀哉尙饗

章太炎〈祭維新六賢文〉

12月16日，章太炎發表〈清廷偵獲逋臣論〉，嘲諷自比於女媧的慈禧，竟然密諭駐東京公使想辦法捕捉康有為，如果不能生擒，也要設法把他殺害。慈禧奪政時，康有為還在中國轄區，當時沒能將之逮捕，現在反要到另一個國家用計謀、行暴力，章太炎譏諷慈禧以一個文明國家太后的身份，而到異國（日本）從事如荊軻的刺客行為，不僅昧於國際公法，暴露清廷的無能，而且根本沒有成功的可能，只是徒為鄰邦所笑。

接著，在一個半月之中，章太炎又陸續發表了〈書清慈禧太后事〉（1898年12月25日）、〈俳偕錄〉（1898年12月28日）、〈黨碑誤鑿〉（1899年1月29日）等文章，痛責迫害、出賣維新黨人的慈禧、袁世凱、張之洞等人。章太炎認為慈禧屠戮維新黨人，乃是她始終不渝的陰鷙的外現，並非「晚節之墮」，他從史實上來陳述慈禧太后秉政三十年，就主導三次殘害忠良的政治事件，絕非如俗人所見：慈禧太后以仁恕為始而以陰鷙終，是到了晚年才墮落。章太炎認為「惡直醜正」正是慈禧天性，她的殘賊是一以貫之的。假如順此類推，則只要慈禧掌權，正直之士便永無出頭的可能。

而〈俳偕錄〉則在諷刺比喻袁世凱。章太炎設計了一段凡鳥與駝鳥的對話，凡鳥認為駝鳥（比喻袁氏）有「奇材高足」，高飛則可至雪山、戈壁，可是卻不去效法北方的鵰鴞老鷹一類的飛禽，自由地搏擊狐狸野兔，反而「甘為人服乘、載重而不怒，出跨下而不恥，伈伈俔俔，惟鞭箠是懼」，極盡挖苦之能事，讀來令人會心一笑。

至於「欺世盜名」的張之洞，居然被東京《朝日報》誤推為改革派領袖，是可忍也孰不可忍也？章太炎馬上以「黨碑誤鑿」為題，為文揭露張之洞「外託維新」，實則卻是「養交持寵」的真相。張之洞不僅並非真心於新政，而且在八月的維新政變中，還「反倒戈新黨，凡七次發密電至京，諂諛長信，無所不至」，政治操守可疑。現在維新變法雖然沒有成功，此舉則已足以鐫鏤黨碑以流芳百世，今天反要以出賣者為維新首領，這麼大的誤謬絕對不容許存在！

章太炎因為種族觀念萌芽得早，並不願意無條件地接受異族皇帝的統治地位，但是此時在政治前途上，他尚未找到另一個出路——革命，因此，〈客帝論〉（1899 年 3 月 12 日）的提出，可以看出他試圖調和自身在堅持種族主義和擁護異族皇帝之間的齟齬。章太炎說中國自古以來，就有援用他國人材為客卿的慣例，所以滿洲人在中國當皇帝，不妨把他們看作「客帝」，只要這些「客帝」能夠尊奉孔子的後裔為共主（類似虛位元首），而自居為齊桓公、晉文公之類的霸主地位，那麼逐滿的論調也就可以止息了。〈客帝論〉先是發表於《臺灣日日新報》，不久又刊登於梁啟超在日本主編的《清議報》（光緒二十五年四月），後來增改一些內容後，收入章太炎《訄書》初刊本。不過「客帝」這個論點，在一年之後（1900），就被章太炎自認謬誤而加以匡正了。在《訄書》修訂本的「前錄」，章太炎說他在1898至1899年之間，因為和尊崇清室的康、梁等人交游，所以作了〈客帝論〉，以現在的他看來，這篇文章的觀點根本是文飾他自己的苟且之心，而且違背了形勢。㉓

### ㈡注目臺灣

章太炎在《臺灣日日新報》的另一類議論，則是著眼於臺灣的經營。1898年12月，章太炎攜眷到達淡水，下船之後，就先與鄉里父老閒聊起來，因而對於臺灣的民意、法禁有了粗略的認識。稍稍安頓之後，有一次和民政長官後藤新平談起臺灣的教化，章太炎得知後藤有意設立書藏（圖書館）㉔，便大力慫恿㉕，並且馬上寫了〈臺灣設書藏議〉，發表在1898年12月18日的《臺灣日日新報》。當時的民政長官擁有臺灣最高的行政權利，而後藤新平尤其為總督兒玉源太郎所倚重。

---

㉒ 章太炎：〈荅梁卓如書〉，《臺灣日日新報》第5版，1899年2月5日。

㉓〈客帝匡謬〉，原刊於章太炎：《訄書（修訂本）》，今引自朱維錚、姜義華編注：《章太炎選集（注釋本）》，頁119 。

臺灣設書藏議　章炳麟撰
民之智愚窮島與大陸均也然而或爲僿壞或爲文明之國
者何哉天地以江海之峽分町畦處乎一畦者其禮俗風教
老身長子而不與比鄰相迴達是以智民伏匿椎愚之萌櫱
卷而無所寤雖然化其偏者則視乎土宜因乎民俗操劑量
而致之中和也已矣臺灣者閩南之大嶼也吾觀西方測候
家之言曰自雪山以東赤道以北颶風所發其樞自臺灣始
故其民[illegible]悍而勁瀕海鳥鹵以魚鹽爲業士則帶刀習技擊
藝文疏[illegible]且閩學之體而稍陵遲衰微[illegible]隸支那遭漫爲[illegible]
擿僻爲樂以[illegible]病帖括困其民離醜苛細非其所好也自午
未而降疆場之地一彼一此而歸乎東國東國種教故異支
那如合[illegible]獨其在官之政不能無小異其語言又待舌人而
通與接爲構勿得其楷故習于東學者若[illegible]驥越淡水抑睎
廈門而逮乎侯官俛睎香港而逮乎番寓其舟楫之賈逐什
一以爲利所操皆無生之具未有齎圖籍歸者欲被民以文
化而不可得也故習乎漢學者若逵理之木嗟乎逝者之日
滑也養夜之不暘而吾黃人若是也久矣褱失數百年[illegible]
圖未易法度弛頓尚歸咎於學官之失職今違亂國而之治
世猶自安樸遬不與皓大道其譜錮於習俗而未之脫乎其
必非吾[illegible]民之始願可知也余以鄙生效輇材諷說于禹域
遭時不淑黨錮禍起同志嬰戮介黃南走負紲遁尾甫解維
進其里父老與[illegible]民氣之剛柔法禁之緩急稍稍得大略比
入闍堞則中國小學之塾亦賓然成行列以教童齔而不以
造成人意稍慊之吾意都會之間一丈之室必有發出金石
而通乎經世先王之志者欲徵駕求之不可得則又以[illegible]
病帖括之困數年不瘳今政俗既易其當瞑眩而汗下無疑
也梓匠醫方言雖不文必有通乎重力生物之學者欲徵駕
求之又不可得[illegible]有復于余者曰自[illegible]之禍墳籍耗斁學
者所操業盡矣未嘗爲牧而牂生於奧未嘗爲田而鶉生于
宊其可得乎將[illegible]之從事于學塾則書量之竹笞壯夫其倦
學焉其抑者厚資其俊乂而使之游歷於鄰域敝費困不貲
其士庶亦憚于行遠州居私議惟請于太府闓置書藏以[illegible]
通萬物費不過二萬金而士夫之浸淫者已多斯殆可乎余
曰有是哉昔王伯厚氏有言曰自十[illegible]以典籍[illegible]楚於是
倚相觀射父皆誦古訓以華其國而楚辭與周南同風典籍
之益人也如是夫荊楚之域篳路藍縷其民騰踔于枳棘之
閒一朝得冊籍于柱下而民智恂達若出幽谷今臺之民皆
漳泉舊民也雖越海而處詢其故俗有畫如李氏之遺學焉
中據赤嵌又舜水朱氏之所以發[illegible]其與[illegible]篳路藍縷
而騰踔于枳棘之間者其亦遠矣苟[illegible]時有所假貸以
衆斛蔥渠以承之蓋咸以涵之于[illegible]之不[illegible]

章太炎〈臺灣設書藏議〉

在〈臺灣設書藏議〉文中，章太炎認為午未之際（1894到1895年），清廷將臺割讓予日本，知識分子紛紛東渡回母國，而商人但知謀利，所以即使有商船來往各地，也從來沒有

㉔ 1898年5月，《臺灣日日新報》的同仁之間便有設立圖書館的建議，而且得到社長守屋善兵衛的支持，同年12月25日，在民政長官後藤新平的官邸召開「臺北圖書館發起人」會議，正式展開籌備工作。1901年1月27日以「私立臺灣文庫」為名，開始開放給民眾使用，這是日據時期臺灣第一所圖書館，也是「總督府圖書館」的前身。見張圍東：〈日據時期臺灣總督府圖書館館史〉，《館藏與臺灣史研究論文發表研討會彙編》，頁74-75。不過在此之前，臺北城內的「登瀛書院」就設有藏書樓，供諸生閱讀、鑽研。見《臺北古城之旅》（臺北：遠流出版公司，1992年3月），頁25。

㉕ 同註⑮，《汪康年師友書札》，第2冊，頁1954。

圖籍運輸回臺灣，在這種情況下，即使有心提振文化，也是巧婦難為無米之炊。更何況臺灣在沒有割易給日本之前，就已經失教百年，以致文化程度普遍低落，以章太炎自己身邊的例子來說，他才到臺灣，就有臺灣佳士來跟他借《漢書》，可是不到三天便因無法卒讀而歸還㉖，這讓章太炎相當感慨，所以一旦得知臺灣民政局長有意設置圖書館，他便竭力提供意見。他認為設置圖書館不僅比派人出島留學要省錢，而且受益的人更多，以臺灣原有的文化根基，如果能設立圖書館使有心的讀書人借閱、鈔錄，那麼不出三年，一定可以民氣大振。至於圖書，則不妨中、日文各半；內容上則先取普通、後取專門，對於多有華辭的書籍，則先行加以刪修而存其簡要，而且最好延攬專家先行將圖書分類，編寫目錄與提要，以指示為學者途徑。假以時日，必可「民智恂達若出幽谷」，且「必有超軼乎大陸者」。

章太炎不止建議設置圖書館，他自己還翻箱倒篋，找出他認為有益臺灣人民的藏書來翻刻，並寫了〈刻包氏《齊民四術》第二十五卷序〉（1899 年 1 月 11 日）。章太炎認為臺灣無論在氣候或土壤上，都相當適合農耕，可惜人民習於偷惰，不善用自然條件，而且也不知道農作方法，所以，只要略為歉收，便需向印度、越南進口稻米，而物價藉此飛騰，也讓人翹舌不已。章太炎計算臺灣當時的田地面積和平均收穫，認為要供應臺民食用絕對綽綽有餘，只要人民可以改去疲懶偷生的習性，

㉖ 同前註。

各依地力而選擇適當的作物，勤加施肥灌溉；豐年時則將多餘的收穫貯積起來，那麼即使遇到「康年」㉗，也不必自國外進口食糧，而且不用忍受物價不合理的波動。

當時臺灣的農耕方式還相當原始，不僅作物種類不加分辨，不知使用肥料，而且也缺乏灌溉的觀念和系統，所以，章太炎找出自己藏書中比較適切的農書，加以刊刻。章太炎選擇的書籍是包慎伯所寫的《齊民四術》第二十五卷㉘，書中對於如何依土質擇取農作、穀稷的分辨……，都有很切實的解說。章太炎認為臺民的偷惰絕非本性，如果能改去「媮惰偷生」的習性，加上學習切實可行的農作方法，如此勤耕力作之下，臺灣人民從此可以不再擔憂荒年了。

對於臺灣當時的社會習氣，章太炎事實上相當不以為然。他在臺灣大致安定之後，就給前《時務報》的主辦人汪康年寫信，信上提到臺灣：「民恥貧困，不恥淫亂；中上之家，必有嫪毒。」㉙而且，由於人民懶惰偷生，又加上貪婪成性，導致物價奇高，竟比繁華的上海還高上數倍，連他由上海帶來的兩名傭僕，來到臺灣沒多久，也因看見臺灣普遍的工資較高，竟然不管之前議定的工資，而要求加薪，且態度惡劣，章太炎莫可奈何只好花錢遣散二人。㉚於是他又發揮異議者和諫諍者的

---

㉗《春秋穀梁傳．襄公二十四年》：「四穀不升，謂之康。」

㉘ 包氏的〈齊民四術〉分日刊於《臺灣日日新報》明治32年（1899）1月15日第6版；1月22日第6版；2月5日第6版；2月11日第3版；2月14日第3版；2月16日第3版；2月18日第3版；2月19日第6版。

㉙ 同註⑮，頁1954。這裏的「嫪毒」，應是指鴉片煙毒。

㉚ 同前註，頁1951-1952。

二重角色，而寫了〈諄勸垂綸〉(1898 年 12 月 18 日)，認為臺灣得天獨厚，務農則土地肥沃富饒；從事漁業則淡水河、港都是漁藏豐富，只要有艘小艇，甚至只要根釣竿兒，就可以享受「割鮮烹肥之樂」，可是現在卻因為人民「呰窳偷生」㉛，所以連這不必花大成本從事的釣魚都少人問津，加上日本人喜歡吃魚，因此尺澤之鮒，也要價上千。章太炎知道不可能要求臺民自開沼澤養魚為業，所以只是勸人稍微忍耐勞苦，從事垂釣，因為以臺灣的自然條件，只要肯釣魚，那麼維生絕無問題，而且還可以享有「飯稻羹魚之樂」。

除了農業和漁業外，他對於礦業也不能沒有意見。他看到報上說洗金工人日漸減少，只有清朝統治時的百分之一，原因是洗金者所獲得的生金，不能自由買賣，而礦場收購的價錢又遠低於市價，因此洗金者日少。章太炎認為國家的建設發展，雖然主要是依恃富商大賈，但是如果貧富不均過甚，人民勤苦卻沒有出路，則偷盜掠奪勢必難以禁絕。於是撰作〈平礦論〉(1899 年 1 月 8 日)，為洗金者請命，希望當事者「能閔黔庶之無依」，出面干預營礦者對洗金工人的苛虐和聚斂。

民生問題之外，章太炎對於文化教育更是再三致意，除了上述的〈臺灣設書藏議〉，他還寫了〈論學校不宜專校語言文字〉(1899 年 2 月 3 日)，以及〈臺灣祀鄭延平議〉(1899 年 2 月 16 日)。〈論學校不宜專校語言文字〉是針對日本據臺之後，只重視「口耳觚牘之間」的國語（日語）政策所提出的建

㉛ 呰窳，音紫雨，指人不只沒有才能，而且還苟且偷懶，不肯勤作。

言，章太炎認為在相異文化交流時，不能徒以雙方語言對譯，必須重視「教育之則、物理之分、政事之法」的微言意義。嚴格說來，光是語言文字的對譯就已經大有學問，因為語言往往是思想的載體，對於另一個文化系統的族群來說，如果沒有相應的觀念，那麼連名相的翻譯都會有很大的困難。為了文化的傳播，以及使日本人能夠真正貼近民意，章太炎於是建議學校不該只教授語言，還要進一步教授「所以言」，免得學生只能學為鸚鵡，或者像春秋時的介葛盧，雖能通牛語，但卻無法致用。

而建議日本政府為鄭成功立祀，章太炎的著眼點則在於鄭氏是對臺灣真正有大貢獻，而且志節雄略足以表彰的人物，因此認為應該立為宗廟，並且附祀為國捐軀而無後者（類似忠烈祠）。從這裏我們可以窺見章太炎的歷史文化觀，他未始不知道日本身為異族統治者，必定要竭盡所能地澆滅漢人的民族思想，但是章太炎顯然認為歷史、文化有獨立於政治權力的精神地位，不應當因為政權的轉移而被壓制，所以還是建議當局為鄭成功立祀。

### ㈢盱衡世局

十九世紀中葉以降，亞洲各國同處於歐洲列強的壓迫之下，即使已歷經明治維新成功的日本，亦不能免於威脅，在章太炎的議論中，列強之最貪婪者莫過於俄國，他對於俄國勢力之強大及蠻橫的侵略行為，儘管屢屢無奈地以為勢所必然，但還是寄望有「恢卓雄略之士」能為「雄伯」（〈論亞東三十年中之形勢〉)。設若亞洲不能自出雄伯，他也不排斥引「萬邦之司直」的美國進入亞洲，他認為這不失為抑制俄國氣焰的方法(〈非島屬美利害論〉)。

而面對二等國勢的意大利也來要求中國割讓浙江外海的三門山島(〈三門割屬意國論〉)，章太炎沒有像一般人蹶張裂眥，反而認為應該順從其請，當時的情況是：俄、法、英等國彼此角力，都想延伸擴大在中國的勢力，法國勢力在南方，而俄國在北部，兩國如蝨子寄生於中國，而且彼此在勢力瓜分上相互依存。現在法國的世仇意大利想在浙江外海據有藩地，不僅法國憤怒，而且俄國也擔心意大利此舉會影響他勢力的南伸，所以出面干預。章太炎認為如果答應意大利的要求，那麼一方面可以阻止法國勢力由兩廣北上吳越，一方面又因為違逆俄國的干預，而可以不必接受俄國的勒索。如此，英、意和俄、法在中國因為互相牽制，或者可以維持中國短暫的和平。讀到這些氣弱無力，只求減少損失國力的文章，實在很難與骾直任氣的章太炎聯想在一起，這或許也是弱國子民共同的悲哀。

### ㈣故舊與新交

章太炎剛到臺灣不久，就寫了一首五言古詩寄贈梁啟超，接著又給康有為寫了信，分別刊登在1898年12月27日和1899年1月1日的《臺灣日日新報》上。百日維新之前，章太炎便因為和康門子弟發生衝突而離開康、梁主持的《時務報》，但是同時流亡海外的境遇，使章氏又重新和康、梁取得聯繫。

〈寄梁啟超〉一詩，抒寫了對雙方理想頓挫的惋惜，以及繼續對抗暴虐政權的決心。給康有為的書信並未署名，但是我們由以下幾個理由知道這是章太炎的手筆：

1.本文前序曰：「從清國黨禍中逸出來臺某名流」，與章太炎處境相符。

2.就書信內容而言：(1)提醒康有為注意慈禧派至東京的殺手，與章氏〈清廷偵獲逋臣論〉內容一致；(2)信中言及與康有為「論事大符而學業不能無同異」，與章氏〈荅學究〉所述相同。

3.明治32年1月13日《臺灣日日新報》所刊登的〈康氏復書〉，是康有為回覆章太炎的書信，其內容所論及之馳騁歐美、兼容並包二事，正可回應章太炎這封信的規勸。

4.章太炎在〈康氏復書〉前有附識云：「余于十一月上旬，馳書長素工部，其稿為同人持去，業登報章。」就時間與事況言，皆可證此書為章太炎所作。

章太炎在寄出給康氏的信後，因為思及好友的橫遭殺害，以及天地綱常的潰決，一個月來心緒總是無法振奮，而終日戚戚寡歡。這樣的憂鬱，在十一月的最後一天（這天正好是章太炎滿三十歲的生日），似乎到達了極限，章太炎說他晨起後殷憂填膈，幾乎無法自處，沒想到康有為的回信竟然在這個時候來到，章太炎的情緒和精神一瞬間飛昇振奮了起來，比服食百金良藥還要有效。百年後的今日，當我們讀到這一段識語，彷彿看見康有為的這封書信不僅照亮了章太炎的心，也為他的蝸居帶來冬陽。

章太炎到臺灣之後，除了和故舊康有為、梁啟超、汪康年維持書信聯絡外，在臺灣也結識了一些新朋友，他比較常參加的，是雪窗加藤和館森鴻創設籌組的玉山吟社㉜的聚會，而且他也和法院長水尾晚翠、報館主筆籾山衣洲、總督府職員館森鴻唱和交游，結為文字交。㉝他們為彼此的詩文寫作批語，並刊登於報紙上，章太炎將這些日本人的詩作比美於左思、陶、謝、沈、宋、王、孟、李義山等文學大家，但是，他們的作品其實都並不高明，章太炎如此過譽，不知道是基於應酬，還是文學品味使然？

章太炎在《臺灣日日新報》發表的詩作共七首，身世飄零之感是共同的主題。詩歌體裁原就比較適合書寫沈鬱的心緒，而章太炎一腔激憤熱情，卻換來流離海外的遭遇，每一思及，即令在酬酢的場合，發而為詩也常要颯颯然有秋聲！

〈餞歲〉（1898 年 12 月 31 日）二首寫作於玉山吟社的詩會上，第一首：「不作彭殤念，吾猶戀橢球；短長看日及，身世等蜉蝣。殘鬢睢陽恨，餘生逝水浮，青陽東國早，春又滿蛉洲。」詩一起首，他就表明自己不願效法以死為諫的商代賢臣彭咸，因為他對橢球（地球）還有著無限的眷戀（也可以說是還充滿著期望）。所以即使生命的無常，彷彿朝生暮死的蜉蝣一般，而歷史上也充滿著張巡守節卻不幸殉城的悲劇，但是在春意提早來臨的東國（指臺灣），還是可以對前程充滿期待。

---

㉜ 館森萬平（即館森鴻）：〈雪窗遺稿序〉，《拙存園叢稿》（東京：作者發行，大正 8 年 8 月），卷 1 ，頁 7A-8A 。

㉝ 同註⑮，《汪康年師友書札》，第 2 冊，頁 1955 。

這種揚厲待飛的心情，對於一個三十歲的年輕人來說是相當恰當的。但是，心緒卻在一瞬間低宕而下：「唾壺擊破㉞轉心驚，彈指蒼茫景物更，滿地江湖吾尚在，棋枰聲裏俟河清。」這一組詩後有《臺灣日日新報》主筆籾山逸纖的識語：「是日細雨蕭條，風物尤悽，而諸公雲集，詩酒酬酢，洵極一時之盛，……。」在詩友聚會，以擊唾壺為節的熱烈場合中，章太炎的心緒因為唾壺擊破而急轉直下，舉目所見，景物也因風雨而在一瞬間轉為蒼茫，自己乍別的故國，原本因維新變法而前景可期，誰知也是在彈指之間風雲變色，而自己卻和王處仲一樣，只能在酒後一抒牢騷。所幸自己身軀尚存，或許有目睹河清之時。

在新一年的初二日，章太炎寫成〈正月朏日即事〉（1899年1月7日）一詩，對於自己過去一心救國，卻遭遇陽九（指因戊戌政變而被通緝），今日東來賃舂（為人做嫁，指在報社擔任記者），卻頭髮皤白，難以為用，恨世間再無魯陽公，可以一揮戈，就叫太陽後退三舍。對於自己的奇想和感慨，他又忍不住自嘲身為乾坤一腐儒，哀樂何其多啊！也許該就此醉臥高眠，不再理會世局的變化。

1899年1月，臺灣總督兒玉源太郎邀請章太炎、籾山衣洲等人到總督公館作客，並贈送一幅帝國名勝圖給章太炎，章太

㉞《世說新語》卷13，〈豪爽〉：「王處仲每酒後輒詠：『老驥伏櫪，志在千里；烈士暮年，壯心不已。』以如意打唾壺，壺口盡缺。」劉義慶著，余嘉錫箋疏：《世說新語箋疏》（臺北：華正書局，1989年3月），頁598。

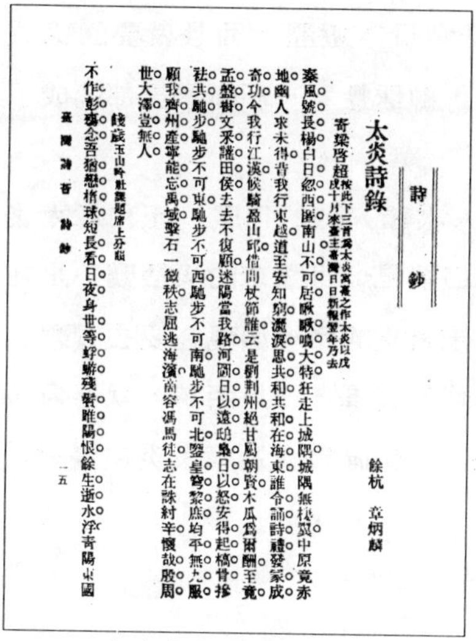
詩鈔

太炎詩錄

寄梁啓超（按此下三首為太炎寓臺之作太炎以戊戌十月來臺主臺灣日日新報翌年乃去）

餘杭　章炳麟

秦風號長楊白日忽西匿南山不可居啾啾鳴大特狂走上城隅城隅無梯級中原竟赤地幽人求未得背我行東越道至安知窮瀧淚思共和共和在海東誰令誦詩禮發冢成奇功今我行江漢候騎盈山邱借問杖節誰云是劉荆州絕甘剧朝賢木瓜爲爾酬至竟孟盤嚮文采謠田侯去去不復顧迷陽當我路河圖日以遠卧梟日以怒安得起槁骨摻祛共馳步馳步不可東馳步不可西馳步不可南馳步不可北鑿皇穹黎庶均平無九服顧我齊州產寧能忘禹域擊石一微秩志屈逃海濱商容馮馬徒志在誅紂辛懷哉殷周世大澤豈無人

餞歲玉山吟社課題席上分韻

不作彭殤念吾猶戀楮球短長看日夜身世等蜉蝣殘臘睢陽恨餘生逝水浮青陽東國

臺灣詩薈　詩鈔　一五

章太炎寓臺時之詩作

炎於是寫了〈兒玉爵帥以帝國名勝圖見贈，賦呈一律〉（1899年1月29日）上呈，詩中不作酬謝客套，也不歌功頌德，而直寫展覽異國名勝圖，心中反而興起個人身世的哀歎，自己的故國也未始沒有浩渺勝景，但是現在卻到處佈滿緝捕的眼線，而有家歸不得。

兒玉源太郎公務之餘，每愛在自闢的「南菜園」（約今羅斯福路一段《國語日報》社附近），邀請日臺名士相與酬答唱和，章太炎雖曾一度參與，但因為「性傲氣驕」，所以大多辭退邀約。㉟在這首詩之後，章太炎似乎不再參與詩會或應酬的聚會，與在臺日人的詩歌酬答足足中斷了四個月㊱，直到離臺前夕，才又留下二首詩：〈玉山吟社雅集分得冬次韻〉（1899年5月30日）、〈將東歸賦此以留別諸同人次韻〉（1899年6號月10日）。前一首詩步履輕盈，很能看出章太炎寫詩時

㉟ 謝汝銓：〈章太炎之行述〉，《臺灣省通志館館刊》第1卷第3期（1948年12月），頁5 。

㊱ 從1月29日到5月30日之間，《臺灣日日新報》沒有再出現章太炎的詩歌或批語，只有1899年2月7日第1版，有一首古甌宋恕的詩，題曰：「枚叔西遊不遇，贈之以詩。」

心境的開朗，也許是即將離臺到日本遊歷，而且就要回歸故里，所以春水游魚、隔江啼鳥，獅球疊翠、貂嶺層雲都就成了可以開爽蕩胸的好風景。

〈將東歸賦此以留別諸同人次韻〉詩的刊載，正和章太炎出發前往日本同一天，詩中雖自稱是一身微末的巢栖鸚，是九死倉皇的山負笋，但是這個微末倉皇的章炳麟現在要去看碧海鯨魚來增壯趣，而且要效法漢代的終軍，一旦西游，就不再回頭。這首寫於「淡水館」㊲的詩，也確實成為章太炎在臺灣行跡的絕響。

## ㈤科學啓蒙者

論者評說章太炎一生時，每每以革命和學術為他的兩大功業，這個評論原則如果改為「政治關懷」與「學術」，那麼也可以適用於在臺時期。章太炎在臺灣時，政治思想還沒有由革政轉向革命，但是他一直非常關心時局的發展，而且也不斷思索著中國的前程。而在學術上他則開始了另一個新的歷程。如前所述，他曾在俞樾主持的詁經精社從學七、八年，因為他本身天資聰穎，加上記憶力極強，所以在離開詁經精社時，他的傳統學術已經有了相當深厚的根基。在臺灣時，他曾將《訄書》

---

㊲ 籌建於1880年的「登瀛書院」，日據後由樺山總督改名為「淡水館」（在今長沙街一段和桃源街交叉處），充作日本駐臺官員的俱樂部，1896年開放給一般士紳聚會使用。章太炎與玉山吟社的聚會時常在此進行。參張圍東：〈日據時期臺灣總督府圖書館館史〉，頁95。

初稿五十篇拿給館森鴻過目。㊳《訄書》是章太炎非常重要的著作，從初刊本到最後改名為《檢論》，最少經過三次大幅度的修改增刪，各自呈顯章太炎不同時期的思想進程，但是無論內容有多大的刪修，《訄書》中所收的文章，一概是學術性著作，其中一貫的主題，是重新檢討中國的傳統學術。章太炎在臺時期，能夠為他的重要學術思考做第一次的整理工作，可能是因為沒有主要的敵人，所以省去許多打筆仗的時間。但是因為收入《訄書》初刻本的作品，除了〈客帝論〉之外，其他均未見於《臺灣日日新報》㊴，所以，我們無法判斷這些作品的確實寫作時間，只知道章太炎即使在臺灣這一段時間，都沒有放下他傳統學術的整理工作。此外，據說章太還曾寫有「中國史略」，才剛完成，就被《臺灣日日新報》的同事借走，沒想到竟然遺失，而且同事還避不見面，使得章太炎非常傷心，說他枉費了十年的心血。㊵章太炎修中國通史的志願一直沒有放下，1902年，在他寫給梁啟超的信上，還曾經提及此事。㊶

或許是基於報紙有教育一般大眾的性質，章太炎在《臺灣日日新報》發表的思想性文章，帶有很強烈的啟蒙民智的色彩，而且大量引用當時的科學觀念，來做為破除迷信的利器。

---

㊳ 館森鴻：〈送章枚叔序〉，《臺灣日日新報》第6版，1899年5月28日；館森鴻：〈儒術真論序〉，《拙存園叢稿》，卷1，頁1B 。

㊴〈客帝論〉收入《訄書》的內容，比較於《臺灣日日新報》時，已有所增加。

㊵ 同註㉟，頁6。

㊶ 章太炎〈章太炎來簡〉，《新民叢報》第13號（光緒二十八年七月初一日）；另見《章太炎政論選集》，頁167-168 。

〈視天論〉（1899年1月8日）承荀子自然天的看法，並援引侯西勒發現的天動說，來說明「天」是「視天」，亦即「天」只是我們看到的樣子，是由阿屯（原子）、空氣所構成，而不是包羅了日月星辰的球體，更不是有神力、能禍福懲賞的「真天」。

1899年1月，臺中發生大地震，死傷無數，民間傳說紛紛，章太炎於是寫了〈人定論〉（1899年1月24日），說明地震只是地球的遺熱，和火山、溫泉的形成原因一樣，沒有示禍福於人的作用，彗星、異象亦然。章太炎認為，如果不能為害人類，那麼即便大如天，也沒什麼好怕的，而如果能夠為害的，則小小的蚊虻也足以成災，在人畜、農作飽受病菌、蚊蟲威脅的今天，章太炎此說有若先知。

〈摘楞嚴經不合物理學兩條〉、〈東方格致〉兩篇長文，則是章太炎以現代科學知識來勘驗佛經與中國古籍的著作。在〈摘楞嚴經不合物理學兩條〉，章太炎說佛經是宗教著作中，最可以和現代哲學（包含科學）相提並論的，他自己就一直很沈浸於《楞嚴經》之中，認為很接近中國傳統學術中的惠施名家之流。但是，他也在《楞嚴經》發現一些不合於科學的說法，於是他把其中的兩條摘發出來，並且用現代的物理觀念加以糾正。於是我們在這裏讀到聲波在不同氣體中的傳送速率，讀到章太炎如何正經地以交互色（互補色）來解釋佛陀說理的正確。經過百年，在現代的學術環境裏，已經很少有人拿科學發現來勘驗宗教著作，這自然是因為人類愈來愈瞭解科學是有局限而且並非完全客觀的，以科學為唯一的判準，更是件非常危險的事情，但是一百年前的知識分子，對於「科學」還是帶著無限的憧憬和樂觀，章太炎在他的年輕歲月裏，似乎也有著對科學的擁戴和熱情，而且他把許多實驗步驟寫得清清楚楚，我們幾乎可以據此推斷，他曾經熱心地就著白紙，瞪視著上面的小紅點，直到小紅點被綠色外圈所環繞，因而歡喜於他能印證在書上讀到的光學原理。

以西學來勘驗中學的嘗試，在〈東方格致〉這篇長文中，更有著炫技式的發揮。當時的中國已有不少人從事這樣的工作，如章太炎文章提到的劉嶽昭，便曾經以管、墨來推衍西方的格致之學，但是劉氏沒有提到惠施，章太炎認為這是不可原諒的，所以他就用西方科學來疏證惠施的「厤物十事」。疏通完「厤物十事」，他又將辯者與惠施相與為樂的說法中，可以和光學原理相應的部分，以及司馬彪的注，一併加以解說。接著，他抉剔《淮南子》書中，可以運用上物理、化學、地質學、生物學、地球科學、天文學的篇章，一一用現代科學的新發現來詮釋、發揮。

1904年，章太炎因蘇報案而入獄，並且成為政治英雄。1906年，章太炎出獄，隨即由上海到東京，東京的留學生為他召開盛大的歡迎會，他在歡迎會上做了一次「令人神旺」的演說，他說起他最近辦事的方法，其中有一項，是要「用國粹激動種性，增進愛國的熱腸」㊷，這個「國粹」是指中國文化歷史上優秀、特殊的語言文字、典章制度、人物事跡，瞭解了

㊷ 章太炎：〈東京留學生歡迎會演說辭〉，《章太炎政論選集》，頁271-272。

這些中國的長處是可以使愛國愛種的心，風發泉湧、不可遏抑的。章太炎說他的提倡國粹，「並不象做『格致古微』的人，將中國同歐洲的事，牽強附會起來」。㊸這個觀點，事實上早在寓臺時期，就已經形成（〈東方格致㈠〉），章太炎承認西方科學的價值，也肯認中國自體文化的可貴處，所以即使在發現足以和西方科學互證的中國傳統學問時，他也能夠不矯誣事實、強為調人，以求護全民族自信心。他能夠「衣敝緼袍，與衣狐貉者立，而不恥」(《論語・子罕》)，應該是因為他能夠看到中國文化真正的可貴處吧！

## 六、離開臺灣

章太炎在《臺灣日日新報》任職的時間只有半年，而且在最後一個多月，報上已鮮少他的議論。關於章太炎的離職，當時有兩位中文記者謝汝銓、李書見聞了章太炎和社長守屋善兵衛的爭執，因為章太炎在報上「抨擊日本官僚，擅作威福，壓制臺人」。該報社長乃為督府所斥責，回到報社後，「令工人去喚太炎。太炎也不理他，寫一張條子，令該工人送交守屋。書曰：『何不喚守屋來？他不知士前為慕勢，王前為趨士者乎？』守屋忍無可忍，親到太炎處，咆哮一場，責他『傲慢無禮』、『不解事理』。並下逐客令說：『如果你不願在本館操觚，就辭職歸去吧！』太炎於守屋去後，安靜的自語著：『名

㊸ 同前註，頁276。

善兵衛，竟是惡兵衛，禮貌衰，則去之，何用逐？』於是經過數日，……遂攜夫人同去。」㊹

就章太炎在《臺灣日日新報》發表的文章看來，似乎並沒有「抨擊日本官僚作威作福，壓制臺人」的議論。湯志鈞認為，章太炎的去職，是日本政府妥協於清廷的壓力，而不敢支持中國的維新，所以支持康、梁，同情變法，並且抨擊清國政府的章太炎，也為《臺灣日日新報》所不容。㊺除了湯氏所指出的原因外，綜覽章太炎發表的所有文章，和《臺灣日日新報》漢文版的整體風格實在有著相當程度的差異，基本上，《臺灣日日新報》的目的在教育臺灣人民安於日本的統治，1899年以後的內容可大分為「議論」、「（日本）國政」、「（臺灣）島政」，以及「外事」，章太炎的文章若非放在「議論」，便是自立在一個無法分類的欄位，而章太炎每每在議論中，慷慨激烈地要求漢人「改朔易服，以逐滿自任」（〈失機論〉），或者大肆抨擊清人寄生於漢人的生活形態（〈論清旗田〉），這樣激烈的言論，雖然不是針對日本統治臺灣而發，但是，當時臺灣剛改由日本統治，三、四年之中，抗日義軍（日本人自然目之為「土匪」）此消彼張，日本當局則疲於血腥鎮壓，在這種情況下，章太炎辨析異族統治的不義，以及非議清廷統治手段的殘酷（尤其是清初幾次重大的屠殺），對於同樣身為異族，並且

㊹ 文瀾：〈章太炎寓臺軼事〉，《中央日報》第6版，1952年7月29日。

㊺ 湯志鈞：《章太炎傳》（臺北：臺灣商務印書館，1996年10月），頁56。

也試圖以殺戮確定在臺統治權的日本人，應感覺如芒刺在背吧！㊻

而且，流寓臺灣的章太炎其心長繫於故國，對於自己的「身世等蜉蝣」㊼，即令在「唾壺擊破」的酬酢場合，也每每要「轉心驚」，這樣的長懷憂思，又加上「臺灣氣候烝濕，少士大夫」（《自定年譜》，頁7），並不是一個可以長期居留的處所，所以章太炎早有離開的打算，就目前可見的資料，他在1899年1月，就曾有東渡的打算㊽，只是不知道為什麼沒有成行。此外，他為日本記者石坂庄作的著作《臺島踏查實記》寫序，其中提及：「己亥三月，余將西歸」㊾，顯然早在（陰曆）三月時，便有回到中國的打算。後來是在日本主持《清議報》的梁啟超「函約赴日」，加上他在臺灣認識的好朋友館森鴻也力邀他到日本㊿，於是在請託他的大哥章炳森將妻小攜回家鄉後，章太炎便一人前往日本。

---

㊻ 雖然章太炎在〈正疆論〉中，曾從種族的觀點來說明支那和日本是同種，而與滿州為異種，所以臺灣與其隸屬滿州（非支那），不如隸屬日本，但這種勸告臺灣人民服從日本統治的言論僅此一次，而且是有條件的，如果支那重新為漢人所統治，則章太炎便也主張臺灣應歸屬中國。

㊼〈餞歲〉，《臺灣日日新報》第1版，1898年12月31日。

㊽〈殷守黑送枚叔東渡詞後識〉，《臺灣日日新報》第1版，1899年1月14日。

㊾ 林藜〈章太炎文墨在臺灣〉，《中央日報》第11版，1960年10月10日。

㊿ 館森鴻：〈送章枚叔序〉，《臺灣日日新報》第6版，1899年5月28日。

## 七、由「革政」到「革命」

論者一般皆將章太炎在1900年的「割辮以絕」(51)，視為章氏由變法轉向革命的分界點，而在臺時期的章太炎自然還是傾向維新變法，如湯志鈞就認為章太炎在臺時期的「思想尚未由『革政』轉向『革命』」。(52)湯志鈞之所以認為章太炎在臺階段還是處於「革政」，有兩個主要論據：一、章氏的反滿都是針對「滿州貴族」；二、從章氏對康有為和孫中山的態度來看，他對孫的起義還是存疑，而對康則以為是中外賢哲喁喁相望風采的國士。而這兩個立場都未脫革政維新的範疇。(53)筆者以為：從章太炎在臺灣發表的議論來看，他所極力抨擊的滿洲，應該是一個抽象的概念，其意涵是有清一代二百多年來所有「壓迫漢族」的「滿族」，雖然，當時壓迫漢人最烈者確在「滿洲貴族」，但是，章太炎所反對的，已不是具體地落在某一集團或階層。爾後章太炎明確主張革命，誠然和孫中山有極密

(51) 1900年7月下旬，唐才常邀集上海名流在滬召開「國會」(又名「中國議會」)，創立自立軍和自立會。章太炎當時也參加了「國會」，「國會」的宗旨主要有三：(1)成立新自立國；(2)不承認滿清政府有中國的統治權；(3)請光緒皇帝復辟。章太炎認為這種又要排滿，又要擁護光緒皇帝的宗旨根本就相互矛盾，決不可能成功，因此宣布脫社，並且割掉象徵服從滿清的辮子。割辮之後幾天，他便寫了〈解辮髮〉和〈請嚴拒滿蒙人入國會狀〉，後者並交寄興中會主辦的《中國旬報》發表，明白宣示他與維新改革派的決裂。

(52) 湯志鈞《章太炎傳》，頁63。

(53) 同前註，頁57-63。

切的關係，但是對章太炎來說，「革命」一直是吾家舊事，是存在於他所受的傳統教育中的，在他和孫中山的革命思想匯流之前，他心目中的「革命」是中國式的「湯武革命，順乎人而應乎人」。（《易經・革卦》）以及順此思路發展而下的「賊仁者謂之『賊』，賊義者謂之『殘』。殘賊之人，謂之『一夫』，聞誅一夫紂矣，未聞弒君也」。（《孟子・梁惠王下》）也就是清廷若為殘賊之人，則人人得而誅之。此外，章太炎的革命也是復仇的，這樣的革命理念(54)與孫中山的革命思想（較近於西方的 revolution），來源不必相同，則章太炎的是否主張革命，亦不必與對孫的評價同步。

其實，1900 年的「割辮與絕」誠然是一個明確的宣誓，彰明章太炎不臣於滿清的革命者身份，但是，辨明漢、滿實為異族，這「革命」的第一步驟，章太炎卻早在1898 年百日維新之前，就已經宣諸言辭了(55)，他的〈艾如張董逃歌序〉（1898 年）：「烏桓遺裔，蹂躪君族幾三百年，茹毛飲血，視

(54) 章太炎在《民報》第 8 期（1906 年10 月 8 日）有一篇〈革命之道德〉，他說：「吾所謂革命者，非革命也，曰光復也，光復中國之種族也，光復中國之州郡也，光復中國之政權也。而被以革命之名。」這個時期，章太炎的革命立場已然鮮明，並已加入孫中山在東京主持的同盟會及《民報》，在革命勢力中有著很高的聲望，他公開區分他所主張革命和一般人所謂的革命是同名異實，並強調他的革命思想的淵源和內涵和大多數革命黨人不同。突出差異，不見得是要指向革命陣營的矛盾，相反的，可解釋成：即使形成因素不同，推翻滿清統治則都是共同的目標，並且也藉以顯示出革命團體的包容性。

(55) 雖然章太炎在主張革命後，追述他民族思想乃源於外祖父的啟發，但這畢竟是事後追想之辭，難以求證。

民如雉兔，今九世之仇縱不能復，乃欲責其忠愛，忠愛則易耳，其俟諸革命之後。」(56)這裏明白指陳，現在的滿清朝廷是一個文化較低落的異族，視漢族人民如獵物而橫加蹂躪，已經明白地分判漢、滿的不同，以及滿族對漢人在政治上的不公不義。

到了臺灣，章太炎繼續為文闡述漢、滿為異族的理念，〈正疆論〉：「滿州之與我仇，非特異種而已」，滿洲與支那之所以有「不共戴天、不共履后土」之仇，更在滿人入關之後一連串的屠戮，使「支那之民，僵尸蔽野，流血揚沫」，因此他要秉持《春秋》之義，復九世之仇。當時，中國的知識分子，在列強侵略的危機下，幾乎都將「保清」和「保中國」畫上等號，畢竟，在滿清統治中國二百五十年之後，已經壟斷了所有的政治資源，抗清再無現實的勢力，因此，「保中

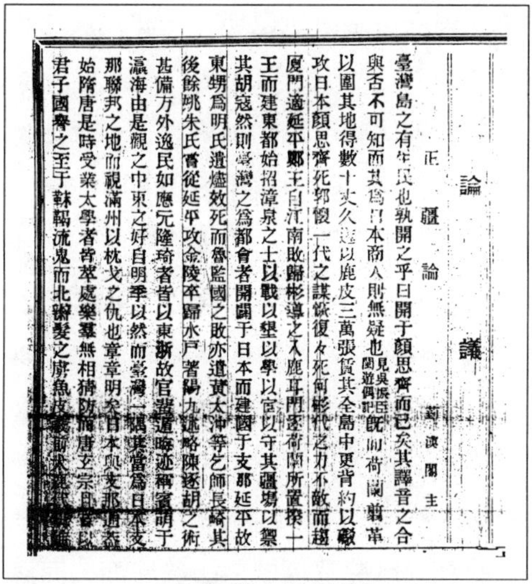
論議
正疆論　菿漢閣主
臺灣島之有生民也孰開之乎曰開于顏思齊而已矣其譯音之合與否不可知而其爲日本商人則無疑也見吳振臣閩遊偶記既而荷蘭翦革以圍其地得數十丈久遂以鹿皮三萬張賃其全島中更背約以敵攻日本顏思齊死郭懷一代之謀欲復之死何彬代之力不敵而趨廈門適延平鄭王自江南敗歸彬導之入鹿耳門逐荷蘭所置揆一王而建東都始招漳泉之士以戰以墾以學以宦以守其疆埸以禦其胡寇然則臺灣之爲都會者開闢于日本而建國于支那延平故東甥爲明氏遺燼效死而魯監國之敗亦遣黃太沖等乞師長崎其後餘姚朱氏嘗從延平攻金陵卒歸水戶著陽九述略陳逐胡之術甚備方外逸民如隱元隆琦者皆以東渐故官淵遁晦迹稱賓明于瀛海由是觀之中東之好自明季以然而臺灣一隅其當爲日本支那聯邦之地而視滿州以枕戈之仇也章章明矣日本與支那通盍始隋唐是時受業太學者皆萃處樂羣無相猜防[illegible]唐玄宗[illegible]以君子國稱之至于韎鞨流鬼而北[illegible]髮之虜魚皮[illegible]

章太炎〈正疆論〉

(56) 章太炎：《文錄初編》，《章氏叢書》（臺北：世界書局，1982年4月再版），下冊，頁768。

國」無可避免地要先「保清」，章太炎能夠明白區判支那和滿清的不同，在十九世紀末的中國是別有見地的，所以此時他雖然尚未明確提出逐滿、革命的主張，但是，「保中國」不一定要通過「保清」，已經存在於漢、滿的區判中了。除了〈正疆論〉外，章氏的區分漢、滿，還展現在他不用滿清的曆數，如〈臺島踏查實記序〉末，他用的紀年是「時孔子降生二千四百五十年」；他在臺灣發表的文章一律署名「支那章炳麟」或單署其名（唯一的例外是第一篇的〈祭維新六賢文〉，署為「清國章炳麟」，可能是報社代排而直寫其國籍）；此外，他稱光緒為「愛新覺羅第十一」(〈正疆論〉)，而不尊稱皇上、今上。凡此種種，都可以說明章太炎在臺階段，已明白確認漢族必將復仇的觀念。

不僅如此，在政治空氣相對比較自由的情況之下，章太炎更進一步的有了逐滿言論出現，在〈失機論〉(1899 年4 月5 日）中，他認為曾國藩在平定太平天國之亂攻克金陵時，「不以此時建號金陵，而俛首下心，以事辮髮之羼胡，其昧於大義，而為中國遺無窮之患也」。章太炎對曾國藩的評價之所以有所改變而且迥異他人，實在是因為他開始以逐滿為判準，曾國藩有能力逐滿，並代之以漢家旗幟來號令天下，但曾氏卻因為「忠君之忿重，而愛國之情輕」，於是讓滿清得以苟延殘喘，繼續統治中國，以至於有今日慈禧專擅誤國的局面。而現在又有「荊州械鬥之役」，章太炎認為此時若有「賢帥」，則正是「挾兵西上以問罪于駐防，焚其子城、誅其將軍，然後振凱江漢、改朔易服，以逐滿自任」的良機，可惜的是，現在的將領「保寵之願深，而立名之志淺」，是等而下之的張之洞者流，這就使得章太炎這個論世者不得不深深為之歎息了。要觀察章太炎政治立場的改變，〈失機論〉是一篇相當重要的文獻，因為從這篇文章看來，章太炎在臺灣的最後一段時間，離「革政」已漸行漸遠，而「革命」則宣之欲出了。

## 八、結語

在章太炎六十八年的生命中，臺灣只是一個短暫的打尖、避難處，我們並不清楚在臺灣的這一段時間，是否帶給章太炎什麼深刻的影響，但是一如勒范恩（Levine,Robert）在《時間地圖》所說的，我們往往是在出國之後，才更瞭解自己。(57)離開自己的國家，不只讓人更瞭解自己，異鄉的風土也會幫助自己更清楚自己的國家吧！

章太炎住過的「剝皮寮」(58)，現正面臨拆除的命運，一旦拆除，章太炎在臺灣的足跡就更加輕淡了，現在，我們還可以站在廣州街123號這個破敗的屋子前，設想整整一百年前，皮膚白白的章太炎由這個屋子走出，坐上人力車，他瘦削的太太急急自屋中趕上，為他遞上一結用絲草貫串的銅錢，並囑告他

---

(57)〔美〕勒范恩（Levine,Robert）著，馮克芸、黃芳田、陳玲瓏譯：《時間地圖》（臺北：臺灣商務印書館，1998年8月），頁249-251。

(58) 剝皮寮位於臺北市康定路173巷與鄰近的廣州街部分住屋。十九世紀木材運輸臺北，先在此做初步的加工：剝去樹皮，再轉運至其他地方，故名「剝皮寮」。

記得在下車時把錢交給車夫。(59)我們可以繼續設想，章太炎也許從西門、也許由小南門進入臺北城內（當時城牆尚未拆除），他也許到報社送文章並和同事聊天，也許去淡水館和詩友聚會，也許……。我們居住的地方是因為這些「也許」才更加豐富的。這個性格鯁直、古怪的讀書人，在臺北出入了半年，留下許多文稿，之後還創造了一個我們至今還在使用的國號——中華民國，但是，現在卻也幾乎要為我們所遺忘。如果歷史是被選擇記取或遺忘，那麼我們將選擇記憶什麼？

## 〔附錄一〕章太炎發表於《臺灣日日新報》的作品

| 篇名 | 發表日期、版面 | 署名 | 備註 |
|---|---|---|---|
| 祭維新六賢文 | 明治31（1898年）12月11日第5版 | 清國章炳麟 | 撰於1898年8月；又刊於《清議報》第7期 |
| 籾山衣洲詩後批語 | 明治31（1898）年12月16日第1版 | 章炳麟 | |
| 清廷偵獲逋臣論 | 明治31（1898）年12月16日第3版 | 菿漢閣主(60) | |

---

(59) 同註(35)，頁5。

(60) 章太炎以「菿漢閣主」為筆名的時間相當長，據沈延國〈章太炎先生在蘇州〉，「菿」不讀為一般字典所收的讀音「到」，而應讀為「倬」(卓)，訓為：明；大；草木高大的樣子。沈文原載《蘇州文史資料選輯》第12輯，今據陳平原、杜玲玲編：《追憶章太炎》(北京：中國廣播電視出版社，1997年1月)，頁384。

| | | | |
|---|---|---|---|
| 籾山衣洲文後批語 | 明治31（1898）年12月18日第1版 | 章炳麟 | |
| 臺灣設書藏議 | 明治31（1898）年12月18日第5版 | 章炳麟 | |
| 論清旗田 | 明治31（1898）年12月18日第6版 | 菿漢閣主 | |
| 諄勸垂綸 | 明治31（1898）年12月18日第6版 | 菿漢閣主 | |
| 籾山衣洲詩後批語 | 明治31（1898）年12月24日第1版 | 章炳麟 | |
| 書清慈禧太后事 | 明治31（1898）年12月25日第6版 | 菿漢閣主 | |
| 寄梁啟超(詩) | 明治31（1898）年12月27日第1版 | 章炳麟 | 另見《清議報》第8冊、《文錄》卷二 |
| 俳諧錄 | 明治31年（1898）12月28日第4版 | 菿漢閣主 | |
| 餞歲（玉山吟社席上客題分韻） | 明治31年（1898）12月31日第1版 | 章炳麟 | 共二首 |
| 正疆論 | 明治32年（1899）1月1日第11版 | 菿漢閣主 | |
| 寄康氏書 | 明治32年（1899）1月1日第12版 | （未署名） | |
| 水尾晚翠詩後批語 | 明治32年（1899）1月5日第1版 | 章炳麟 | 共二則 |
| 正月朏日即事（詩） | 明治32年（1899）1月7日第1版 | 章炳麟 | |
| 籾山衣洲詩後批語 | 明治32年（1899）1月8日第1版 | 章炳麟 | |

| | | | |
|---|---|---|---|
| 平礦論 | 明治32年（1899）1月8日第5版 | 菿漢閣主 | |
| 視天論 | 明治32年（1899）1月8日第5版 | 菿漢閣主 | |
| 刻包氏《齊民四術》第二十五卷序 | 明治32年（1899）1月11日第3版 | 菿漢閣主 | |
| 「康氏復書」之附識 | 明治32年（1899）1月13日第3版 | 支那章炳麟 | |
| 「殷守黑送枚叔東渡詞」後識 | 明治32年（1899）1月14日第1版 | 支那章炳麟 | |
| 荅學究 | 明治32年（1899）1月22日第6版 | 支那章炳麟 | 另刊《清議報》第14冊 |
| 人定論 | 明治32年（1899）1月24日第4版 | 支那章炳麟 | |
| 兒玉爵帥以帝國名勝圖見贈，賦呈一首（詩） | 明治32年（1899）1月29日第1版 | 章炳麟 | |
| 籾山衣洲詩後批語 | 明治32年（1899）1月29日第1版 | 章炳麟 | |
| 論亞東三十年中之形勢 | 明治32年（1899）1月29日第5版 | 支那章炳麟 | |
| 黨碑誤鑿 | 明治32年（1899）1月29日第5版 | 菿漢閣主 | |
| 論學校不宜專校語言文字 | 明治32年（1899）2月3日第3版 | 支那章炳麟 | |
| 荅梁卓如書 | 明治32年（1899）2月5日第5版 | 支那章炳麟 | |

| | | | | |
|---|---|---|---|---|
| 絕頌 | 明治32年（1899）2月7日第3版 | | 支那章炳麟 | |
| 書原君篇後 | 明治32年（1899）2月10日第3版 | | 支那章炳麟 | |
| 臺灣祀鄭延平議 | 明治32年（1899）2月16日第3版 | | 支那章炳麟 | |
| 摘楞嚴經不合物理兩條㈠~㈡ | 明治32年（1899） | 2月19日第5版 | 支那章炳麟 | |
| | | 2月21日第3版 | 支那章炳麟 | |
| 非島屬美利害論 | 明治32年（1899）3月5日第5版 | | 支那章炳麟 | |
| 論醫師不宜休息 | 明治32年（1899）3月8日第3版 | | 支那章炳麟 | |
| 客帝論 | 明治32年（1899）3月12日第6版 | | 支那章炳麟 | 另見《清議報》第15冊：1899年4月11日，收入《訄書》原刊本，增改很大 |
| 三門割屬意國論 | 明治32年（1899）3月19日第5版 | | 支那章炳麟 | |
| 究移植論 | 明治32年（1899）4月2日第5版 | | 章炳麟 | |
| 失機論 | 明治32年（1899）4月5日第3版 | | 章炳麟 | |
| 東方格致㈠~㈢ | 明治32年（1899） | 4月6日第3版 | 章 | |
| | | 4月7日第3版 | 章炳麟 | |

| | | | |
|---|---|---|---|
| | 4月8日第3版 | 章炳麟 | |
| | 4月9日第5版 | 章炳麟 | |
| | 4月11日第3版 | 章炳麟 | |
| | 4月12日第3版 | 章炳麟 | |
| | 4月13日第3版 | 章炳麟 | |
| | 4月14日第3版 | 章炳麟 | |
| | 4月15日第3版 | 章炳麟 | |
| | 4月16日第6版 | 章炳麟 | |
| | 4月20日第3版 | 支那章炳麟 | |
| | 4月21日第3版 | 支那章炳麟 | |
| | 4月25日第3版 | 支那章炳麟 | |
| 書甘莊恪公事有感 | 明治32年（1899）4月19日第3版 | 支那章炳麟 | |
| 玉山吟社雅集分韻得冬次韻 | 明治32年（1899）5月30日第2版 | 章枚叔 | |
| 將東歸賦此以留別諸同人次韻 | 明治32年（1899）6月10日第2版 | 章枚叔 | |

# 〔附錄二〕《章氏叢書》與《章太炎全集》收書比較

| 《章氏叢書》 | | 《章太炎全集》 | |
|---|---|---|---|
| 上冊 | 《春秋左傳讀敘錄》——以下正編 | 二 | 《春秋左傳讀敘錄》 |
| | 《劉子政左氏說》 | | |
| | 《文始》 | | |
| | 《新方言》（附嶺外三州語） | | |
| | 《小學答問》 | | |
| | 《說文部首均語》 | | |
| | 《莊子解故》 | 六 | 《莊子解故》 |
| | 《管子餘義》 | 六 | 《管子餘義》 |
| | 《齊物論釋》；又《重定本》 | 六 | 《齊物論釋》、《齊物論釋定本》 |
| | 《國故論衡》 | | |
| | 《檢論》 | 三 | 收《訄書》初刻本、重刻本、《檢論》 |
| 下冊 | 《太炎文錄初編》、《補編》、《別錄》 | 四 | 《太炎文錄初編》含《別錄》、《補編》 |
| | 《菿漢微言》 | | |
| | 《廣論語駢枝》——以下續編 | 六 | 《廣論語駢枝》 |
| | 《體撰錄》 | 六 | 《體撰錄》 |
| | 《太史公古文尚書說》 | | |

| | | | |
|---|---|---|---|
| | 《古文尚書拾遺》 | | |
| | 《春秋左氏疑義答問》 | 六 | 《春秋左氏疑義答問》 |
| | 《新出三體石經考》 | | |
| | 《葑漢昌言》 | | |
| | 《章太炎先生家書》——以下附錄 | | |
| | 《太炎先生自定年譜》 | | |
| | | 一 | 《膏蘭室札記》 |
| | | 一 | 《詁經札記》 |
| | | 一 | 《七略別錄佚文徵》 |
| | | 二 | 《春秋左傳讀》 |
| | | 二 | 《駁箴膏肓評》 |
| | | 五 | 《太炎文錄續編》 |

說明：

1.《章氏叢書》由臺北：世界書局於 1982 年 4 月再版，《正編》據浙江圖書館校刊本、《續編》據成都薛氏崇禮堂復本影印。

2.上海人民出版社編《章太炎全集》六冊，由上海：上海人民出版社分別出版於 1982年 2 月、 1982年 7 月、1984 年 2 月、 1985年 9 月、1985 年 2 月、 1986年 12 月。

## 相關文獻

李　植　　餘杭章先生事略

制言半月刊　第 25 期　頁 1-4　1936 年 9 月

彭智遠　臺北時代の章炳麟——亡命家の一つの插話
中華日報　文藝版　1946年4月4日

謝汝銓　章太炎之行述
臺灣省通志館館刊　第1卷第3號　頁4-7　1948年12月

中村忠行　章太炎與臺灣
華僑文化　第23期　1950年10月

文　瀾　章太炎寓臺軼事
中央日報　第6版　1952年7月29日

莊　德　章炳麟與臺灣
中央日報　第6版　1956年10月25日

伍稼青　章太炎曾避禍臺灣
中國時報　第6版　1956年11月23日

黃玉齋　章太炎與本市操觚界
臺北文物　第5卷第4期　頁40-47　1957年6月

林　藜　章太炎文墨在臺灣
中央日報　第11版　1960年10月10日

黃得時　章太炎與臺灣
臺灣新生報　第3版　1965年10月22日

林光灝　章太炎與臺灣新聞界
暢流　第34卷第8期　頁9-10　1966年12月

王成聖　章太炎到臺灣
臺灣新生報　第10版　1974年6月24日

王成聖　章太炎曾來臺灣任記者

報學　第5卷第2期　頁114-116　1974年6月

黃得時　章太炎在臺北的住址

臺灣新生報　第10版　1974年7月25日

王成聖　章太炎旅臺鴻爪

海外文摘　第271期　頁30-31　1974年11月

王傑謀　章太炎先生與臺灣早期新聞界

藝文誌　第158期　頁7-9　1978年11月

容　谷　章太炎旅臺事跡考略

復旦學報（社科版）　1980年第5期　頁105-106　1980年9月

阿川修三　「臺灣日日新報」所載章炳麟論文について

漢文學會會報　第40號　頁83-98　1982年6月

湯志鈞　章太炎與館森鴻

歷史論叢　第3輯　1982年

湯志鈞　章太炎在臺灣

社會科學戰線　1982年第4期　頁142-151　1982年

彭　興　章太炎與臺灣日日新報

社會科學（上海）　1982年第12期　1982年

湯志鈞　章太炎先生清末旅臺論文一束

歷史論叢　第4輯　頁1-68　1983年

朱嘉雯　臺灣旅客章太炎

聯合報　第37版（聯合副刊）　2001年1月22日

# 附　　錄

# 《臺灣日日新報》中的章太炎作品

歐修梅 * 整理

## 凡　例

1.章太炎好用古字、生僻字，今一仍其舊。

2.部分字體漫漶難辨，若依殘字及上下文義可知者，以〔 〕標示；若完全無法辨識者，以□代之。

3. 疑為訛字者，在（ ）中按以可能用字。

## 1. 〈祭維新六賢文〉

明治31年(1898)12月11日第5版（署名：清國章炳麟）

光緒二十有四年八月，杭州布衣章炳麟，謹以清酌庶羞致祭於維新六賢之靈。嗚呼哀哉！獷獷丁零，睨我神皋，嗟嗞宮府，如犢在牢。亦有東鄰，大聲而嘄，寤我朝酲，振我迟①撓。吳蜀之援，白日比昭。彼昏日醉，軈若黍子。暱其貙貍，遠其脣齒。神州之命，制于朔方。倨牙朝磨，夕飫于腸。矧矣伏蠱，偃臥在旁。鴻都之吏，清人之將。社鼷自固，不灌不煬。馬逸其轡，獸焚其窟。彼握璽者，政君是悅。一髮之懸，宗周未

* 歐修梅，實踐大學共同科兼任講師。

(1) 迟，曲行也。

滅。王母虎尾，孰云敢履？惟我六賢，直言以牴。寧不懼咥？固忘生死。上相秉威，狼弧枉矢。以翼文母，機深結閉。大黃擬之，太阿抵之。長星既出，燒之薙之。繄古亡徵，黨人先罹。斷鼇之足，實惟女禍，匪喪陳寶，喪我支那。孰不有死？天柱峨峨。上為徵熛，下為大波。洞庭之濤，與君共殂。嗚呼哀哉！尚饗！

## 2. 〈籾山衣洲詩後批語〉

明治31年(1898)12月16日第1版（署名：章炳麟）

籾山衣洲〈將發東京諸公送到新橋賦此以呈〉

煙波久慕海鷗群，暫入南荒豈足云？孤客抽身塵漠漠，諸公握手意殷殷。名都風月幾時見，絕域寒暄從此分。老大猶存千里志，莫言徒為策詩勳。

纏綿悱惻，中仍有雲水蒼茫之感，是合王摩詰、李義山為一手者。

## 3. 〈清廷偵獲逋臣論〉

明治31年(1898)12月16日第3版（署名：菿漢閣主）

昨讀新報有云：清廷西太后密諭駐紮東京公使，令謀縛康有為，若不能亦必設法殺之。嘻！異哉！吾不意聖神文武自比于補天之神媧者，而竟為此穿窬草竊之行也。夫有為之功罪天下異議，而凡畔干后黨者，則固欲得而甘心，此無足論者，獨以公法論之，彼既遁于日本矣，將聲罪致討而執之乎？抑將誘而執之乎？其聲罪致討而執之也，則出國門一步，而有司之治，已不能假借於我，公使雖智勇絕人，其能抗違公法，以闌入鄰國所治之域哉？以其誘而執之也，必紿之陷入使館，而後公使得施其全權，刲之、割之、炮之、炙之，可以惟吾所欲為。雖然，往者龔照瑗之于孫文，嘗有是舉矣，而卒為英人所迫脅，索之生還。夫孫文以醫藥小技，鼓動黔粤之民，一旦果能揭竿而起，其有益于中國與否，尚未可知，而英人已護之如是。今有為柄用百日之政，粲然見于記載，中外賢哲莫不喁喁想望風采，其與夫孫文者，豈直輿薪秋豪之比哉？苟可贖也，人百其身，為日人者，將竟聽其陷入于穽獲而弗之救耶？是又不可得之數也。二者皆不可得，而為設法殺之之計，以清室之文母，為異國之荊軻，事果可成，受盜賊之名何害？吾特恐紀綱整飭之國，徼巡警柝皆不若中國之疏，狙擊未成，而身先受盜賊之戮，辭所連染，則且以長信詹事為渠魁，其為鄰國觀笑，豈有既哉？

且有為之扺芝罘，太后已奪政也，其獲救于重慶商船，雖未入吳淞口，而已在蓼角嘴以內也，不能執之于國，而欲執之于鄰；不能刺之于口岸之內，而欲刺之于重瀛之外，是猶待虎兕之出柙，而方責虞人以具弓矢、張罥羅也，豈不遠哉？雖然，吾聞某星使者，蓋嘗入保國會，而後以倒戈得志者也，其少時尤狙詐無行，天性未革，常思得康有為以為功，懼其所遣壯士、爆藥匕首已駢布于三神山之下矣！為有為者，其亦慎所進止，以保萬民倚賴之身哉！

## 4.〈籾山衣洲文後批語〉

明治31(1898)年12月18日第1版（署名：章炳麟）

籾山衣洲〈美人樓〉

黑部川在越中國下新川郡，源發于劍嶽，屈折奔注，匯為一大潭，有橋曰愛木，其下水光如藍，深不知幾十丈。相傳蛟龍所窟宅。傍岸漁舍疏密，夕陽在柳，戶戶曬網，宛然一幅畫圖也。

往時有漁翁寓此，女年十八，婉慧絕倫，而性至孝，有富豪求婚者，則以親老奉養無人辭之。一日薄暮，有行腳僧就求宿焉，翁悅曰：「吾年來殺生為活，罪業極深，不意有香火因。」乃速客人，僧亦欣然為焚香誦梵，意殊殷渥。後屢過宿，歡如一家焉。嘗挈一酒瓶來，曰：「此為仙家佳釀，人間不可復多得，吾以雲水為家，末由收藏，請託諸翁，勿輕視也。」翁曰唯唯。然僧每留宿，剪燭懽笑，未曾談及此，殆似相忘者。

翁素嗜飲，會天大雪，奇寒砭骨，思得小飲，而囊中無錢，偶見壁間瓶酒塵封，朵頤久之，因念飲酒五戒之一，於浮屠氏，有害無益，今須我一杯，功德可勝言耶？乃竊窺女間嘗之，冽香微胃，信非人間物，不覺連引殆盡。明旦醒而悔之，無可奈何，姑盛以村酒，安置如故。無何僧至，曰：「近日有心疾，須以仙釀治之。」翁心殊不寧，僧自起開瓶微嗅，驟作色曰：「此非舊物！初吾謂翁戇直，今即如此，與狗鼠何擇？」

翁慚汗浹背，具以實告，僧掉頭不肯，索之甚急。（今按：以上刊於 12 月 17 日第1版）

翁曰：「此物若在，千里旁求，亦非所辭，但奈弱水蓬島，無舟揖可通，如容代償，老身所有，亦復何惜？」僧曰：「果如翁言，則請得女為偶。」翁惘然不知所對。僧怒曰：「翁尚欲我欺乎！」辭色激厲，如欲毆者，女愀然曰：「老親年逾半百，孤身無倚，一朝妾去，誰奉菽水之歡者？雖然孽海生波，慈航阻風，禍由自招，復誰憾？」言畢淚下如雨，僧促曰：「天明矣！」竟強女俱出，翁力不能止，竊尾而往，時黑雲吞月，朔風如刀，遙望橋身，二人倚欄耳語，轉瞬間翻身入水，無復知其生死矣。

嗒喪而歸，居歲餘，女飄忽至，翁駭以為鬼，女笑曰：「非也！頃妾懷孕，即還家就褥，亦從土俗也。」問其所居，堅拒不言。無幾免身，母子俱健。一日將去，手作糉曰：「剗剗微物，聊表反哺之誠，倣此作之，老親暮年不足憂也。」終不知所之。

聞者駭異，皆謂女入龍宮矣。後翁試作糉，甘美異常，遐邇傳播，呼曰「美人糉」，求者麕至，翁果因以饒富云。友人鳥窠子堂（嘗）游于此，見閭里今尚有鬻糉者，為余說詳。

衣洲氏曰；「《詩》云：白圭之玷可磨也，斯言之玷不可為也。翁一言之失，遂喪最愛，女豈不可鑒哉？雖然，尤物不妖其身，必妖於人，彼女委身於異類，而反致翁餘福，亦可以慰矣。」（以上刊於12月 18 日第 1 版）

繚繞觥曲，奇而不詭，尤妙在僧去翁時，不經說破，而閱者無不知為異物，神味咀嚼不盡。

5. 〈臺灣設書藏議〉

明治31年(1898)12月18日第5版（署名：章炳麟）

民之智愚，窮島與大陸均也，然而或為僻壤，或為文明之國者，何哉？天地以江海之峽分町畦，處乎一畦者，其禮俗風教，老身長子，而不與比鄰相迵達，是以智民伏匿，椎愚之萌欝卷而無所竆。雖然，化其偏者，則視乎土宜，因乎民俗，操劑量而致之中和也已矣。

臺灣者，閩南之大嶼也。吾聞西方測候家之言曰：自雪山以東，赤道以北，恆風所發，其樞自臺灣始。故其民剽悍而勁。瀕海舄鹵，以魚鹽為業，士則帶刀習技擊，藝文疏闊，具閩學之體，而稍陵遲衰微。曩隸支那，澶漫為禮，摘僻為樂，以聲病帖括困其民，齷齪苛細，非其所好也。自午未而降，疆埸之地，一彼一此，而歸乎東國。東國種教，故與支那如合契，獨其在官之政，不能無小異，其語言又待舌人而通，與接為構，勿得其榰，故習于東學者，若騏驥越淡水，仰睎廈門，而逮乎侯官；俛睎香港，而逮乎番寓。其舟揖之賈，逐什一以為利，所操皆每生之具，未有齎圖籍歸者。欲被民以文化而不可得也。故習于漢學者，若連理之木。嗟乎！逝者之日滔也，養夜之不暘也，吾黃人若是也久矣！臺失教百年，曩版圖未易，法度弛頓，尚歸咎於學官之失職，今違亂國而之治世，猶自安樸僿，不與偕大道，其諸錮於習俗而未之脫乎？其必非吾臺民之始願可知也。

余以鄙生，效軨材諷說于禹域，遭時不淑，黨錮禍起，同志嬰戮，倉黃南走，負紲滬尾。甫解維，進其里，父老與語，民氣之剛柔、法禁之緩急，稍稍得大略。比入闉堞，則東國小學之塾，亦賓然成行列，以教童齔而不以造成人，意稍嗛之。吾意都會之閒，一丈之室，必有聲出金石，而通乎經世先王之志者，欲徵駕求之不可得，則又以為聲病帖括之困，數年不瘳，今政俗既易，其當瞑眩而汗下無疑也。梓匠醫方，言雖不文，必有通乎，重力生物之學者，欲徵駕求之又不可得。

客有復于余者曰：「自熢燹之禍，墳籍耗斁，學者所操業盡矣。未嘗為牧而牂生于奧，未嘗為田而鶉生于宎，其可得乎？將與之從事于學塾，則書童之竹笘，壯夫其倦學焉。其抑者厚資其俊乂，而使之游歷於鄰域歟？費固不貲，其士庶亦憚于行遠，州居私議，惟請于太府，闓置書藏以棣通萬物，費不過二萬金，而士夫之浸溉者已多，斯殆可乎？」

余曰：有是哉，昔王伯厚氏有言曰：「自王子朝以典籍奔楚，於是倚相、觀射父，皆誦古訓以華其國，而《楚辭》與《周南》同風，典籍之益人也如是。」夫荊楚之域，篳路藍縷，其民騰踔于枳棘之閒，一朝得冊籍于柱下，而民智恂達，若出幽谷。今臺之民，皆漳、泉舊民也，雖越海而處，詢其故俗，有黃幼平氏之遺學焉，中據赤嵌，又舜水朱氏之所以發德音也。其與夫篳路藍縷而騰踔于枳棘之閒者，其亦遠矣。苟建書藏，時有所假貸迻錄，將凫諔以承之，薰祓以誦之，于翟以僢之，不過三年，而其氣足以大遂人宵天地，夫何遠哉？乃若其書，則取于和、漢者各半，姑緩西文焉，於二國之籍，簡其要言而去其華辭，先其普通而後其專門之學，以三萬卷為率，使能者為之目錄，分別部居而撮舉其大旨，以為綴學者涂徑。夫臺民之孟晉逮羣，異時必有超軼乎大陸者，是則所謂視乎土宜，因乎民俗，操劑量而致之中和者也。因論次其語，以諗疆吏之開化于是者。

## 6. 〈論清旗田〉

明治31年(1898)12月18日第6版（署名：蓟漢閣主）

滿州入關以來，以近京五百里民地圈〔給〕八旗，而田之者皆漢人。秋冬輸租，以莊頭主其事，而此數十萬不士、不農、不工、不商之游民，乃安坐而食之。生齒日繁，啗食不給，于是有質之漢人者，乾隆四十四年，戶部贖八旗入官老圈地二萬七千餘頃，令直隸州縣徵租解部，于年終普賞一月錢糧，此其所以待滿蒙者至厚。然而玉危（卮）無當，終不可滿，食之者疾，為之者舒，乃使為餓殍流胔而後止。古者或頭會箕歛以飽枝官②，乃英主黷武，則亦橫征于下，未有虛郡國倉廩以養舊京百族之民者，夫一夫不耕，或受其飢；一婦不織，或受其寒，于是業劇財匱，而屯田之議起。

當乾隆初御，史范咸言宜建興京為都會，擇可墾種之地遣旗人前駐牧，其餘如永吉州、甯古塔、黑龍江幅員不下四、五

⑵ 枝官，謂分枝之官，猶言冗官。

千里，其閒或設牧廠，或廢為閒田，甚可惜也，宜使旗人屯種便。直隸總督孫嘉淦以為，獨石口北行三十里，即為平原廣野，又五十里為紅城子，又百餘里為開平城，其閒可耕之田不下數萬頃，張家口外北行七十餘里為興和城，西行百餘里為新平城，其閒可耕之田亦不下數萬頃，宜擇近城平方寬衍者，畫為公田，餘為民田，每墾民田二頃者，必令墾公田一頃，民田以為世業，公田分給旗人。議者以為不便，格不行，惟撥往拉林屯墾。嘉慶十一年，議以八旗閒散屯吉林，會秋收不豐，事中止。至十九年，始設中、左、右三屯，于吉林之雙城堡，袤七十里，廣百三十里，地以晌計，大晌十畝，而得糧四、五石，肥者自倍。一石之粟，準倉石二有半，分三屯為百二十屯，凡地九萬數千晌，人三十晌，三十戶而一屯，然多吉林奉天土箸，而自京師發往者寡。時吉林將軍富俊欲屯伯都訥圍場，以為可得地二萬餘晌。道光初，吉林將軍松筠又請開養什牧及大淩河馬廠，議亦格不行。至今七十年，畿甸之地，孳乳日多，生計日促，仰給南漕，猶如故也。

嗟乎！自長城以內十九布政司，民數至四百兆，深耕疾耰，老弱尚有凍餒者，又取其餘以養贍滿、蒙，欲民生之不匱，左藏之不罄，何可得也？且所以養贍之者，為其可以成勁旅也，髮捻以來，南征北討，無八旗一卒，其效與綠營等，今綠營將改為練軍，而八旗之素餐如故。嗚呼！其優邺過于豐沛父老矣。迺者索倫東海諸部，蠶食于俄羅斯，為八旗子弟者，宜以屯田兼兵事為漢人紓生計，為國家效死力。及今營之，猶以七年之病，求三年之艾，而枋政者或護惜之故。曰：乾鵲之愛其子也，哺之稻粱，不使高飛，以為回翔槽巢之閒，雖有智者，不能與我爭也。鵰鶚至，攫而食之，又焉得故巢一寸也。

7. 〈諄勸垂綸〉

明治31年(1898)12月18日第6版（署名：葯漢閣主）

天地之美，利在山曰冶，在澤曰漁，以其俛拾即是，不必以恆產制之也。而開鑛之利，所費已多，或至折閱，且使無驗苗之鑛，師亦未便瞀瞀從事，若以捕魚為生，則所資長物，不過一艇一罾，植竿而泊，張羅而取，無水耕、火耨之勞，而有割鮮烹肥之樂，此尚父子陵所以甘心于是也。

臺北自滬尾入口，溯淡水港，澄流三十里，水族所聚，釣徒所資，無過是者，而尺澤之鮒，貴或盈千，豈其從事于漁釣者少歟？吾聞斥鹵之地，其民皆呰窳③而偷生，獨絕流垂餌，則皆所樂趣，今何其寂寂也！臺地緜亙二千里，土膏憤盈，稱為富饒，而千金之家，未云駢衍，榛狉之氣，不盡滌除，固由地利未盡，抑亦呰窳偷生之效也。即漁釣一端，已可概見。所願稍忍勞苦，從事垂綸，則飯稻羹魚之樂，必有甲于南洋羣島者。世有豫且④其人乎！吾將舍豪素而從之游矣。

---

(3) 呰窳，音紫雨，怯劣也。《漢書．地理志》：「呰窳偷生，而亡積聚。」師古注：「呰，短也；窳，弱也。言短力弱才，不能勤作，故朝夕取給而無儲存也。」

(4) 豫且，春秋時代宋國人，漁者。《莊子》作「余且」。《史記．龜策列傳》：「江使神龜使於河，至於泉陽，漁者豫且舉網得而囚之，置之籠中。夜半，龜來見夢於宋元王。」

## 8. 〈籾山衣洲詩後批語〉

明治31(1898)年12月24日第1版（署名：章炳麟）

籾山衣洲〈秋懷〉四首

其一

窗外種茱萸，秋熟如珠貫。飢鳥來喧啾，頑童群相喚。
微物猶且然，利念誰能斷？堂堂車馬客，齪齪甘羈絆。
相彼捕雀矣，卻失黃金彈。富貴能幾時？倏忽炎涼換。
安分原無虞，何為獨悵惋。

其二

旅雁下江渚，今年稻粱微。朝昏避弋網，嗷嗷又分飛。
霜隕蒹葭折，沙移栖宿非。北歸知何日？憫他不堪飢。
舉翮時一顧，朱門雞犬肥。

其三

芳菊生煙砌，鮮鮮異凡種。低首若有愁，非關風露重。
戚戚斯心勞，莽莽吾道壅。孤高持晚節，敢見群小擁。
趨舍宜及時，輕進豈云勇？

其四

皓皓明月上，離離風露清，豈不愛佳節？轉恐傷吾情。
涉世愧迂拙，遺業等焚阬。有男垂志學，豚犬難成名。
空餘棟撓嘆，一身百難并。觸物皆感慨，不如掩柴荊。

吐屬名雋，詞恉神禪，而其中仍有不忘斯世之感。第三章尤見圭角，蓋自元亮、道州而進薄太沖矣。

### 9.〈書清慈禧太后事〉

明治31年(1898)12月25日第6版（署名：蓟漢閣主）

革政之獄，世或以斬斷果賊，聘⑤貽于慈禧太后，謂其始仁恕而終陰鷙，豈晚節之墮耶？嗚呼！為是說者，其可謂以蠡測地，以錐視文，終身陷其埃壒之中而不悟矣。夫女戎召禍，殘害不辜，自古以然。而慈禧太后之惡直醜正，尤其天性然也。始聽政則有肅順之獄；將反政則有朝鮮大院君之獄；復出訓政，則有康有為、譚嗣同之獄。一人之身，而齒牙為猾，以殄戮志節之臣者，至于三數，而猶謂其晚節之墮，是猶以黏牡哺肝，歎惜于盜跖，而怪陽虎以不當竊寶玉大弓也，豈不遠哉？

初肅順者，宗室子也，性抗厲好任事，以郎中起家，文宗才之，稍益擢用，數年驟至大學士。每視事，輒藐其同列，同列爭欲傳〔剚〕刃者，以上方嚮用，無以撼也。洪秀全据江甯淮漢以南，所在俶擾，曾國藩以在籍侍郎，統鍊勇戰，或出其境，所至克捷，湘軍始重。大臣祁寯藻等陰訹之，賴肅順為保全。左宗棠初在湖南幕府，威數摧寇，權藉甚，湖廣總督官文害其功，密騰謗書以聞，上命廉得實迹，即就地以軍法斬之。湘譚人王闓運者，故館肅順所，為求救，肅順亦憤厲不平，立

⑸ 聘，音義不詳。

屬鴻臚卿潘祖蔭草奏為雪謗，而己自樞府左右之，乃復下詔貰宗棠，會胡林翼薦宗棠可大用，遂以舉人賞加四品卿銜。其後定浙粵、平隴右，功烈無比，皆肅順力也。嗚呼！粵寇之敉，人以歸功于沅湘諸將，而勿知發縱指示者有人焉。此其于支那，誠功罪參半，而在清室，則固與贊侯、子房比。及創痍既定，諸大帥錫茅土、賜鐵券者，蓋以十數，未有以高鳥之盡，抱恨于藏弓者，而肅順則先以誣搆死矣。

始慈禧太后得幸文宗，生毅皇，文宗知其性黠猾，即千秋萬歲後，必竊枋為宗社禍，陰欲效漢武殺鉤弋夫人事，以訪于肅順，肅順韙之未泄也，奄人有漏其言者，為求援宣宗故妃，遂不果。咸豐十一年，上崩于熱河，太后先入都，肅順方護梓宮在途次，其舊怨刑部尚書趙光等，陰嗾太后使垂簾聽政，遽發命以謀纂誣肅順，即道中捈⑥治之械，送京師、斬菜市。蓋垂簾之事，自元以來，六百年不見于載藉矣，一朝返之，而其禍敗如是，甚矣！女戎之為害烈也。

其后朝鮮大院君李是應者，以不悅于閔后，伉厲守高，因發餉譁其士卒，而閔氏行賄于中國諸要人，以達上聽，太后命提督吳長慶就執是應，安置直隸。余以所聞，是應為人，其骨鯁持風節，大與肅順等。當朝鮮外戚柄用時，權勢熏灼，朝野側目，輿金輦璧，日趨門下者無訾算，政以賄成久矣，自是應始革其弊，則朝政為一清。比閔氏入宮，而是應中道頹廢，目覩韓社之屋，其端必自宮掖始，欷歔伏臆，不忍見危敗，而興

⑥ 捈，音徒。《說文》：「捈，臥引也。」《段注》：「謂橫而引之。」

晉陽之甲以討之，又未嘗尸其名以歸干（于）己，其諸可謂噍尾而嘵音者歟？同惡相濟，情也，故閔氏之憎是應，則慈禧太后必助成之，然後知古之惇史以外家蠱容為戒者，其立言果非迂闊而遠于事情也。

三十年以來，肅順誅、是應囚，至今日則譚嗣同等六人又以齮齕榮祿，至同日伏尸市曹。康有為雖脫，亦幾幾不得自免，豈女主任事，則其禍必至于是耶？抑慈禧太后之志，則可謂始終不渝，而非其墮于晚節也已。

## 10.〈寄梁啓超〉（詩）⑦

明治31年(1898)12月27日第1版（署名：章炳麟）

泰風號長楊，白日忽西匿。南山不可居，啾啾鳴大特。
狂走上城隅，城隅無棲翼；中原竟赤地，幽人求未得。
昔我行東越，道至安溪窮；釃酒思共和，苦和⑧在海東。
誰令誦詩禮，發冢成奇功。今我行江漢，候騎盈山邱。
借問杖節誰？云是劉荊州。絕甘厲朝賢，木瓜為爾酬。
至竟盤盂書，文采讙田侯；去去不復顧，迷陽當我路。
河圖日以遠，梟鴟日以怒。安得起槁骨，摻袪共馳步。
馳步不可東，馳步不可西，馳步不可南，馳步不可北。
鑒黃穹犁庶，均平無九服。顧我齊州產，甯能忘禹域？

---

⑦ 本詩另發表於《清議報》第8冊（1899年3月12日），題為〈泰風一首寄贈卓如〉。

⑧〈泰風一首寄贈卓如〉作「共和」。

擊磬一微秩，志屈逃海濱。商容馮馬徒，志在除紂辛。
懷哉殷周世，大澤寧無人？

籾山逸批曰：「真情流露，切於層一層。吾輩讀之，亦為黯然，況啟超其人乎？其如時品，則鏘然古調，斷不在晉宋以下，末段悲憤填胸，惟見淚痕，而不見墨痕矣。——戊戌臘日」

### 11. 〈俳諧錄〉

明治31年(1898)12月28日第4版（署名：菿漢閣主）

亞非利加之沙漠，有大鳥焉，白羽而長距，伸其頸則脩八尺，其形蓋與騏驥不異也。人或狎之，稍稍失其志，則擧足以踶，或至折股，是名曰駝鳥。然而棲之以叢囿，豢之以珍餌，清泉浴之，淒風播之，則馴狎依人，不施銜轡，而可以服乘，雖駕鹽車、載囊橐惟所命。鵁鶄笑之曰：「吾巢于榛棘之閒，欲翔則翔，欲止則止，日出而作，日入而息，可以適吾志矣。雖彼鵬與金翅鳥者，其騰擊高下，不可以齊形，下至燕雀，裁啁噍于棟梁之閒，然其以意進止，不受人役則一也。今以子之奇材高足，怒則拔雪山，飛則絕戈壁，不效朔方之雕鶚，搏擊狐兔于長林豐草之閒，而甘為人服乘，載重而不怒，出跨下而不恥，伈伈俔俔⑨，惟鞭箠是懼者，何也？」駝鳥應之曰：「子不見夫橐駝者耶？其形之肥碩魁鉅，蓋十倍于虎豹，然而

⑨ 伈，音沁；俔，音獻。伈伈、俔俔，皆恐懼貌。

終日垂頭于輜車之下，非愛輜車也，欲以得其重也。今吾效彼之所為，既得其餌，而又竊其重，斯一受服乘而利吾身者二焉，雖長策在前，利錣在後，奚惡矣？雖然，吾忸矣，不可以見亞非利加之凡鳥矣。」振翮而去，至乎支那，化形于河洛之閒，為漢冀州牧本初之裔，果得大將。

12.〈餞歲——玉山吟社席上客題分韻〉

明治31年(1898)12月31日第1版（署名：章炳麟）

不作彭殤念，吾猶戀橢球；短長看日及，身世等蜉蝣。
殘鬢睢陽恨，餘生逝水浮，青陽東國早，春又滿蛉洲。

唾壺擊破轉心驚，彈指蒼茫景物更，
滿地江湖吾尚在，棋枰聲裏俟河清。

13.〈正疆論〉

明治32年(1899)1月1日第11版（署名：菿漢閣主）

臺灣島之有生民也，孰開之乎？曰：開于顏思齊而已矣。其譯音之合與否不可知，而其為日本商人則無疑也（原注：見吳振臣《閩遊偶記》）。既而荷蘭翦革以圍其地，得數十丈，久遂以鹿皮三萬張賃其全島，中更背約，以礮攻日本，顏思齊死，郭懷一代之謀恢復，復死，何彬代之，力不敵，而趨廈門，適延平鄭王自江南敗歸，彬導之入鹿耳門，逐荷蘭所置揆一王，而建東都，始招漳、泉之士，以戰以墾、以學以宦，以守其疆埸，以禦其胡寇。然則臺灣之為都會者，開闢于日本，而建國于支那，延平故東甥為明氏遺燼效死，而魯監國之敗，亦遣黃太沖等乞師長崎，其後餘姚朱氏，嘗從延平攻金陵，卒歸水戶，著《陽九述略》，陳逐胡之術甚備。方外逸民，如應元隆琦者，皆以東浙故官，蜚遁晦迹，稱賓萌于瀛海。由是觀之，中東之好，自明季以然。而臺灣一隅，其當為日本、支那聯邦之地，而視滿州以枕戈之仇也，章章明矣！日本與支那通，蓋始隋唐，是時受業太學者，皆萃處樂群，無相猜防，而唐玄宗且嘗以君子國譽之。至于靺鞨流鬼，而北辮髮之虜，魚皮蔽前、犬鹿代耕，雖齔齒之童，皆〔知〕其貪鄙殘忍，擯不與為齒列，由是觀之，支那與滿州為異種，而與日本為同種也，又章章明矣！逆豎李光地以程朱飾吻脣，而心無故國之哀，至于裂冠毀冕，外視禹域而奉胡貉為所天，思逞其狡謀，蕩覆鄭氏以燼永曆之遺民，替齊州之正朔，是時貝子賴塔等，猶褎回大義，莫為戎首，許以不稱臣、不入貢、不薙髮、不易衣冠，以與日本、朝鮮並峙，而先地故齮齕之，爪牙之士、破鏡之獸姚啟聖、施琅之屬，復為之規畫于外，中外一心，播扇類醜，道銅山、下八罩，擣牛心、摧虎井而承天，遂以不守。跡其行事，鄭氏之得臺灣也，與日本同，而滿州之盜臺灣也，與荷蘭同。夫鄭氏與日本，其當明季，既相驩如一國，則滿州之盜臺灣于鄭氏，不啻其盜臺灣于日本也。有制作之素王出，相度甌脫而平讞其國，訟于臺灣一島者，其于東方，則必隸之日本；其于支那，則必隸之鄭氏，鄭氏既亡矣，一姓不可以再興，而版籍莫之為授受，其將擁是二千八百里之島、二百五十萬之戶口以卑之枕戈之仇乎，然則非屬之始闢之日本而誰屬也？嗚呼！李光地之飾邪說、文姦言以澡⑩亂天下，塗民耳目也甚矣。自下關之盟，臺灣東屬，斯猶晉疆杞田，與仲尼之返鄆讙龜陰于魯，于義未虧，于名則至正也。而臺民之附屬于日本者，惑于李氏，猶思滿州之德，不置夫隨俗雅化，而曰吾支那之民固也。今滿州則果支那乎？歸于日本誠不若歸于支那，而歸于滿州，則無寧歸于日本，滿州之與我仇，非特異種而已也，自一片石之戰，聲言為明討賊，而終則先踣福王，而後踣自成，揚州之屠、江陰之屠、嘉定之屠、金華之屠、舟山之屠，吾支那之民，僵尸蔽野，流血揚沫，雖以闖獻之賊虐，而其殘酷不逮于是也。春秋之義，復仇者至于九世，是故吾支那之與滿州，不共戴天、不共履后土。然而愛新羅覺第十一之變法，失志見囚，吾華民猶為之憤痛者，曰春秋有臨天下之言焉，有臨一國之言焉，臨天下則支那之壤固不與滿州共處，臨一國則愛新覺羅第十一者固滿州之令主，且其志亦為齊州，而未嘗有私于北虜，是則亦元魏之孝文也。是故痛其幽禁而為之感慨不平，從其通俗，以光緒紀元，以愛新覺羅第十一稱共主，其例則與寧人太沖之箸書等。若夫為薄海計，則滿州者固吾之世仇，而日本者猶吾之同種也，況臺故嘗隸屬箸于版圖者哉，臺之士民，不蓄黃書、不省十日記、不讀《鮚埼亭集》、不覽《日本乞師記》，以仇讎之滿州，而奉之為故主，是猶赤

---

⑩ 澡，薄也。音義與「澆」同。

子之刼略于盜跖，而為之臧獲，臺隸遂誤仞之以為主父，而忘其故家宗族也。余年十六、七，則誦古文歷史，慕辛棄疾為人，蓋已知滿州、支那之所以分，而日本、支那之所以合。是故雖樂文采，而未嘗一日應試于其校，今年已三十一矣，會遭黨錮，自竄臺北，其志以訪延平鄭氏之遺迹，亦未嘗隸籍為日本土箸，非有私于瀛洲員嶠之民也。然而以支那與日本較，則吾親支那；以日本與滿州較，則吾寧親日本。全臺之民，苟撫其衣冠、討其冊籍而思，夫故國之思怨，則其視滿州與日本必有辨也，其視延平鄭王與夫洪承疇、李光地者，亦必辨也，作〈正疆論〉。

## 14. 〈寄康氏書〉⑪

明治32年(1899)1月1日第12版（未署名）

近有從清國黨禍中逸出來臺某名流，茲得其寄在京康氏書，披閱之下，頗有足見其衷懷者，因亟載之，以博江湖志士

⑪ 此文未具作者名，基於以下四點理由，可知此書為章太炎所作：第一，本文前序曰：「從清國黨禍中逸出來臺某名流」，與章太炎處境相符。第二，就書信內容而言：(1)提醒康有為注意慈禧派至東京的殺手，與章氏〈清廷偵獲逋臣論〉內容一致；(2)信中言及與康有為「論事大符而學業不能無同異」，與章氏〈荅學究〉所述相同。第三，明治32年1月13日《臺灣日日新報》所刊登的〈康氏復書〉，其內容所及之(1)馳騁歐美、(2)兼容並包二事，正可回應章太炎這封信的規勸。第四，章太炎在〈康氏復書〉前有附識云：「余于十一月上旬，馳書長素工部，其稿為同人持去，業登報章。」就時間與事況言，皆可證此書為章太炎所作。

之一覽焉。其文如左：

某白頓首。長素先生足下：禍變以來，未嘗通尺牘，側聞君子旅居蓬島，文史之興，蔚薈如昔，而僕亦蜚遯臺灣矣。瘴癘之鄉，士氣呰窳，開化不易，幸與哲人同國，而旅得道殷勤通情光。于前譬黑白之丸躍出于器而必合者，是亦決疑數學之理也。雖然，先生之久淹于東國，則僕以為過矣。講學者欲其聚，而處勢者欲其散，善奕者之舉棊，必繽紛襍處勿使麕集，而後人不得而制之。今葉赫氏之狡謀，與吳濞、隗囂不異，匕首衝胸，禍不可測，處名都之中，而使盜賊得望之以為標幟，其杌隉不已甚乎？且一隅之地，羽翮未盈，無以糾合四方之精銳，神州腊毒，又非日本一旅行能拯也，有卓如在，則先生當西渡歐美，馳說其君相而為之犄角矣。又聞禮堂諸賢與孫文相訟鬩，聞之欷歔，益用增喟。天一瑣隸耳，誠不足齒，然通于西方之情，游說者足以相依倚，撫□畜之，則援也；不然，則敵也。今之世可樹敵乎？昔張蒼水與鄭延平處，一則為康、一則為魯，所主不同，而其交甚睦，先生其亦思于鬩牆操戈之禍，而鑒天莞華烏喙之用，則所以處此者，必有術也。迺者非律賓羣島有志公黨矣，香港則又有革命黨矣，聞皆門下高材之士，散處四方以圖興復者，人之于先生，固已扶首來會，糜頂踵以殉之而不悔也，使益之以兼包並容，令馬醫祠祆之徒，一旦回面內向，厥角頤受，教以成震旦，悅故之新種，其力不愈彍乎？若夫急則相救，緩則相鬬，親昵于一朝，而揆目于卒事者，此氐（氐）羌鼇面之族所以不能與同德同力者爭也，先生豈其然乎！僕闒茸無行能，自覩變故，竄身海嶠，交游隔越，顧景無耦，薄□昧爽之間，宛轉几榻，懷不能已者，獨震旦一髮耳，夙于先生論事大符而學業不能無同異，今海宇板蕩，勢益迫迮，不得不獻其噧言，以瀆清聽，不知先生將比之于士成綺之規老耼乎？其亦嘔而置之乎？某頓首。陰曆十一月初三日。

## 15. 〈水尾晚翠詩後批語〉

明治32年(1899)1月5日第1版（署名：章炳麟）

水尾晚翠〈戊戌歲晚書懷〉

此地無冰雪，三冬草木榮。微暄醫病骨，薄醉破愁城。

豈嘆青雲遠，唯憐白髮生。輪蹄銷日月，碌碌老南征。

意有感慨，終是盛世元音，所謂得氣之春者，擬之高岑名作，殆無以辨。

水尾晚翠〈己亥元旦〉

鳳曆今朝又一新，光陰如水兩迎春。菲才處世雖無補，恩錫于吾輒免貧。旭影入杯浮瑞色，鳥聲繞檻報佳辰。歲初依例役吟筆，擬頌王正寄故人。

措詞得體，虛實兼到，非僅作九天閶闔萬國衣冠語也。

## 16. 〈正月朏日即事（詩）〉

明治32年(1899)1月7日第1版（署名：章炳麟）

長松鬖髵下，酒人襟相摩。四壁發清商，奇響聞韓娥。
而我獨為何？餔糟徒養痾。憶昔遭陽九，淩霄戒矰□。
東來期賃舂，賃舂毛已皤。揚袂望何鼓，迢迢隔銀河。
恨無魯陽公，同揮虞淵戈。腐儒生乾坤，哀樂何共多？
醉臥且勿覺，轔轔高軒過。

一肚皮不合時宜，興懷所觸，往往作不平髖髒之語，然細嚼玩味，自有安于所適之意，所謂怨而不誹，深得古人之遺。——己亥馬日，籾山逸批。

17.〈籾山衣洲詩後批語〉

明治32年(1899)1月8日第1版（署名章炳麟）

籾山衣洲〈平樂園讌集賦贈同座諸公〉
娟娟翠篠映，飜飜綵旗懸。出門皆春色，酒人醉扶肩。
此日良宴會，平樂期勿愆。微疾奚足道？步履爭後先。
堆盤熊掌美，洗酲蝌眼煎。諸公何雅量，笑言醉聯翩。
吾本東都士，孤介久迍邅。今作南荒客，未免為酒顛。
憶哉龍門子，橐筆度大川。賢愚雖夐異，傾心豈偶然？
九原如可作，願吾長執鞭。

沖和微穆，獨鶴于飛，通首不見盛氣語，而言外之旨，自能使人領略，知其于陶、謝諸家之折肱矣。

18.〈平礦論〉

明治32年(1899)1月8日第5版（署名：菿漢閣主）

曾讀二十三日報章，見洗金者之日少，未嘗不凜慘惻心也。其言曰：所獲生金，營礦者脅不得他售，而一兩之值，僅易龍圓二十有八，其卒則又必以計逐之，以故洗者觖望，日益避匿。往屬清國時，嘗至萬人，而今也不過百人。余以為相地視苗，艱難而得所求，則其志固在于自利，必強洗金者以不得他售，亦情也，而何怨？若夫淘治既久，一朝驅遣而使之去，是為美待華工之續也，且逐之而不更募，是齊其礦也，逐之而又募之，則前者散矣，而後者復集，于役則勞，于事則無益，何苦而為此？余又區蓋其言而勿敢信也。惟夫生金一兩，而僅以二十八圓易之，則余不能無感于礦主之裒刻，而為涉濱胼胝者悲矣。夫歐洲諸國，生金不入市，入市貿易者皆金幣，故以黃金易銀而不足十六換，以銀易銅而不足二十一換，其值誠下。今日本則非焉主金幣之國也，以鑄金一兩，易銀則五十圓而往，其撫治臺灣，闤闠無改，生金圓不禁于市，環珥絛脫列于鍛竈者，往往而是，以金一兩易銀亦五十圓而往，夫上既不以金幣制之，則商人亦不得強抑其價以取之，如曩所見，以二十八圓相庚償，是僅予之半也，礦主雖嘗少費，而欲厚取其息，然必以倍稱之利自予，不泰羸乎。今潢池未息，警柝日聞，重以饑饉，民食不半菽，盡瘁殫思為之謀生聚，猶恐其無所歸也。而又頭會箕斂，激之使日渙散，其不弄兵以從東陵之盜者幾希。吾聞西方之法，廠主于役人或有苛虐，知政府以其事下于議院，使平其科則而宜（宣）示之，以為法守，是以工商輯睦，民無怨讟。今當事苟能閔黔庶之無依，而思夫靖寇止奸之術，則其于此必有含也。且國家所恃，雖在富商大賈，而尤患乎貧富之不均，不均，則有餘者裂涕錦以飾圊廁，而貧者猶不完短褐，其勢非攘奪則不止。昔古巴之亂黨，嘗欲掠奪富人之財而均之貧人矣，雖其好亂，亦有以激之然也。況臺多盜之國哉，苟當事勿念，吾于是則以為海濱胼胝者悲，而為聚斂者矣。作〈平礦論〉。

## 19. 〈視天論〉

明治32年(1899)1月8日第5版（署名：蓟漢閣主）

昔余嘗持「視天」之說，以為遠望蒼然者，皆內蒙于空氣，外蒙于阿屯、移達而成是形，非果有包于各曜而成大圜之體者也。既而讀漢秘書即（郎）郗萌所記宣夜之說，云：「天了無質，仰而瞻之，高遠無極，眼瞀精絕，故蒼蒼然也。譬之旁望遠道之黃山而皆青，俛察千仞之深谷而窈黑，夫青非真色，而黑非有體也。日月眾星自然浮生虛空之中，其行其止，皆須氣焉，是以七曜或逝或住、或順或逆，伏見無常，進退不同，由乎無所根繫，故各異也。」（原注：見《晉書・天文志》）嗚呼！斯言也可謂先得我心者矣，而《抱朴子》非之曰：「苟辰宿不麗于天，天為無用，便可言無，何必復云有之而不動乎？」

夫大鈞（鈞）播物，氣各相攝，月攝于地，地攝于日，日復攝于列宿，其所以皷之、舞之、旋之、折之者，其用大矣，安事此蒼蒼者為？上古風俗浮朴，見有塊然成蒙者，不敢質言以為必無彼，故虹蜺特日光水氣所繳耳，而亦為立名，強名曰天，亦若是爾。且天之云者，猶曰道、曰自然而巳（已），今將指一器一物以為是道也、是自然也，其孰不大噱噴沫者哉？古者郊祭大報天而主日，今乃知萬物之生滅消長皆由太陽之光熱致之，而蒼蒼者無與焉。然則古人亦知其但有「視天」，而非有「真天」也明矣。

往者宗動天之說，以為諸層玻璃互相包裏（裹），列宿日地皆如蟻行，而以天為旋磨，此其說近于渾，蓋今者各體相攝之說，以為浮行大空，以己力繞本軸，以攝力繞重心，繞重心久則亦生離心力，而將脫其韁鎖，然于昊穹，則本未嘗隸屬也。此其說縣近于宣夜，以新舊說相較，新者輒合，而舊者輒差。然則「視天」之說，不愈彰明較著乎！

而淺人泥于所見，猶以車蓋斗葆相擬，謂上無覆庇，下必不能自立，則清（請）更徵成說而辨之。凡體成圓球者，未或不動，動則渾淪四轉，無待于覆。地之必有倚賴于太陽者，門其煇潤暄蒸能生萬物耳，非焉恃其覆庇也。苟無太陽，則自熒惑而外至于海王，斯五行星者，其體質軌道，皆大于地，亦未嘗不能攝地，使繞一重心也，而特無力使之發榮滋長年（耳）。若天，則何為也哉！

昔利瑪竇等知地圓而不知地動，柰端、哥白尼等知地動而不知日動，侯失勒等乃知日動。蓋太陽之大，較地球三十三萬二千倍，而較外宿則為微未（末）。列宿自一等至七等，人目皆能見之，自八等至十六等，則非人目所能見。然恆星大羣，皆在天河中，故近天河處星最多，而兩極則星漸少，即太陽亦天河中之一星，而地球及諸行星之統于天河，更不待言矣。

凡體大者，必能攝小體，地既為日所攝矣，而持蛇夫第七十星光大日一倍，天狼星光大日四十二倍，織女星光大日六十九倍，北極星光大日九十三倍，是皆能攝日者也。人弟見地球為日所攝，而不知日球亦因攝而動，但未知所繞重心果何所在。梅特勒以為所繞之點在昂宿中，或謂此點離天河平面至二十六度，未可深信。太陽所繞，必在天河，蓋眾星附麗天河，成一絕大橢球；太陽率八行星成一世界，而各恆星亦皆有所屬之地球，其上所生人物，與此不異，所謂三千大千世界者近之矣。又有星團，則《華嚴經》所謂世界如白雲者也。而天河大羣以外，又有星羣零丁散處者，豈天河以內，則所謂欲界；而天河以外，則所謂色界、無色界乎？然則忉利、兜率等天，固尚為近人者也。嗚呼！吾輩生息壞（壤）間，豈不異蝸牛之角哉？以星體而論，北極最大，古人以北極為帝星，或亦有見于此。雖然，天且非有真形，而況上帝哉？古者言帝，亦猶言道、言自然而巳（已），墨子泥之，耶蘇張之，斯其尊信也過矣。

## 20.〈刻包氏《齊民四術》第二十五卷序〉⑫

明治32年(1899)1月11日第3版（署名：菿漢閣主）

---

⑫ 包氏的〈齊民四術〉分日刊於《臺灣日日新報》明治32年(1899)：1月15日第6版；1月22日第6版；2月5日第6版；2月11日第3版；2月14日第3版；2月16日第3版；2月18日第3版；2月19日第6版。

太古之恆言，以民處沃土者為不林，而近世薛叔耘氏亦云，赤道之下，其民短小黝黑，難與興作，故越南、暹羅，至今不可復振起。然杭粒之饒，歲再入庾（庾），為亞東灌輸，其諸人與稼穡，亦各有其盈絀歟？不然，何以㔟⑬惰偷生，而菽粟顧不匱於廩也？其抑者民之材否？臭味習俗，實長吏化之，而土之沃瘠，固無與爾乎？余觀臺灣雖不當未（赤）道，然自彰化、嘉義而南，其線已直夏至，厥光直射，若懸燧于上，陽氣宛暍，百昌皆作，耕夫不汗，而篝車給足。常出其餘以飫東南，天下稱其膏腴。惜乎瀕于仆璞之野，銑鋈石墨，足以為饒。民不疾耕，責收穫于天，會遭小歉，而粟貴至萬錢，乃倚暹羅、越南以為外府。其他資生之物，皆踊騰躍，豈賤之徵貴、貴之徵賤，其相激則然耶？抑吾于此知㔟惰偷生之不可以㔟求獲也。臺之田以申汁（甲計），甲當營造尺十五畝，歲穫粟百石，為糲米四十，為鑿米三十六，其于吳越息壤，蓋十分而嬴六。臺之土箸二百有五十萬，流寓五而居一，為三百萬人，人歲食三十六斗，則三十萬甲而足。開方計之，廣袤百里，則足以饜之矣，其于全嶋，故未什一也。苟去其㔟惰偷生之習，而以其力分別種粒，築⑭糞壤，開引溝洫，歲穰則貯粟社倉以待匱，雖有康年，民必無菜色矣。今頴⑮實弗辨也，墳墟弗化也，距水二尺之畦，甽澮弗導，桔槔⑯弗汲也，會遭

⑬ 㔟，音貴。疲極力乏也。

⑭ 築，音義具不詳。

⑮ 頴，同穎。

⑯ 桔槔，利用槓桿原理用以汲水的器具。

小歉，而粟貴至萬餞（錢）。嗚呼！余雖旅人，欲弗討論，吾舌將不忍橋，將使隴畝日闢，而收穫且數倍于古。有區田于西方之書，事農事者且數十百種，其效或過于壑⑰癸氾勝之顧，草萊之氓，或膝口擯攘，以為非先疇之遺教。端居深念，發篋衍而讀之，得包氏《齊民四術》第二十五卷，其言農事雖不逮泰西，而較略可知。其餘園圃虞衡藪牧之教，大端略具，書不盈三萬言，顧切實可施于閭井。于是錯鏤其籍，以餉臺民，以備劭農者省覽。夫華嵩以東，至于海濱，圜首方趾，不能一朝不粒食。彼妫惰偷生者，非必其素性，亦習俗染之，且耘耔失其方也。今得其說略包氏書，就相土以知肥棘，擇種以識蕃變，糾士大夫以講利病，占江臯河瀕，以立地著，廣之桑麻厄茜，以供服御，綦之漁獵芻牧，以備委輸。吾知臺嶋之民，雖遇康年，必無菜色矣。天下事雖至纖微，不專不成，不討論不進，梯米之積而為太倉，絫黍之積而為十龍之鐘。今雖纖微，後可以坐大，臺之民苟以吾為芻蕘，而發包氏之籍以讀之，循除涉廉以達歐洲農學之隩，雖憂菜色，必無康年矣。夫其于沃土也，則必不與赤道之民同類而共誚也。

## 21.〈「康氏復書」之附識〉

明治32年(1899)1月13日第3版（署名：支那章炳麟）

余于十一月上旬，馳書長素工部，其稿為同人持去，業登

---

⑰ 壑，同葬。

報章。數旬以來，屏居枯坐，戚戚寡歡，念夙好之彫零，悲天綱之潰決，疚懷中夜，不能奮飛。昨者晨起，殷憂填膈，忽得工部報書，眉宇盱揚，陽氣頓發，蓋不啻百金良藥也。書中稱譽，不無過情，然工部非妄有阿借者，至其自述懷抱，卓詭切至，語不繳繞而入人肝脾，志士誦之，靡不按劍。故錄其原稿，登之報章，以備賢哲省覽焉。或曰：「子與工部學問涂徑故有不同，往者平議經術，不異升、元，今何相暱之深也？」余曰：子不見夫水心、悔菴之事乎？彼其陳說經義，判若冰炭，及人以偽學朋黨攻悔菴，時水心在朝，乃痛言小人誣罔，以斥其謬，何者？論學雖殊，而行誼政術自合也。余于工部亦若是已矣。近世與工部爭學派者，有朱給諫一新，然給諫嘗以劾李連英罷官，使其今日猶在朝列，則移宮之役，有不與工部同謀耶？余自顧學術尚未若給諫之墨宋，所與工部論辯者，特左氏、公羊門戶師法之間耳，至于黜周王魯、改制革命，則亦未嘗少異也。（原注：余紬繹周秦西漢諸書，知左氏大義，與此數語吻合。）況旋乾轉坤，以成既濟之業乎？若夫拘儒鄙生，餔餟糟魄，其黠者則且以迂言自蓋，而詩禮發冢，無所不至，如孔光、胡廣者，余何暇引為同同⑱學也哉？曩客鄂中時，番禺梁鼎芬、吳王仁俊、秀水朱克柔，皆在幕府，人謂其與余同術，亦未甚分涇渭也。既數子者，或談許、鄭，或述關、洛，正經興庶，舉以自任，聆其言論，洋洋滿耳，及叩其指歸，鬻卷逡巡，卒成鄉愿，則始欲割席矣。嗣數子以康氏異

⑱ 疑衍一「同」字。

同就余評騭，並其大義亦加詆毀，余則抗脣力爭，聲震廊廡，舉室瞪眙，謂余變故，而余故未嘗變也。及革政難起，而前此自任正學之數公者，乃皆垂頭闒翼，喪其所守，非直不能建明高義，並其夙所誦習，若云：「陽尊陰卑，子當制母」者，亦若瞠焉忘之。嗚呼！張茂先有言：「變音聲以順旨，思摧翮而為庸。」今之自任正學而終于脂韋突梯者，吾見其若是矣。由是觀之，學無所謂異同，徒有邪正枉直焉耳。持正如工部，余何暇與論師法之異同乎？陰曆十二月朔，支那章炳麟識。

〈康有為復書〉

枚叔先生仁兄執事：曩在強學會，辱承賜書，良深感仰，即以大雅之才、經術之懿告卓如。頃者政變，僕為戮人，而足下乃拳拳持正議，又辱書教之，何其識之絕出尋常，而親愛之深耶！臺灣瘴鄉，豈大君子久居之所？切望捧手，得盡懷抱。馳騁歐美，乃僕夙願，特有待耳。兼容並包，教誨切至，此事至易明，僕豈不知？而抱此區區，盍別有措置也。神州陸沈，堯臺幽囚，惟冀多得志士，相與扶之。橫睇豪傑，非足下誰與？惟望激昂同志，救此淪胥，為道自愛，書不盡言。十一月十五日有為再拜。

## 22. 〈殷守黑送枚叔東渡詞後識〉

明治32年(1899)1月14日第1版（署名：支那章炳麟）

殷守黑〈摸魚兒〉用稼軒先生晚春原韻，送枚叔東渡

駭啼鵑，洛城春盡，徐郎求藥東去。古來三島棲真所，騎鶴□

□知數。留客住，秋不到琪花瑤草蓬瀛路。臨歧無語，願勉把前塵，姒悲姚恨，付與一天絮。　人間世，好事千齡幾誤。黃龍高會天醻，聲聲白雁蘭成賦。哀怨兩猿離訴，休起舞，君不見故鄉錢趙空抔土。林荒霧苦，莫復憶西湖，傷心極目，先輩射潮處。

殷君參貫天人，于哲學、經世學，皆能道其究意，而性喜黃老。言今日支那，無可為者，送余東渡，復拳拳以箝口結舌相勉，是篇即其寓意也。余志磨頂踵，與殷君宗旨絕殊，而坐談名理，鮮不移晷，既崇山、嵇之好，復感其以至言相勵，鳴弦倚響，常裴回不置云。

23.〈荅學究〉

明治32年(1899)1月22日第6版（署名：支那章炳麟）

章夫子讀〈傅燮傳〉，曰：嗚呼！生民之瘼，身世之哀，別成知之矣！自古志節才行之士，內不容於讒構〔搆〕，奉身而出，語稍卓詭，而見詆于俗儒鄉愿者皆是也。方革政變起，余在吳、越閒，見康氏所移檄，與友人語，友人或非康氏，余固已心怪之。歲莫至臺灣，臺灣之學究或曰：「泄秘謀以速主禍，非忠也；訐宮闈以崇婞直，非恕也。夫博一身之高名，而不恤王事，岸然獨與豨韋氏游者，斯支那之志士也巳〔已〕矣。」嗟呼！吾勿辯于吳、越閒，而今又默于是乎？學究無足語，顧以誶亞東士大夫，則不可以結舌脣臚。夫謂「泄之而足以速主禍」者，此以慈禧太后為庸女爾，彼其陰賊黠深，方什伯於呂雉，必有秘謀，自康氏之出而知之矣。不然，捕康氏、刑六士，足以雪怨，而何必囚上？且六士之死，未嘗具獄成爰書也，彼則曰：吾詗知其情而戮之爾，何待其輸情乎？上之囚，亦詗知其情也。康氏雖不言，何損于禍？其果于幽囚而不果于弒也，以囚之則君若贅旒，而位號未改，幸四鄰可以無動；而弒之則必不可以徼幸，故劑量生殺之中而用之。康氏知慈禧之必不敢剸刃於上也，雖言之何益於禍？且夫華士之選儒亦甚矣。彼拘於成俗，而不足以陟皇之赫戲者，橫九服而皆是也。是故山崩陵阤，而宴臥者如故，非有馳檄，則氣何自作？憤何自發？四鄰何自動武譏？精兵何自附？蒯生有言，雖有舜、禹之智，吟而不言，不如瘖聾之指撝也。夫為康氏者，其當杜門宛舌以責成虧于上天乎？其抑當譁釦而與天下陳其義也。若夫以訐發宮闈為婞直者，則可謂僮隸之見耳矣。古者絕交必曰無惡聲，居其國必曰不非其大夫，此經常之論，執雌免禍之道，非所語于行權之事也。今禍患之端，始于宮鄰，卒于金虎掖庭之上，而罪人在焉討之猶可，況數其罪乎？必曰忠于今上者，將不得飭法于其母耶？當唐中宗時，韋氏弒逆之形未著，太子重俊發宮甲以討之，而君子不以為戾，此猶嫡母也。魯之穆姜，姣于僑如，將議廢立，成公與季、孟合謀，幽之東宮，而君子不以為戾，此猶所生也。今慈禧于文宗則非正嫡，于今上則非所生。夫為文宗后者，則為今上母，不為文宗后者，則不為今上母。《傳》曰：上堂稱妾，屈於嫡也；下堂稱夫人，尊於國也。尊之者以穀皇，故尊之耳。其於今上，天性之愛、栐⑲附之親不在焉，上雖親移其宮，猶未若重俊、成公之甚也。康氏非近臣，其所為容說者，又不在于吾君之親昵。數其忮惡、斥其淫昏，人臣之分也，雖鄰國聞之，亦以為人臣之分也。夫何經常之論之可執乎？嗚呼！全身則廢道，持正則見訾，生于亂世，而冤頸折翼，至于菹醢而不悔者，職矣。又重之以鄉愿之議，使其義不得伸，悲夫！吾所謂鄉愿者，其持之有故，其言之足以成理者也；今之學究者，其持之未有故，其言之不足以成理者也。雖然，亦足以為鄉愿之駙驂矣，吾不可以結吾脣𦢊矣。

## 24. 〈人定論〉

明治32年(1899)1月24日第4版（署名：支那章炳麟）

乘猋風而薄乎玄雲之上，視蒼蒼之天者，其果能為人世禍福乎？抑亡乎？曰：夫柳子厚者，固以癰痔果蓏擬之矣，余則曰：浮游乎空虛之中，百昌生物，以息相吹，並癰痔果蓏而亦未嘗有也。借曰有之，禨祥之說，則上古愚人所以自惑，而聖人因其誣妄以為勸戒，亦猶蚩尤之作五刑，而聖人因之以為鯨（黥）墨劓刖而已矣。夫愚人之無識也，蓋較蚩尤為尤甚，如京房、劉更生諸公，推迹五行，極陳災異，以效忠於人主，其所救正，誠有足多者，而害亦自此始。何者？不數見之事，以忤人為災，則必以其合人為瑞。是故天有甘露、地有河清、木

⑲ 栐，同柿。

有連理、草有紫芝、烏有爰居、獸有角瑞，總是數者而得其一，則皆以為合符于上帝，凡所以煩有司、諣財賦、興徵調、盡民力者，且不可勝數，由是觀之，始以為勸戒，而終以致敗亡。莊固（周）有言，邱夷則淵實，魯酒薄而邯鄲圍，其諸相因之理，固有若是者歟？實驗之學不出，而上古愚人之惑，互（亙）千世而不解，是故前乎子厚者有王仲任，後乎子厚者有王介甫，其所立說，往竝以天變為不足畏，而迫于流俗，猶時時蒙其訕議。自今之世，有實驗也，而其惑始足以陶汰。然都會而外，然疑未諦，眾不可以戶說，井里之民，上古民也，隕星曰流血矣，木鳴曰城墟矣，黧老稚子，奔走相告，國中治穰而依巫祝以求解者，猶上古之民也。往者多那底之彗，其第一星見于戊午（原注：清咸豐八年），適粵寇屠吳、越，至壬午（原注：清光緒八年），其第二星見，則法越之難興，適年遂曼延閩、粵，伏尸積骸，亦無慮數千人。爭相徵信，託于王相，以天道為果有知。今臺中地震，道路傳言，又以為震于冬者，不崇朝而有兵禍。夫彗之附日也，其周雖有遲速，其軌道雖有遠近，然三百行星之民，大自海王，細至虹女、簫女之屬，皆有時見之，其不能常為兵禍，亦必不專為禍于東亞也明矣。地震雖一隅，其端則由伏火，大地之始，若丸炭而熾，久之乃為熖火，而皋壤蔽其上，然遺熱故在，灼煬崩裂，甚則為火山，而少衰為地震。彼溫泉者亦火山之屬也，人固樂溫泉而憎火山、地震矣。使天果欲以火山地震示禍于人，則曷為又以溫泉媚之？震之甚者，崩崖折棟，以壓覆居人，是可憂耳，苟無是禍，而憂其兆兵于異日，使異日復憂其異日，噫！言若是越哉！天地之閒，愛惡相摶，而情偽相攻。苟為人害，雖蟁蝱⑳之微可畏也，苟不能為人害，雖天地之大勿畏也。吾先師荀子有言曰：「日月之有食，風雨之不時，怪星之黨見，是無世而不有之。上明而政平，雖竝世起，無傷；上闇而政險，雖無一至，無益。」嗚呼聖矣！臺人方聳于地震之禍，趯趯然若將兄禪竈而父柏常騫也。余故作〈人定論〉以釋之。

## 25．〈兒玉爵帥以帝國名勝圖見贈，賦呈一律〉

明治32年(1899)1月29日第1版（署名：章炳麟）

蘿國浩渺古蛉洲，上將多情許臥游。
徐市一行知不返，羨門老亦去何求。
忽看羈紲身非故，漫捲鉛黃涕欲流，
荊棘滿塗惟怖鴿，蓬萊無路問浮鷗。

## 26．〈籾山衣洲詩後批語〉

明治32年(1899)1月29日第1版（署名：章炳麟）

籾山衣洲〈謁兒玉爵帥於公館，恭賦七律一章〉

粉墻畫戟曉雲中，信步盤桓興不窮。雙屐香生花逕雨，一堂綠度竹陰風。巡邊旌旆蠻夷仰，饗老壺觴耄耋同。燕寢且延林下士，馳驅筆陣氣如虹。

---

⑳ 蟁是「蚊」的本字；蝱一般寫作「虻」，音蒙。

芊緜蔥秀，中自有雍客（容）氣象，較之沈、宋，則神韻自遒；比于王、孟，則體格更壯，是合四家為一家，那得不推鉅手？

## 27.〈論亞東三十年中之形勢〉

明治32年(1899)1月29日第5版（署名：支那章炳麟）

觀于旅順膠州之點舉措，黃海以北，其趨于俄、德也明矣。雖有朝鮮，如烏鵲之夜集于林，徒見其寐，而勿見其寤，此不足以扞掫□碣。支那自宮禁之變，賢才阬（既）屠，王化陵遲，宇內魚爛，將使蘇邱之上，滿人不亡，而夏子之胄亡矣。然則朝鮮不足與圖事，而支那無可與再謀，日本東處，亦孤僨而孑立也。若是，則亞東之長終于銜璧，其壞地終于生荊棘、殖黍苗乎！且夫表東海者，終以和、漢為旗旄，浸假而攘竊符璽者，入于舂槀，輸于織室，哲王復辟，鷙桀進用，厥徵天民三百六十夫，東面而揖日本，以合從為治，期以一世，其究極則將何以也？章子曰：黃海之必淪者勢也，豈直黃海，東自大河、西自岡底斯山其陰，則必淪于俄者亦勢也。詔號之所布，威靈之所燀，雖有管籥，盡于南服而已矣。今夫滿蒙人之志，固可知矣，自綏芬河蹙，俄之斥候日進，琿春、寧古塔閒，種族錯處，受其陵轢，免冑伏地而不忍抗也。幕北四汗，青吉思裔也，當其蹙俄，俄人羽鏃不發、孟勞不舉，轉北遁逃而不返，其威熾矣。今遂為俄人跆藉，呼以白皇、進以湩酪，免冑伏地而不忍抗也，若是則其歸心于俄人，可望之如句陳大星也章矣。不然，滿漢之同禍，雖至愚劣，猶將與知之。今慈禧太后之言則曰：西方之公法，有亡國無覆宗，吾守吾玩好、蓄吾金幣，寧局促于一畿，而為其役屬之帝，夫豈能以一人持莠言，固滿蒙之甘心于為廝養走卒也久矣。

今上者于滿洲則由余、金日磾也，眾心成城，而眾口鑠金，上之廢固職矣。幸而中興，猶不足以挽滿蒙之北向，自河而北，亦掣曳于滿蒙也必也。今夫日本馬關之盟，能得志于臺灣，而不能得志于遼東，何者？如駕長轂矣，雖有箠策，不可以及駗驪之腹，而及之者其脊也。俄之于南北，譬則臺灣腹而遼東脊也，日本割之，譬則臺灣脊而遼東腹也。且庫頁既失，而韓之巨文，英無勁旅（原注：巨文島曾割隸英國），漢陽士大夫，其冥頑矜憍與滿蒙相長弟，今雖以帝號繼三統，而俄患暫弭，終亦附庸于俄。俄有韓，則勃澥斷而箕尾絕，禍且及日本，北海雖完，亦僅足自衛，其不能以長鈹彈丸暢威于寒帶可知也。夫日本不北征，而支那且不能撫河朔，雖有令主，以從親相約，亞東之威，必不出南部矣。閒者奇材雋異之士，南方為盛，懋遷之所至以通毆美，則利盡南海：銀銅千冶、苦蕱千陵、吉貝千壖、石墨千舡、繭素千種，日夜相趨乎前，勢若轉轂，以資強富者，北方無有焉，是所渭海王之國也。以是定治中東，胥命而固之以英，滇、粵以外，雖與法為甌脫，其勢則不得與俄比。若是則招攘為夾以和民居師也殆可矣。若夫肇域所錯，溝〔封〕所暨，一世以內，日本雖盛，令必不能外行于玄菟，支那之都，必不能出于武昌金陵，其海軍之舳艫，必不能逾鷹游門而稅駕也。且夫究極者勢也，知舊隄之必敗，而弁其隄者，不可以保其隴畝，知北方之必不能與俄爭，而弁其北方者，亦不可以守其南部。江左之劉裕、宋之岳飛，其所經略及于關中、河北，而後可以處吳、越。故曰：知其不可柰何而安之者，命也；知其不可柰何而必不能安之者，亦命也。亞東之究極，雖定于南，非得恢卓雄略之士以征撫朔漠者，其能為南部雄伯乎哉！

28.〈黨碑誤鑿〉

明治32年(1899)1月29日第5版（署名：菿漢閣主）

頃觀東京朝日報，以支那改革派推劉坤一、張之洞為領袖，此說誤也。劉固湘軍宿將，處事持重，不鶩聲華，與新進之士銳志變法者相左。而移宮獄起，清流被禍，乃反賴其維持。漢高以厚重少文許周勃，而謂安劉氏者必在斯人，坤一殆其亞矣。若張之洞則外託維新，而其志不過養交持寵，凡所經畫，縻帑無數，卒無一成，此或才力不逮，君子猶恕。乃自八月政變，張反倒戈新黨，凡七發密電至京，諂諛長信，無所不至，比之杜欽、谷永，蓋猶有其罪而無其功焉。其《勸學篇》一種，頗足以欺世盜名，要之，外篇所說，時有可采；而內篇則皆模稜語。今乃謂其苦心籌畫，不欲與滿人立異，則為其所欺爾。果具此心，但當頌飏祖德，教民盡忠可矣。今于周秦諸子，無不醜詆，并西漢今文學派，亦皆憤如仇敵。是其發源之地，固以孔光謹慎、胡公中庸為正鵠。蓋新黨立論大近狂狷，容有未合中行者，而駁之者，則為路粹之告孔融矣。之洞少時，頗有文譽，談者或謂可繼紀文達公。所著《輶軒語》，以誨學童，亦中肯綮然，微言大義，則非其所聞。且聞見雜博，而不曉師法、不知家數，于經學則不能分別古今，于小學則但知校勘字句，于古文則不知別裁偽體之當斥，而純正如滌生者，反不列于桐城，于駢體則混晉宋、隋唐于一邱，而骫骳如袁枚者，亦比肩于洪、邵，于此尚分晰不清，何論微言大義哉？原其學術，高則為翰苑清流，下則為應試好手而已。乃既盜文學之稱，遂抗顏以經濟自詡，而所成卒至如是。噫！紀文達吾不得而見之矣，得見畢秋帆斯可矣。

## 29.〈論學校不宜專校語言文字〉

明治32年(1899)2月3日第3版（署名：支那章炳麟）

萬族不可以卒分，故萌動出險要輻湊乎一區，湊則相處如瘖聾，而交際之道以苦，是故為之鞮譯，舌人以通其語言者，則交際之始事也。且夫以介葛盧之審牛鳴也，而強之為廟犧則不可。雖有鸜鵒，不能樂韶舞於洞庭之野，彼通其語言，而未通其所以言。今之求國際而設學者，授以語言，而勿授之以所以言，是將使之終于為葛盧、鸜鵒也。教育之則、物理之分、政事之法，此所以言也。習其文者，輒勿能譯其義；非直其義，細者至於名物，亦不能宣諸其口，何者？語言文字，則小學之屬，《凡將》、《急就》之倫〔是〕，足此而不學，不足以鉤深致遠，無足怪者。夫雨光相遇之為暗，兩聲相遇之為瘖，此易知也，而事語言者或勿知，知者顧在于對譯理想之士。

噫！智足以窮九域之方言，象書而于以察其分際，終棍成弗能辨，其進不足以措政，其退不足以彪蒙，斯噂噂者將曷為也？或曰：以□服賈，倚軶旁行，而無所滯，使其身不操瓢，以從溝瘠務民德者，亦足矣。抑不知朝廷所以教士者，將使若是而已乎？且將使之聽斷以類明振豪未者乎？且夫始事者，未嘗不欲□，草創闊略□終，則皆飢渴以求微言，微言之難知，非攻堅者勿能譯也。今亞東之譯西書，莫先佛經。彼言之登于九天，入于大湫，洸〔洸〕而不可屆者，亦莫若此矣。然檢其冊籍，以千百計，而譯義勿差以銖黍者，何也？自漢之末，以至唐氏，更六百年，學者轉相授受，攻鑿及于牛毛，其譯述有師法，其名物有定稱，而後善失旨爾，然寶性《功德草》之譯，留支雖精，猶為曇鸞糾駁，今即取《貝葉經》以校大乘，亦庸知其無銖黍之差乎？教育之事、物理之分、政事之法，其微眇〔亦〕視此矣，今使學者徒從事于口耳觚牘之閒，而勿覃思于是，吾見後生之冥冥若擿埴以求塗徑，無〔益〕也。華哉臺哉！臺哉華哉！

30.〈荅梁卓如書〉

明治32年(1899)2月5日第5版（署名：支那章炳麟）

卓如國士：歲聿云莫，淪茗酤酪，手書兩緘，一夕沓至，〔使〕陽氣發乎眉宇，今日又〔讀〕呂氏少帝〔設〕計踐阼，〔意〕謂姚崇秘計，當發此日。東人杖義，多在社會，積精〔自〕剛，要不能速，然遲之又久，則支那士民銳氣頓挫，並為臣僕，共此閫胥，斯亦可長慮者。開濬民智，以為招攜懷遠之具，猶奔者之布遠勢，終當收效。然吾身能見與否，則不敢知。君子立言，固不為一瞚計，來教謂譯述政書〔為〕第一義，如青田退著《郁離》，他日因自試，惠我禹域，幸甚幸〔甚〕。鄙意哲學家言，高語進步退化之義者，雖清眇闊疏，如談堅白，然能使圓顱方趾，知吾身之所以貴，蓋亦未始不急也。老聃曰：「草食之獸，不疾易藪；水生之蟲，不疾易水。」此言生此地、食此餌，故能成此形、具此性也。然則獸若易藪、蟲若易水，則鮫之化鹿，雉之為蜃，有明徵矣。〔自〕脊骨之類，始有鱗族，屢易其壤、屢更其食，而後得為生□，今乃幸為文明之族，故孟荀言性，一舉其始，而一道其終。舉鴻荒之民，〔以〕比後世，其智愚馴野之相去，何翅倍蓰？譬諸草木，焉可撫也。使支那之民，一旦替為臺隸，浸尋被逼，遁逃入山，食異而血氣改，衣異而形儀殊，文字不行，聞見無徵，未有不化為生蕃者。船山《思問錄》之所為懼也。嗟嗟！袞州桑土，今為野繭，西人謂放家豚于草澤，則化為豪豬，鼉豕盡然，人獨何能自保？耕穫之氓、占畢之士，方以為幸避兵燹，則子孫胤胄，其形性可以長存，是以晏安鴆毒而〔無〕所懼，必以種類蕃變之旨覺之。或冀其慘懍悼慄，發憤為天下雄爾。靜言思之，《鞞婆沙論》謂：或金翅鳥、或龍、或人皆具卵胎，溼化四生；而江總《白猿傳》謂歐陽訖妻為猿所竊，因生率更（原注：見《文獻通考．經籍門》），皆不盡誣妄。然則異物化人，未有底止，人之轉化，亦無既極。孟荀之說，亦迭為終始，如三統之互建矣。誃予手足，□嘆茲形之將然，滋足慼也。抑儒者之說，多言無鬼神（原注：見太史公書，是秦漢古義固然，非自無鬼論始也。），異于釋迦、基督之言靈魂者。夫肢體一蹶，互（亙）萬世而不昭，則孰肯致死？民氣之懦，誠無足怪。然惟無鬼神，而胤嗣之念乃獨切于陀國形家之說，至欲以枯骨所藏，福利後裔，今知不致死以禦侮，則後世將返為蠻獠猩狒，其足以倡勇敢也明矣。然則儒者之說，固不必道及無色界天、無閒地獄，而後可作民氣也。南海在東，想尚須羈留數月，〈泰風〉一章，重〔為〕呈覽。〈祭六賢文〉，即八月聞耗時作，當時欲與□□□㉑設奠黃浦，因作是篇，以待復笙柩至上海，徧訪船步及湖南會館，皆莫知所在，自餘諸君，並未知其何時歸葬，逾月遂至臺灣，斯舉不果。蓋既其文，未既其實也，亦重錄附上，即希警覽。近有新作，幸許惠示。復笙遺著，弟惟《寥天一閣文》一冊，其餘多未及見。友人中亦有篋藏者乎？羅網滿天，珍重是幸。炳麟頓首。十二月二十二日。

## 31.〈絕頌〉

明治32年(1899)2月7日第3版（署名：支那章炳麟）

諂（諂）諛之美名謂之頌，古者之有頌，其注威盛德，足以高世，故受之而無所忸，且非其臣子，固莫為言者。然大、小《雅》至百篇，而《頌》特三十一章，亦吝惜其詞矣。自尊

---

㉑ 原刊文此處即三空格。

主抑臣之論作，而諂（諂）諛取容之士以頌自效，然法家之真者，固未嘗以頌為韙，韓非曰：鐘鼎之銘，皆華山之棋，番吾之迹也。雖李斯之頌秦皇帝，刻石于會稽諸山者，其言猶有分際。試取封禪典引以校李斯之文，則其夸誣、翔實，為有閒矣。夫倡法家之說者莫過韓非，竊法家之說而以文其尊主抑臣之義者，莫過李斯，然絕之者至甚，而用之者其歸美僅如是，然後知後世之為頌，垂頭悲鳴以覬旦夕之廩祿者，特人主迫之使必出于是也。且夫有顏異反脣之誅，則憚之者不得不作封禪以求活。柳宗元之貞符，自以不牽圖讖、不舉瑞應，賢于漢人遠甚，然其為夸詞以求貸，罪則未有以異于彼。夫人主不能迫其臣以直言極諫，而迫之使垂頭悲鳴，以覬旦夕之廩祿，則頌者乃適以自彰其過，而非以自彰其美也。至于今世，則雖有成、康之德，而《周頌》亦不得作。又非直漢唐以來夸詞之當絕也，何者？懷隨侯之珠、結錄之壁，而以自衒者，其取信必不逮于市人之稱譽。古者五洲未開，文教未被與，自冠帶之國而外，不過蠻夷，蠻夷之言，不足以為法，故使蠻夷頌之，誠不若使其臣子頌之之為得也。今者四鄰之國，皆文明矣，伐有可旌、德有可錄，必無不著之豪素以頌其美者。有鄰人之頌，而臣子復自頌之，是不足于市人之稱譽，而復以其美自衒，斯則適以取疑，而非以取信也。由是言之，頌之當絕，豈不信哉？或曰卮酒之祝、上壽之詞，情也，能絕之乎？夫祝者驩歌祈福之言耳，與頌之名相類，而其實固殊。祈福之言得曰祝，不得曰頌；表德之言得曰頌，不得曰祝。祝可無絕，頌則一切當付有司燔之，使無餘燼而後已。嗚呼！彼頌君之言則已矣，今之飾小言美辭以干縣令，而覬其旦夕之廩祿者，又何其多也。

### 32.〈書原君篇後〉

明治32年(1899)2月10日第3版（署名：支那章炳麟）

黃太沖發民貴之義，紬官天下之旨，而曰天子之于輔相，猶縣令之于丞簿，非夐高無等，如天之不可以階級升也。輓近五洲諸大國，或立民主、或崇憲政，則一人之尊，日以騫損，而境內日治。太沖發之于二百年之前，而徵信于二百年之後，聖夫！抑予以為議論之于政法，猶藥之于疢疾也，趣效而已。雞豨枯梗，場圃以為至賤，而中其疾則以為上藥。自古妄人之議，常冑沒以施當時，卒其所言之中，亦與太沖等者，蓋未嘗絕也。予觀明武宗嘗自號「總督軍務威武大將軍」，兵部宣敕，雖御名不諱，傳之後世，以為談笑。又上求之，則漢靈帝嘗納許諒伍宕之說，謂太公《六韜》有天子將兵事，因購武平樂觀，躬擐甲介馬，稱「無上將軍」，此事稍不章。要之，二君皆淫酗昏虐之主，佻狎自喪替其球璽，固無不譏嘲于後世者。然輓近尚武之國，其君皆自稱「提督」，或受鄰國武臣官號、佩其章紱，愍然勿以為怪。而戎事日修，則天子誠與庶官等夷矣。嗟乎！彼漢、明二主者，寧逆計至是哉？事之票忽而得之者，千世以後，輒與之相契合，于是知妄人之議未可非，而舉其事以譏嘲者，適咫尺之見也。昔吾友夏曾佑嘗說：「《易》曰：『坤之上六，龍戰于野，其血玄黃。』則羅馬既亡，與七國五季之世是已。乾之上九曰：『亢龍有悔』，則中國、朝鮮之君是已。其用九曰：『見群龍無首』，則華盛頓民主之政是已。」夫龍戰，至亂也；無首，至盛也，而其聚散時或相似。且化益之書，稱刑天爭帝而不克，帝乃戮之為無首之獸，以舞干戚，是固以寓言見旨者，然其與群龍亦相類也。無首而樂，推則曰群龍無首，而攘奪則曰刑天，彼其操行致功相反戾如此，而其不膠于一君，竊竊然以斗杓旋機視其上者，抑何其矩範之合也。《志》曰：「善人不善人之師，不善人善人之資。」顧不信歟？夫妄人之所以荼生民、覆宗稷者，其行迹乃多與官天下相似，豈特以天子為軍吏也耶。

### 33.〈臺灣祀鄭延平議〉

明治32年(1899)2月16日第3版（署名：支那章炳麟）

當明隆武、永曆之際，王師盡熸，崎嶇嶺海，而同仇之士如蝟毛而集其閒，以王號胙封者蓋十數，然或出于草竊亡命，既無遠略，或且挾乘輿出走，劫奪從官，焚掠儈藏，與寇盜無以異。求其忠節雄略之士，得二人焉，于前曰何中湘，于後曰鄭延平。中湘降李錦、郝永忠之卒，雜以左良玉舊部，列十三鎮，處洞庭南北，然未嘗取其梟健以為爪牙，勢渙〔支〕統，內鬨于牆，卒有湘潭之敗，節制之道，蓋未盡也。延平規模閎遠，其士卒又素習傾測擾攘閩海之閒，形勢局促，與中原相隔越，然猶溯洄大江，拔皖南數十縣，合圍金陵，扼其會咽。雖恃勝師老，南都不舉，其撻伐之威亦熚矣。天假之年，而糾合義旅，以圖進取，以王之材武，臺灣雖小，亦足用也。惜乎中道夭喪，復失蒼水，替其輔夾。嗣王窘世，僅蹙蹙守邊幅，然明氏支庶，依以自全者幾二十年，衣履弗改，共和弗革，抑豈非王之遺烈歟？昔漢祚既易，或謂吳玉宜稱上將軍九州伯，吳勿納，卒建黃武之號，而孫盛惜之，以使權固秉臣節，世稱漢將，豈不義悲六合、仁感百世也耶？延平當永曆之亡，猶奉其年號，握璽勿墜，未嘗以島國之主自與，嗚呼！其賢于吳也遠矣。臺灣南北，故王所蓄，番攘剔于，義宜祁然，自克塽之降，改葬南安，表墓之典，蓋弗可及矣。寢廟之設，乃閒見于臺南，里社祠杓、農牧奔走，不足以稱盛德，愚以政府宜為建祠，立之主祏，無為偶像，使有司主其祭，以章志節雄略之士，及因國之無主後者。謹議。

## 34.〈摘楞嚴經不合物理學兩條〉(一)

明治32年(1899)2月19日第5版（署名：支那章炳麟）

窮萬物之性質，辦（辨）人天之境界，與哲學相出入者，蓋莫尚于佛經。然專崇理想而未憑實驗，故亦有違悟之義錯出其閒，因是以論身心，而豪厘之差，僇千里者有之矣。余于《楞嚴》，蓋夙所耽說，以為惠施雄辯之流也，及參以物理，乃知其有未愜事情者，因摘正如左云：

「阿難！汝更聽此祇陀園中，食辨擊鼓，眾集撞鐘，鐘鼓音聲，前後相續，於意云何？此等為是聲來耳邊？耳往聲處？阿難！若復此聲來於耳邊，如我乞食室羅筏城，在祇陀林則無有我。此聲必來阿難耳處，目連、迦葉應不俱聞。何況其中一千二百五十沙門，一聞鐘聲，同來食處，若復汝耳往彼聲邊，如我歸住祇陀林中，在室羅城則無有我。汝聞鼓聲，其耳已往擊鼓之處，鐘聲齊出，應不俱聞，何況其中象馬牛羊，種種音響。若無來往，亦復無聞，是故當知聽與音聲俱無處所，即聽與聲二處虛妄，本非因緣，非自然性。」據聲學理，物動發聲，則盪擊空氣之質點，層層推行，如水生浪而遞傳至耳，其空氣撞擊耳底之膜，震動而傳于腦筋，以入腦髓，乃覺有聲。然較發聲之時必稍遲，蓋空氣傳浪冰界，則每秒行一千零九十二尺；若專在輕氣中，則每秒行四千一百六十四尺；若專在炭養二氣中，則每秒行八百五十八尺，其遲速之限如此。然地球以上，氣皆相襍無純淨者，故終以空氣行一千零九十二尺為準。此非耳往聲處，亦非聲來耳邊，乃聲浪遞傳而至耳邊。所以目連、伽葉亦俱聞者，緣空氣之被撞擊，猶拋物入水，水遇物而成浪，則圓界四周，成暈相等，空氣被擊而傳浪，其浪在圓界中，亦均勻傍布，無有差池，故在圓界者，其耳膜各被震動而成聲。釋迦但知聲之前來，不知浪來而聲未來，故疑一聲衹能入一人之耳，而不能入眾人之耳也。凡多聲連續，耳受之，則覺和而成節，若哆聲襍動，則聲浪亂傳，而耳膜之受震不勻，遂為亂聲，然其界限自若，其能聞亦自若也。釋迦知亂聲之不成節奏，而不知浪之能並傳，故疑鐘鼓齊出，應不俱聞也。

## 35.〈摘楞嚴經不合物理學兩條〉(二)

明治32年(1899)2月21日第3版（署名：支那章炳麟）

「阿難！譬如有人，取頻伽瓶，塞其兩孔，滿中擎空，千里遠行，用餉他國，識陰當知，亦復如是。阿難！如是虛空，非彼方來，非此於入（方人），（如），是阿難若彼方來，則本瓶中既貯空去，於本瓶地應少虛空。若此方入（人），開孔倒瓶，應見空出。是故當知識陰虛妄，本非因緣，非自然性。」自地以上，滿布空氣，佛家知有地、水、火、風四大，而風即空氣所盈，乃尚認地上為真空，何歟？塞瓶兩孔，其中已有空氣，就塞瓶處，其空氣未嘗不有欠缺，而他處空氣復來補之，故不覺其少。然使終不開孔，則自瓶以外，其空氣必少，恆河沙數中之一阿耨，但微眇難覺而已。開時空氣之出，亦人目所不見，然封塞極密，開必有聲，此即空氣之爆裂也。必以法提成真空，然後倒瓶不出耳。然則于此塞孔，空氣即于此入，于彼開孔，空氣即于彼出。若言真空，則不施人力，實無此地。牟尼言此，亦通人之蔽也。然其說理精鑿，豁然确斯者，固非諸書所能及。如云：「目有赤眚（眚），夜見燈光，別有圓影，五彩重疊，於意云何？何……此若燈色，則非眚（眚）人何不同見？而此圓影唯眚（眚）之觀。若是見色，見已成色，則彼眚（眚）人見圓影者，名為何等？」又云：「以清淨目觀晴明空，唯一有（晴）虛，迥無所有，其人無故，不動目睛，瞪以發勞，則於虛空，別見狂華。復有一切狂亂非相，色陰當知，亦復如是。」準光學理，以小紅圓置白紙上，視之良久，即見紅圓外周有綠色之圈環之，若去其小紅圓而仍視此處之白紙，即于此處見正綠色，因紅色、綠色為交互色。而人目又有球形差，故筋網上紅色形像之外，尚有紅光，因久視則減覺紅色之功用，故形像外之紅光圈變為交互色之綠光圈，及去此小紅圓，則惟見正綠矣。此即瞪勞見狂華之說，亦即責（眚）人見圓影之說。責（眚）人之目與瞪勞者大同，故常人未見而責人先見也。此則釋迦早知光浪，似已高出柰端，信乎耶蘇、穆罕點（默）德諸子不足當其芥子也。

### 36.〈非島屬類利害論〉

明治32年(1899)3月5日第5版（署名：支那章炳麟）

世以非律賓羣島之屬美為有害于亞東者，余嘗笑之，夫以西班牙之分崩潰決，勢如魚爛，不可為全鱗，縱非有古巴之釁，而呂宋亦歸于他人。曩令法人以其保暹羅、亡越南之餘力，蠶食斯土，然則連衡之俄，其力可奰于赤道，是夾溝而廖㉒我也。使其屬英，英于亞東誠久要無負矣。全牛之體，肥碩無朋，則角之所以抵觸者益厲，吾甯求其瘠，而不欲益其肥，非謂其為俄、法之續也，獨雄于東南洋，則亞人亦為其廝役而已矣。今夫美則自以為萬邦之司直也，非直美自言，五州各國亦以美為萬邦之司直也。今顧背其素義，而以兵力播及于東半球，其地則益，其望則損矣。雖然，美故以商立國，與亞東相親暱，雖有一疵，非耽耽然欲為熊羆之攫人者，橫于一嶋，而

㉒ 廖，音侈，廣也，大也。

未欲為禍于雲山以東也。三年以往，有檀香山之役矣，嶋中之黃髮齔齒，志各異向：一則欲西騖而趨日本，一則欲東騖而趨美利加，先發制人，卒為〔美〕有，□□□□，〔未嘗〕有一矢之事，由是言之，美雖得地，甯以佳兵為〔志〕者哉？且既得地而守之，則士卒不可以不訓練、船械不可以不功堅、饋饟不可以不給足，其必增于曩之海軍三萬人也，又可知矣。彼其改圖，進未能為害于亞東，而退乃可助亞東以為禦侮。是何也？今之道合從者，必言中、東、英、美，而美無軍港于亞東，則急難未足以相救。今以非嶋為屯墾之地，若握彈丸，有事則舒掌而縱送之，吾見其有益于亞東，而未見其有害也。難者曰：「美故非崇武，今雖增兵，亦足以守邊幅耳，不為害則已，其奚能為益乎？」曰：夫虎豹在山，則藜藿為之不采矣，烈□晝作，則千人為之慴氣矣。故相援之國，稍增其勢，則吾氣愈盛，而敵人愈有所憚，雖虛中如康瓠，猶足以為益也。曩者阻割遼東，時獨俄之兵力足以及黃海耳，德、法則恫疑虛獨，而勢固不相及也，然俄人得德、法以為援，而遂足以自行其志。譬之火之燒積薪者，其炎上薄，則雲霓蝃蝀，皆足以益其光矣。雲霓蝃蝀，非能助火以燔爇也，而人之慴于火者，見之而氣益靡，彼美之為益于亞東，甯異是乎？夫相度大勢者，不于咫壤尺土之得失，而以合羣之勢為重輕，淺夫瞢于是，局促繩墨，顧無所覩于域外，彼以美割非嶋為有害者，其亦滯于咫壤尺土之見歟？

## 37.〈論醫師不宜休息〉

明治32年(1899)3月8日第3版（署名：支那章炳麟）

昔法之工役，苛暴掊克，拏坡侖于是乎倡禮拜休息之議，其休息者，固為傭保力作之屬，而非以為士大夫也。人之生也，惡勤動而好愉樂，則其風遂施及乎藝術文學之士。當今之世，耽于鐘鼓游觀之樂，誠不能使人人為大禹、墨翟，日夜重趼而不舍也。且一名之息，其為得失也輕，則放任之而已。余獨以醫師為不宜休息者。疢疾之時作，緩之一瞚，則深入骨髓而不可拯。炎瘴之地，癘疫不戒，其為變也尤速，迎而得醫師，則猶溺者之獲匏矣；迎而失之，則猶枯魚之無沫矣。曩令扁鵲之入虢，遲以數刻，而莫為治其三陽五會者，則尸厥者遂長往也。且夫休息者，亦視其事之緩急而已，今制度繩墨雖大同，要自有出其外者。自其大者言，輪艦出港矣，其于中途，不曰今日禮拜而遂止者，勢固不可止也。自其細者言，竈下之養，力役之至勞也，然不得以禮拜休息者，豈不曰一日不爨，則人有嗛飢也哉。夫醫事之急，豈獨救飢爾乎？丸以陷胸，液以抵當，其於以濟急，蓋無以異于入海而禦波濤也。苟擬以二事而方其緩急，則醫之不宜休息也章矣。然則上之設院者，必重其廩，而下之求治者，必厚其稰，以庚償其勞也，斯亦勿可以已者也。

## 38.〈客帝論〉

明治32年(1899)3月12日第6版（署名：支那章炳麟）

自古以用異國之材為客卿，而今始有客帝。客帝者何也？曰：如滿洲之主支那是也。夫整軍之將、司稅之吏，一切假客卿于歐、美，〔則〕以雞林靺鞨之賓旅，而為客帝于中國〔也〕何損？知是而逐滿之論，殆可以息矣。抑夫客卿者，有用之者也；客帝者，孰為之主而與之璽紱者乎？北辰太微，不司其勳；岱山梁父，不載其德，盜沃土于支那，而食其賦稅，既無主矣，而客于何有？曰：巳（已）矣，勿言之矣。雲門之均，勿可以入里耳矣。必若言之，吾則曰：支那之共主，自漢以來，二千餘年而未嘗易其姓也。昔者《春秋》以元統天，而以春王為文王。孰謂？則孔舒元以為仲尼是己（已）。歐洲紀年以耶蘇，衛藏紀年以釋迦，而教皇與違（達）賴刺麻者，皆嘗為其共主。支那之共主，非仲尼之世胄則誰乎？梅福之訟王章也，見新室盜漢之朕而塞之也。及王章不可訟，而上紹殷之議，其指歸則以聖庶奪嫡為梟，是何忘漢之社稷，而為此闊疏之計耶？夫固曰：素王不絕，黑絲之德不弛，則支那之城，亙（亙）千百世而有共主。若夫攝斧扆掌圖籍者，新乎？漢乎？則猶鸛雀蚊虻之相過乎前而巳（已）矣。由福之說，苟言大同，必求可恃者而後君之，則君固在乎會，推而不得世及矣。若猶是世及也，冠冕（冕）未裂，水土未堙，則支那之共主，國必在乎曲阜（阜）之小邑，而二千年之以帝王自號者，特猶周之桓、文，日本之霸府也。苟如是，則主其賞罰而不得竊其名位。支那有主，則為霸府于豐鎬、北平者，漢乎？滿乎？亦猶鸛雀蚊虻之相過乎前而已矣。苟攝之者不得其指，而自以鎮撫一國，若天之有釋提桓因，斯猶大夫之臚岱，其罪不赦，此漢魏之所以為亢龍絕氣，而客帝之所以愈迫民以攘逐也。難者曰：今之衍聖公，其爵則五等，其冊封則必于京室，今倒植其分，霸其封之者，而帝其受之者，其可乎？曰：巳（已）矣，勿言之矣，吾固曰雲門之均，勿可以入里耳矣。《繁露》有言：天子不臣二代之後，而同時稱王者三，是則杞、宋之在周室，其名則公，其實則王也。夫以勝國之餘孽，不立其圖法，不用其官守，而猶通三統而王之，況朝野皆奉其憲，以綱紀品庶者歟？名曰「衍聖公」，其實泰皇也。若夫錫命之典，自漢之封紹嘉以至於今，更十七姓，七十有餘主，而不能以意廢黜之。夫非一代之主所得廢黜者，則亦非一代之主所得冊封也。雖無冊封，於孔氏之位何損？其冊封者，驕王媢臣之自為僭濫，亦猶乾隆之世，英吉利嘗一通聘，而遽書之以為入貢之藩也。且昔者成周之末，王赧巳（已）虜，而東周特畿內之侯耳，其于七國之王，爵位固不相若，亦奉事貢獻惟謹，且聽其黜陟焉。宋氏之于金、元，亦嘗至乎稱臣稱姪矣。然而言神州之王統者，終不以彼而奪此。苟以是為比，則衍聖當帝，而人主之當比于桓、文、霸府也，其可議哉？不然，使漢人之帝漢也，則〔幸〕猶有寄生之君矣，彼瀛國之既俘永曆，魯監國之既墜，而支那曠數百年而無君也如之何？其可也？

## 39. 〈三門割屬意國論〉

明治32年(1899)3月19日第5版（署名：支那章炳麟）

三門山者，在浙江甯海縣海中，南拒林門，北達南田，南田亦曰大佛頭山。明魯玉（王）時浙東義旅常依此為固，海舶北行，必經三門南田，循石浦而後至鎮海，故三門者，亦淅（浙）海南道之蔽也。意大利以歐洲二等之國，聘幣往來，故無釁隙，忽以兵艦迫割斯地，凡吾支那種族，固無不蹶張裂眥者，而章子獨以瓦石視之。夫非如葡萄牙之割澳門，言者以為海濱孤島，拚之不足為重輕也。今中國所視以為雄虺破鏡者，北有俄羅斯，而南有法蘭西耳。俄之權不足以及江浙閩粵，而法實左右之，其相倚依也若蝨距。法以四明會館之釁，銜骨于明人，北不得志于上海，則南將有甯波之警，苟得彈丸黑子之地于甯波，則其權匪直橫交粵，而將北漸于淅（浙）海，雷霆所擊，無不摧折；萬鈞所壓，無不摩碎。若是，則吳越之閒，未得緩帶而處也。今夫意大利與法人則世仇也。自拏破侖第一當犁埽其壤，屏屋其社，後雖恢復，累卅而不得息，至撒丁王出，而後全國為一統。拏破侖第三敗，而後羅馬俯首于政府，是其于法人也，則貿首可矣。處歐洲中央之地，常懼俄人之出黑海，而與德、奧合從以斷其航路，其盟已於今未替，則其于朔方之國，又相甚如仇讎焉。夫北則側目于俄，而南則含怒于法，今于臺明之間，乃將一三門山以為藩地，是必能夭遏法權，而使之不得北漸于甯波也明矣。是故英人贊之，而俄人出死力以阻之。俄之阻，非助中國也，將以伸法人之權于浙海；英之贊自為其利權，亦非助中國也，而中國未嘗不被其利。是故觀英、俄之一阻一贊，而吾之當割與否可知也。且使俄人而不阻，則猶可緩割爾，今俄人既出而阻其成矣，我聽其議，則彼內伸高盧之權于淅（浙）海而外，反示德色于我，其所以求償者，豈直三門山之比哉？故莫若陽從俄謀，而陰聽意人之請，所請既成，則俄人以不得伸權為大恥，而意人亦有喜賂怒頑之念。若是，則英、意之與俄、法，其憤嫉忿深，其扞禦愈力，而後江淅（浙）閩粵之海可澹也，孰與秉得失于彈丸黑子，而使瞵睨其旁者，友得逞志于他日乎。故曰三門山者，吾以瓦石視之也。

### 40. 〈究移植論〉

明治32年(1899)4月2日第5版（署名：章炳麟）

桀亡于湯，而淳維入匈奴；秦亡子（于）楚，而弓月日入日本。使黃種不幸被逼迫，則遁逃伏竄者，何地之依？薛叔耘揣之曰：「澳洲之域，今華人居者戶口數十萬，他日移種，必王于斯土。」夫南洋羣島與中國傳近若肘腋，輪艦所抵，或昧爽而發，見星而達，任力役于是者以兆計，叔耘皆無取，顧獨有取于大隃之澳洲者何也？豈不曰赤道之下，其氣暍暑、其地輕脆、其人呰窳，處沃土而與不材之民居者，必不可以為善國。惟澳洲則見南極之出，地同為溫帶，天氣發斂，與北緯不異，故意移植者之必在于是也。章子曰：苟如是，則猶西班牙之分國于巴西，今西日瘠弱，而巴西乃與美利加等大，是其比類也，則猶大鵰之生於桃蟲也。雖然，叔耘不取于一隅，而獨取于南服者，則以為避俄而巳（已）矣。然則秘魯、墨西哥諸國，其在西半球，亦居南部，而為屏蔽，其政令條教，蓋畔喭無可觀者，安知黃種移植之不在于彼也，今大地之言曰，白人必勝黃，若秘、墨諸國者，其法令未立、其巫蠱禁祝之風未去，與紅人襍糅而成其汚俗，非直絀于齊州，亦不逮阿富汗矣。雖然，觀于草昧，則歐亞二洲，近不過六千年，而秘魯乃有五萬年之文物，然則賢刼之初啟，于吾東半球方為蠃蛤海苔之世，而彼乃先進而為文明也。且夫文明，則必有復故之日矣。今其浸微浸昧而相聚以入幽谷者，白人弗能化也。密雲不雨、濁河不澄，變秘、墨之風而反之泰清者，又安知其不在黃人之移植者也？

難者曰：「天下有遁逃伏竄而能撫有他人之國者乎？」曰：含血之倫，必有精銳之氣，精銳之氣，蟄伏于胸中，若水之有隱熱，非淬之、厲之、磨之、□之，則不足以發，故自古常有亡國敗家，而其人材什倍于平世者。飛廉之遁逃伏竄于霍太山，而〈小戎〉之詩繼之以作，其子孫遂足以覆六雄。帖木兒之遁逃伏竄于撒馬爾罕，而能北入俄羅斯、南屠印度、西滅土耳其。殷之遺孽、元之遺孽，其驍健足以有為也如此，而況上哲哉？是故黃種之移植，其或在澳洲與？或在秘魯、墨西哥，未可知也，其遺植之必在于南部，則既可知也。天地之道，日中而還，月盈而匡，田鼠之上騰，或為飛駕；積灰廢炭之在原野，或足以生蠅蚋，盛衰文野之限，固無有一成而不可變者，是故聖人盡其陽節、守其陰節，順民之所為，而降命于山川，以殽大地。

## 41.〈失機論〉

明治32年(1899)4月5日第3版（署名：章炳麟）

嗚呼！以支那今日之制于滿州，益之以盜臣擁五軍以自衛，四鄰勿能討、草澤勿能起，為督撫者其遂無意乎。說者以為今日之練軍，疲荼呰窳，難以效用，非有寇盜，則必不肯發，乃觀于荊州械鬬之役，則漢人之忿駐防也實甚。使武昌有賢帥，因民勿忍，挾兵西上以問罪于駐防，焚其子城、誅其將軍，然後振凱江漢，改朔易服，以逐滿自任，是亦可謂良機矣。夫練軍雖不足以禦外寇，而以之屠執冰之駐防，則固綽然其有餘裕，惜乎吾大夫張公者，亦疲荼呰窳之徒也。吾嘗謂曾文正之克金陵也，豪俊之士襍沓雲合，龍驤虎步，高下在心，不以此時建號金陵，而俛首下心以事辮髮之孱胡，其昧于大義，而為中國遺無窮之患也亦甚矣。或謂是時西有駱文忠、南有左文襄，各擁旄節，皆非肯相附者，然文襄與官文貿首之仇也，使曾公于佛爾圖春許奏之頃，激厲將士，西出惜黃以討官文之罪，則文襄不待移檄而自附爾。駱公雖賢，固倚文襄為左右手，文襄苟附，駱公將焉往？失此良機，而甘以通侯宰相臣僕異類，嗚呼！曾靜一匹夫耳，猶志在蹈海，不欲為滿洲民庶，如文正者，其亦愧于宗族之賢哉！蓋自康熙以來，李光地、張廷玉之徒，以經史文學羈縻士人，士人之嘗其餌者，惟以模稜兩可之學自溺，苟得利祿，亡廉喪恥而無所顧，故其上者，忠君之忿重，而愛國之情輕；其下者，保寵之願深，而立名之志淺，使今日天下皆曾文正，猶伈伈俔俔，不足以復漢唐之舊宇，而況疲荼呰窳若張公者乎？斯古之論世者，所以歎息于傅燮、皇甫嵩也。

## 42.〈東方格致〉(一)

明治32年(1899) 4月6日第3版（署名：章）

輓近說者，或謂泰西格致之學皆出東方，蓋自張自牧《瀛海論》刱之。彼于希臘巴比倫之說，未嘗目覩，而以此張大其詞，矯誣實甚。且所引《亢倉于（子）》等，半屬偽書，不足以為左證，余以閉門造車，出則合轍，見有冥符，而學非親授。觀夫歐几里氏生丁周末，《幾何原本》已為算學大宗，斯亦孰授之者？而惠施仕梁，其時代亦相先後，存雄之辯見于《莊子》，人第以名家繳繞目之，乃其根極理要，實與幾何之學相符；聲光電化，亦有玄契。往者利艾初東，李之藻譯其《名理探》一書，余嘗見之，堅白同異，不盡可燎，要之如此，則無誚于臧三牙矣。近人劉嶽昭者，嘗以管、墨諸子推衍格致，而不及惠氏，余甚恨之，因取其見于〈天下篇〉者，就為疏證，略如左方。「厤（厤）物之意曰」〇《釋文》：「厤（厤），古歷字。」本亦作歷，是也；其言分別歷說之，則非也。《郊特牲》：「然後簡其車賦，而歷其卒伍。」《注》：「簡歷，謂算具陳列之也。」《漢書．司馬相如傳》：「於是歷吉日以齋戒。」張揖曰：「歷猶算也。」本書〈齊物論〉曰：「一與言為二，二與一為三，自此以往，巧歷不能得，而況其凡乎？」巧歷，亦謂巧算也，然則歷物之意，即算物之意也。僅言其意，則與幾何同旨，致用如《九章》，則末之道矣。「至大無外，謂之大一；至少無內，謂之小一。」〇點線面體，各以形殊，然點即小體，體即大點，其為一，均也。幾何以點為小極，體為大極，即此義。體大者，如空氣愈高愈薄，至不及一羊毛上塵，亦終不可盡，如不絕根，是為無外。點小者如原質，以化學法分之，終不可破，是為無內。「無厚，不可積也，其大千里。」〇司馬云：「物言形為有，形之外為無，無形與有，相為表裏，故形物之厚，盡於無厚，無厚與有，同一體也。其有有厚大者，其無厚亦大。高因廣立，有因無積，則其可積，因不可積者，苟其可積，何但千里乎？」麟按：此說極確，試以方圓言，兩者各相函也，于圓界作切線為方形，方在圓外，則圓為有，而圓界外所截皆無矣。于圓徑作對角，凡四斜線而成方形，方在圓內，則方為有，而方邊外所截皆無矣。然圓界方邊，無論幾何，其外所截，從其內而為大小，故曰「其有厚大者，其無厚亦大」。推之無窮數，其若率一，豈但千里哉，凡三角觚棱諸等邊形，無論大小，其本形與虛線皆有定率，理並放此。「天與地卑，山與澤平。」〇卑借為比，《書・無逸》：「文王卑服」，馬本卑作俾。《樂記》：「克順克俾」，今《詩》俾作比。是卑、俾、比三通。《荀子・不苟篇》：「正作天地比」，楊《注》謂齊等也，亦是。天與地，非真齊也，圓球一大一小，度數相合，人南北行，則南北極從之高下，是曰比也。山與澤非直平也，其在地面，一坳一突，薄若橘皮，本無足數。且山高至十七里止，海亦深至十七里止，對面有火山，則本處海底必深，所謂川竭而谷虛，邱夷而淵實也，是山之突、澤之坳，相抵則均，是曰平也。

## 43.〈東方格致〉(二)

明治32年(1899)4月7日第3版（署名：章炳麟）

「日方中方晲，物方生方死。」○小亞細亞等處日中，太平洋日晲；東半球之晝，西半球之夜，故曰「日方中方晲」也。金石動植，無時不有進步，即無時不有變種，扯拉草子之形，今昔廻異，何但朝菌日及哉，故曰「物方生方死」也。「大同而與小同異，此之謂小同異；萬物畢同畢異，此之謂大同異。」○大同者，十百千萬億兆也；小同者，諸式方也。開平方則百萬兆可得根，而十千億為幻根，開立方則千兆可得根，而十百萬億為幻根，是為「大同與小同異」。線一乘方而扁為面，二乘方而高為體，三乘方而長則反為線矣，四乘方復扁為面，五乘方復高為體，六乘方復長為線，自此以至無窮，循環不已。間三則同式，不論次之多少也，故開方同式則畢同，異式則畢異，是為「萬物畢同畢異」。「南方無窮而有窮。」○地球圓形，雖赤道橢於兩極，可勿論也。然此不言東西，而獨言南方者何耶？海舶往來東西，則如環無端，南北圜線，亦周市無窮而不能絕冰海而來往，是「無窮而有窮」矣。「今日適越而昔來。」○東西距百八十度，則此方日加午，彼方日加子；一以為朔日，一以為晦日矣。設能迅行如電氣，自此至彼，纔數小時，則至者以為朔，而主人方以為晦也。是為「今日適越而昔來」。「連環可解也。」○凡形圜而相錯者，皆曰連環。設兩擺線，其圜界軌道相交，是連環也，而未嘗不可解也。

## 44.〈東方格致〉(三)

明治32年(1899)4月8日第3版（署名：章炳麟）

「我知天下之中央：燕之北、越之南是也。」○司馬謂：「天下無方，所在為中。」固是通論，惟未言其理耳。夫地面本不能得全球之中，地之中必在輻線所湊之一點，此距地面尚萬四千餘里，人既不能至金輪重心，則所立處何一得為中央？若必加以矯稱，而強以春、秋分線為中，則燕北、越南，亦何以異此乎？「氾愛萬物，天地一體也。」○地水火風，本以頑然一物，散為各點，即既成人形後，血中炭質，何異草木。鐵不在冶，燐不發火，土性鹽類，不以洗濯，然其質固一也。物何一非原質所成，原質又何一非移達所化，欲不謂之一體得乎？附辯者與惠施相應光學三條：「目不見。」○司馬云：「水中視魚，必先見水；光中視物，必先見光。魚之濡鱗非曝鱗，異于曝鱗，則視濡也。光之曜形，異于不曜，即視見於曜形，非見形也。目不夜見非暗，晝見非明，有假也。所以見者明也，目不假光而後明無以見光，故目之於物，未嘗有見也。」麟按：司馬說極是，人目如透光鏡，若審視一物，其物形必散聚于筋網，是即物上各點光影聚于筋網上一點也。且兩物離目有遠近，則不能同時于筋網上成像，故於目前懸紗簾，稍遠置字一幅，目視紗簾，即不能見字，目視字即不能見紗簾，而物上有光，則光與物能兩見，是非物影藉光以聚于筋網乎？然必謂「目不見」，亦名家鋠㉓析過當，語實則當曰：「見非目，亦非非目。」「飛鳥之景，未嘗動也。」〇司馬云：「鳥之蔽光，猶魚之蔽水，魚動蔽水而水不動，鳥動影生，影生光亡，亡非往，生非來。墨子曰：『影不徙也。』」按：光順直線而行，故阻光之質能成影，質動而影不動也。

## 45．〈東方格致〉㈣

明治32年(1899)4月9日第5版（署名：章炳麟）

「鏃矢之疾，而有不行不止之時。」〇行止相反，無中立之理，此非光學無以解之。蓋目能暫留光點，故以光點旋轉成規，視之則成一大光圈，而不見質點之離移。試以速率極大乎礮彈於暗空中打過，忽發電光，即見礮彈在空中若有不動之狀，此即鏃矢之說也。夫礮彈鏃矢實動，而人視之若不動，謂之行，則與人目有違；謂之止，則與實體相舛，故曰「不行不止」也。淮南王書向列雜家，故九流異言莫不采摭，神仙方技，亦或閒見，其書深明格致，而不同《抱朴》之矯誣，〈萬畢術〉一種，今已淪亡，唐宋類書時有稱引，要之，犂軒幻人、吞刀吐火之技，亦雜糅其中，意者八公著作多得異聞，且既私交南越，則波斯、印度諸書，或有自海舶流入者歟？今世所見完書，惟《鴻烈》二十篇，許、高兩注亦難區別，爰就其中精研學數條，以泰西新義為之證明，若乃黃埃白澒，足傳化

㉓ 鋠，音劈，裁木為器。

學；掇芥引鐵，斯徵電氣，昔人已（已）言，無為疣贅，概從刊落，惟取己意云爾。〈俶真訓〉：「夫秋豪之末，淪於無閒而復歸於大矣。蘆（蘆）符之厚，通於無壂㉔而復反於敦龐。若夫無秋豪之微，蘆符之厚，四達無境，通於無圻，而莫之要御夭遏者，其襲微重妙，挺桐（挏）萬物，揣丸變化，天地之閒何足以論之。」〇此尋求原質也。原質六十餘種，由散點所成，而此點未散之先，果為何物？則有阿屯之說。阿屯者，其小無內之稱也。夫以至精之顯微鏡窺物，則一分之質可視如三百丈，是雖纖微之至，而可放大三十萬倍，然猶未能見阿屯也，其小豈復可比擬哉？或言以阿屯，一分寸分為五千萬分可得，阿屯之大小，蓋亦懸揣而已。阿屯亦有二質，其點最相切者為實質，光不能透入；其點稍疏者為流質，光略能透入；阿屯之內若相隔遠者為氣質，日光透入，內外澄澈，故萬物中，阿屯常動，惟遲速不同耴。

## 46.〈東方格致〉㈤

明治32年(1899)4月11日第3版（署名：章炳麟）

雖金鐵頑質，塊然永靜，然其中各點，無一刻不憧憧擾擾也。若近火熱，則阿屯之動加速，可成流質，如冰化水。然儻再加以火熱，則動更速而成氣質，如水化氣。然氣行之最緩者為紅光以脫之氣，每一秒時動至四百五十八兆兆次，以脫者

㉔ 壂，「垠」之古字。

何？蓋空氣在海面則濃，在高山則淡，故輕氣球升至十三、四里，而人已（已）斃矣。再高距地球一百里外，即為以脫氣，其氣更淡，而與七行星世界相通。黃光以脫，一秒時動五百三十五兆兆次；青光以脫，一秒時動六百三十二兆兆次；紫光以脫，一秒時動七百二十七兆兆次，欲量其遲遠（速），可用突面鏡置于平面玻璃上，其鏡當中與玻璃緊相接處，則為蝕七色之黑光，其外各層，即有五色相閒，推算以脫氣浪動宕之數多寡，可由此而知。且以脫之氣尤淡，玻璃雖屬實質，其阿屯不能隔以脫之氣，使之不透光也，如《淮南》言，「豪末蘆苻」，喻原質也；「無秋豪之微，蘆苻之厚，四達無境，通于無圻」，喻阿屯與以脫也。凡原質以同類相合，積小成鉅者，若磺氣凝結為磺，是以異類相合成物者，如輕氣一、養氣八成水，石精、養氣成石灰，是原質質點極小，故喻以豪末蘆苻，至成物則極大，故曰「復歸於大，復反於敦龐」。至於阿屯，則更由原質而求原，其小無內，故曰「無秋豪之微，蘆苻之原」也。

## 47.〈東方格致〉㈥

明治32年(1899)4月12日第3版（署名：章炳麟）

原質六十四，復求其原，則為阿屯。而空氣中養氣、淡氣、炭氣等亦皆原質之一，然則以脫為空氣之尤淡者，較淡氣尤淡焉，是雖不得比于阿屯為原質之原，而亦原質中之至小者也，故亦以「無秋豪之微，蘆苻之厚」喻之。以脫通七行星世界，是謂「四達無境，通於無圻」也。雖玻璃實質，其阿屯不能隔以脫，使不透光，所謂「莫之要御夭遏」也。然則「無秋豪之微，蘆苻之厚」，兼阿屯、以脫言也。「四達無境」云云，專就以脫言也，本篇上文云：「有未始有有始者，天氣始下，地氣始上，陰陽錯合，相與優游競（競）暢于宇宙之閒，……欲與物接而未成兆朕。」此原質中之空氣也。空氣在地極厚，層層遞減，至一百五十里而極薄。凡地以上，皆得言天，空氣有吸力，故使天氣下亦有倒壓力，故使地氣上也。又云：「有未始有夫未始有有始者，天含和而未降，地懷氣而不揚，虛無寂寞，蕭條霄霓，無有仿佛，氣遂而大通冥冥者也。」此阿屯也。〈天文訓〉云：「太始生虛霩，虛霩生宇宙，宇宙生氣，氣有涯垠。」此以脫也。以脫可以言無窮，然通于行星，仍不能出吾人所戴之太陽之外，是亦有窮盡也。故曰：「氣有涯垠」。

## 48.〈東方格致〉(七)

明治32年(1899)4月13日第3版（署名：章炳麟）

〈天文訓〉：「清陽者薄靡而為天，重濁者凝滯而為地，清妙之合專易，重濁之凝竭難，故天先成而地後定。」○按：天地本非對待，而自人言之戴高履厚，則為對待之稱矣。氣益下益厚、益高益薄，故曰：「清陽者薄靡為天，重濁者凝滯為地。」至于地體成形，實非俄頃可致。以地學家之說，破上帝七日造成世界之妄，則此所謂「地後定」者是已。蓋自太虛散點積為火球，屢次迸裂，乃成今之形體，地學家以三十九期分之，其期猶佛家所謂小刧，皆視其磐石而定。磐石各有層絫，一為火奮石，二為黃硬石，此二者，為第一磐石層。再上為斑文石，再上為青礞石，再上為化形石，再上為舊紅沙石，再上為灰石層，再上為煤層，旁亦有鐵，再上為新紅沙石，此為第二磐石層。再上為蚤形層，再上為白粉層，再上為下新層，再上為中新層，再上為上新層，此為第三磐石層。三者之序，非本然也，地球崩裂數次，高者下沈、下者上奮，顛倒錯亂，有由最下層掘起為山巔磐石者，而其形皆斜倚而不直，其二等三等亦斜倚而附之，其最高者為第一磐石類，其次為第二類，其次為第三類，再次則為新泥，由雨沖磐石消磨而出。新泥亦分二等，一為水不能化者，一為水能化者。水能化者為鹽、為石膏、為土朴硝、為洋朴硝、為鈣綠，二為鎂綠；二為鉀、為礆、為新灰石、為堅石、為燐，凡十一種，經雨則化。其氣由植物根本而上升，水不能化者，為沙、為埴土、為碎雲石，亦有鐵鏞及燐。三磐石、二新泥既具，而後為今日之世界。其經崩裂，不知幾千萬年，是則所謂「地後定」也。

## 49.〈東方格致〉(八)

明治32年(1899)4月14日第3版（署名：章炳麟）

古人或造為共工爭帝，折天柱、絕地維之說，亦由見地球之崩裂，而不知其所自耳。景教七日造成之說，則并此而不知矣。又按地與月本為一體，由旋轉過急，生離心力，地之大體遂分出為月，正猶法（海）灘沙漲，子母相生，地即大月，月即小地，此其成則又在地後。潮汐致日漸長論云：月初離地如小丸相附，漸離地至十二萬里，而今則巳（已）離至七十二萬里，相去六倍，以立方率比例之，攝潮之力，相去二百十六倍，知古者月離地球十二萬里時，潮大于今二百十六倍也。余謂西書有記洪水之事，其時代與中國縣（鯀）禹相值，蓋非淫霖所致，正由是時潮汐尚大耳。且月之為地分支，東方古儒亦巳（已）知之，〈禮運〉云：「地秉陰竅於山川，播五行於四時，和而後月生。」是早知月生于地也。離心遠揚，與背畔者相似，故焦氏《易林》有月出平地之言，以喻向利背義者，由此觀之，則東方格致之學精矣。〈天文訓〉：「積陽之熱氣生火。」〇熱極者必有光，然二者亦可相離，以玻璃隔火，光透而熱阻，以鐵片隔火，熱透而光阻，然非積熱無以生光，腐草為钃，即是理也，火成于積熱，故有光。

## 50．〈東方格致〉(九)

明治32年(1899)4月15日第3版（署名：章炳麟）

〈天文訓〉：「日夏至而流黃澤，石精出。」〇硫礦古祇作流黃，其為物也，閉置器內而燒之，則能盡養氣而餘硝氣，《內經》言壯火食氣是也。養氣既絕，火入則滅，生物入則斃。夏至方暑，暑則氣漲而薄，故硫礦雖未然于火，而巳(已)能食養氣，養氣愈薄，愈難然火．且養氣與淡氣合則成水，養氣既薄，而淡氣往補之，相合自能生濕，故「硫礦澤」也。石精亦原質之一，其色潔白，與養氣合則成石灰，石灰與炭氣合即成玉，高《注》以石精為五色之精，於義未合，然成玉以後，所謂赤似雞冠，黃侔烝栗，白如割肪者，自有五色殊章，則高《注》亦未為巨謬也。若但有質而未成玉，謂之五色之精，尤無不可。又按：硫磺與石灰合則成石膏。石膏，石類之至潤者也，然石精既出，與養氣合而成石灰，復遇硫磺，斯成石膏矣。夫硫磺之名，東方舊有，若石精則自衍譯，格致書後，乃有斯號，而《淮南》在二千年前，立名已符，然則原質之名，古必完全無缺。即觀《說文》金部之字，今不能舉其物者已復不少，非金類定質之名而何？惜乎〈萬畢〉巳（已）亡，闕文難舉也。

## 51.〈東方格致〉(十)

明治32年(1899)4月16日第6版（署名：章炳麟）

〈地形訓〉：「闔四海之內，東西二萬八千里，南北二萬六千里。」○是說本于《管子·地數篇》。尋地球九萬里，則此二萬八千里者，謂其中徑也，徑一者，圜三·一四一五九二六五有奇，是圜九萬里者，徑二萬八千餘里，此說與〔近世書合〕。然地球橢圓，赤道為長徑，兩極為短徑，短徑與長徑之比，若二百六十五與二百六十六之比，是故南北之長，不及東西，惟二萬八千里與二萬六千里之比例，較之二百六十六與二百六十五之比例，其率不同。然近世亦有謂地球周圍八萬餘里，直徑二萬六千六百里者，是古人或酌中二說，以八萬餘里之徑為短徑，九萬里之徑為長徑歟？〈地形訓〉：「建木在廣都，帝所自上下㉕，日中無景，呼而無嚮，蓋天地之中也。」〇麟按：天地之中則赤道也，而謂之建木者，蓋即釋氏所謂閻浮提樹歟？赤道之下當二分，則立竿無影，人所共知，今勿論。嚮讀為響，響者，今所謂回聲也。凡傳聲由于空氣，以冰界言，每秒浪行一千九十尺，而氣有原（厚）薄，故傳聲有難易。取一玻璃罩，抽盡空氣，則鈴雖自擊而無聲，放少許空氣入，則微聞其聲，氣愈稠則聲愈大。暑則氣漲〔而彌溉發漲〕□力，寒則氣縮而稠，故傳聲亦易高，山氣稀，故放槍僅如〔撥〕手。若在北極，二人相去三里，尚可通語言，以天寒氣稠也；赤道下極熱而氣稀，故傳聲甚滯。至于回聲，則由聲浪反行，傳聲既難，回聲自散。非特此也，赤道一帶，寬四十七度，日臨其上，天氣常熱而上升，南北之氣向之而吹，以補其空，故赤道之北，恆有北風，其南恆有南風，至正值赤道，則其氣熱甚，故兩端冷風向之吹聚，迨氣熱而上升，復由空際吹回兩極，循環無已時。夫風既一自南來，一自北來，則兩風相抵，不能傳聲，順風而呼，無異逆風，斯聲浪不能反行矣，故曰「天地之中，呼而無響」。

## 52.〈書甘莊恪公事有感〉

明治32年(1899)4月19日第3版（署名：支那章炳麟）

---

㉕ 此句原文當為：「建木在都廣，眾帝所自上下。」

余讀二百年之記載，至甘莊恪公事，未嘗不為之神王也。公名汝來，康熙未（末）以進士知淶水縣。時國家底定方五十年，滿蒙暴横，視漢民如臺隸，少不當意，鞭箠横下。會有待（侍）衛畢里克率僮僕十餘人至淶水，據民居而處之，復毆民萬延荷等，民相率至縣訴其事，公方坐堂皇受詞，畢里克等踵至，面責公治邸舍無狀，勢洶洶，公勃然奮髯，抵几曰：「知縣為天子鎮撫百姓，肯使君輩魚肉小民耶？」揮吏繫畢里克，並置其僕十餘人于獄。事聞以拘繫職官、逮問詔吏，兵刑三部會鞫公，詞氣雖撓，卒得直。復歸故，官民爭奉羊酒迎道，左都人或作詩紀其事，以比漢董宣云。嗚呼！吾觀于頃日金陵之事，旗丁横暴，致毆保甲官，而將軍不問大吏不誰何，惜乎無甘莊恪者當其事也！夫共和合眾之國，所在多有，獨以兵力據地者，則兩種仇視瞋目裂眥而不相下，彼八旗者，無教之野蠻，誠不足論，若夫以文明進步自號其聲譽，旁薄于五洲，適有得地，則弔其人民而不更其市肆，雖故非同種，猶撫循如疾子，況出于一本者哉？吾以知其必無暴横也，不然，人心之不同，則如其面目，須麋以成周之治，而二叔不咸于其室，吾安知夫文明進步之國，非有大吏撫循于上，而甿隸恣睢于下者乎？其勿知則己（已）矣，知之而勿問，問之而或戾其曲直，則達于兼愛之道，而不足以懷遠人，吾又以知其必無是事也，雖然，吾又惜夫五洲之五無甘莊恪也。

## 53. 〈東方格致〉（十一）

明治32年(1899)4月20日第3版（署名：支那章炳麟）

〈地形訓〉：「突（窔）生海人，海人生若菌，若菌生聖人，聖人生庶人，凡愛（窔）者生於庶人。羽嘉生飛龍，飛龍生鳳皇，鳳皇生鸞鳥，鸞鳥生庶鳥，凡羽者生於庶鳥。毛犢生應龍，應龍生建馬，建馬生麒麟，麒麟生庶獸，凡毛者生於庶獸。介鱗生蛟龍，蛟龍生鯤鯁，鯤鯁生建邪，建邪生庶魚，凡鱗者生於庶魚。介潭生先龍，先龍生玄黿，玄黿生靈龜，靈龜生庶龜，凡介者生於庶龜。」〇人類之初，本是猴猩，歷數千年而改良，遂成今日。然遠溯脊骨類之始，則祗有鱗屬而已，此以羽、毛、鱗、介生于飛竉（龍）、應龍、蛟龍、先龍，是四種皆生于龍也。西人每持龍虛之說，謂即幻形蝙蝠，然其所謂古大蛇者，藍質絳鱗，正與龍相似，是古者未嘗無龍也。且魚與蛇，本亦同類，此謂四種皆出于龍，實謂四種有脊骨之物，皆從魚化耳。魚類變化最多，如鮫之化鹿，人所盡知。古者謂龍能幽能明，亦不過就魚言之。且古今異名，事難殫述，五洲以內，六千年以來，稱謂無大變易者，惟六畜耳，其他則古所謂麋，今稱曰麈；古所謂貍，今稱曰貓，若是者不可殫述。則昔人之所謂龍，安知非今日魚類之一種乎？即以蝙蝠言，食果之蝙蝠，惟日本有之，而他處皆無，況幻形蝙蝠哉？或曰種類絕滅，亦所恆有，然古者常稱鯨魚，而二千年中率不恆見，乃自北極下人捕鯨為燭，而今始知鯨之必有矣。然則固有其物，而人尚未查到者，亦自不少，未見其必絕也。惟所謂海人，今似無之，佛經言下劣阿修羅居于海底，同畜生趣，殆即所謂海人者耶？而今亦未見斯種，是即絕滅之證矣。

## 54.〈東方格致〉(十二)

明治32年(1899)4月21日第3版(署名:支那章炳麟)

〈時則訓〉:「仲夏之月,禁民無刈藍以染,毋燒灰。」○按:禁刈藍與禁燒灰,似二事而實則一事也。蓋取輕氣法:以灰精如豆許,外包以紙,從水箱入瓶體,上浮與養氣合,則輕氣自放出,入瓶未化,則瓶內二物為水與灰精;既化則為養灰(氣)與輕氣。瓶中之水,若以草藍染之,則變為綠,是灰精與水染以藍則為綠,故夏之禁燒灰,禁其燒灰而以藍染也。不然,豈使民不火食耶。〈覽冥訓〉:「往古之時,四極廢,九州裂,天不兼覆,地不周載,火爁炎而不滅,水浩洋而不息。」○居溫帶以內者,見眾星東出西沒;居北極、南極下者,則但見眾星盤旋于天頂,而勿見其出沒,無他,地球以東西向行,而南北則不動也。故第有兩極,無四極之名。而此言四極者,地球初成,散點始聚,雜亂無章,其轉動亦非能一律,內軌道二行星攝力雖微,外軌道五行星則攝力甚大,故其動未必僅斜倚二十三度也。夫如是,則南北亦不能永靜,而四方皆可稱為極矣。攝力既大,則轉旋不能自主,如痿廢然,故曰:「四極廢」也。其時地球如熔金在冶,熾熱極甚,故曰:「火爁炎而不滅」。火山時發,崩裂萬物,故「九州裂」也。既而球面生殼,殼即為花剛石,石上皆水,以今時所見,全球水居四分之三,土居四分之一,古則水未涸,出者更多,加以月躔極近,攝潮極高,噴沫(沫)流瀑,有土亦不能安宅,故曰：「水浩洋而不息」，又曰：「地不周載」也。

## 55.〈東方格致〉(十三)

明治32年(1899)4月25日第3版（署名：支那章炳麟）

〈覽冥訓〉：「積蘆灰以止淫水。」《注》：「蘆，葦也，生于水，故積聚其灰以止淫水。」○按：灰非息壤，豈足為隄？此言止水，果何恃耶？蓋蘆謂所出之灰精也，原質灰精為金類，其與養氣相合者，藏於土石，土有此則肥，無此則瘠，草木賴是以生。自木灰鍊出灰珠，放電氣過之，則還原而為灰精，其色潔白，見風則變，因與養氣合而生鏽也。熱則化水，再熱即烝為氣，其輕能浮擲水面，則然置冰上，亦自能出火，因與養氣交感故也。然則以灰精擲淫水，則出火，積灰精多，則火亦熾。凡水熱至二百十二度，即化而為氣。故火熾則淫水化氣而自由空際入海矣。至灰精必由蘆中鍊出者，則以水次就近故也。既紬《淮南》，復理《管子・七法》一篇。于今日時變，燭照數計于二千年前，非卓爾鄰幾之士，曷能知此？其言曰：錯儀畫制，不知則不可；論材審用，不知象不可；和民一眾，不知法不可；變俗易教，不知化不可；驅眾移民，不知決塞不可；布令必行，不知心術不可；舉事必成，不知計數不可。前三言為昧於時變者鑱石，後四言又為急於變法者鑱石矣。若其包絡儀象，辨程度數，其說復繁，摭拾微旨，都為一編，疑者區蓋，儻昭所尤。《管子・侈靡》：「雲平而雨不甚，無委雲雨則速巳（已）。」○雲、雨一也，《莊子・天運》

云：「雲者為雨乎？雨者為雲乎？」蓋人但知雲、雨為兩物，而莊子已知為一物，故佯設疑辭以詰之。亦猶雷、電本非二物，以聲光別其名耳。原雨之自起，本由日照海水，因熱化瀛而至空際即為雲，其形如霧，驟觸高山，阻于冷氣，則瀛又縮而化水，風不能載，於是下墜。〈五行篇〉云：「晝（晝）炙陽，夕下露。」露雖與雨稍異，而皆因炙陽烝瀛則一也。故雨即是雲、即是瀛。雨之墜下，由瀛之縮，若熱少而升空，時瀛不甚漲；冷少而在空，時瀛不甚縮，漲縮不甚懸絕，是之謂乎？若是則所墜之雨，必不能滂沛奔注，故曰：「雲平而雨不甚」。海瀛雖復騰而在陸上之空際者，巳（已）斷絕不復相屬，斯則有源無委，欲其膚寸徧灌，豈可得哉？故曰：「無委雲雨則速已」。

## 56.〈玉山吟社雅集分韻得冬次韻〉

明治32年(1899)5月30日（署名：章枚叔）

雨中折角笑林宗，聯袂芳皋自策筇。
春水游魚窺釣客，隔江啼鳥喚詩傭。
獅球疊翠朝開爽，貂嶺層雲暮蕩胸，
風景不殊山水異，夕陽亭畔梅乘墉。

## 57.〈將東歸賦此以留別諸同人次韻〉

明治32年(1899)6月10日第2版（署名：章枚叔）

白衣祖餞若為鄰，變徵聲中一盞醺。
聽樂李陵悲朔氣，求仙徐市愛東雲。
一身微末巢栖鸚，九死倉皇山負蝱。
碧海鯨魚增壯趣，棄繻應不笑終軍。

國家圖書館出版品預行編目資料

近代中國知識分子在臺灣 1 ／ 林慶彰,陳仕華
主編, --初版 --臺北市：萬卷樓, 民 91
面； 公分
ISBN 957－739－409－4 (第 1 冊:平裝)
1.知識份子-中國 2.中國－傳記

782.238 91016103

近代中國知識分子在臺灣 1

主　　編：林慶彰、陳仕華
編　　輯：何淑蘋、鄭誼慧
發 行 人：楊愛民
出 版 者：萬卷樓圖書股份有限公司
臺北市羅斯福路二段 41 號 6 樓之 3
電話(02)23216565・23952992
傳真(02)23944113
劃撥帳號 15624015
出版登記證：新聞局局版臺業字第 5655 號
網　　址：http://www.wanjuan.com.tw
E-mail：wanjuan@tpts5.seed.net.tw
經銷代理：紅螞蟻圖書有限公司
臺北市內湖區舊宗路二段 121 巷 28 號 4F
電話(02)27953656(代表號)　傳真(02)27954100
E-mail：red0511@ms51.hinet.net
承印廠商：晟齊實業有限公司
定　　價：320 元
出版日期：民國 91 年 10 月初版



ISBN 957－739－409－4